KB181173

# 언어의 탄생

**Uniquely Human**

: The evolution of speech, thought, and selfless behavior

Uniquely Human:
The evolution of speech, thought, and selfless behavior
by Philip Lieberman

# 언어의 탄생

**Uniquely Human**

: The evolution of speech, thought, and selfless behavior

Philip Lieberman 지음 | **김형엽** 옮김

# 본 저서를 번역한 소회

지금까지 여러 학문분야에서 인간이란 어떤 존재인가를 밝히기 위하여 무단한 노력을 경주하였고 인간의 특성들이 제시되었다. 그렇지만 대부분의 사람들에게 인간의 특성을 각자 제시하라고 한다면 단연코 '언어'라는 측면을 무엇보다도 우선시하고 있음을 어렵지 않게 발견할 수 있다. 본 번역자도 인간과 언어의 긴밀성이 매우 중요하다는 사실을 굳건하게 믿고 있는 사람들 중 한 명으로서, 인간과 언어의 긴밀성의 중요성을 증명하는 근거를 찾고자 연구에 매진에 수많은 시간과 노력을 경주하였다. 〈언어의 탄생: 왜 인간만이 언어를 사용하는가?〉는 바로 이런 학문적 고심에 스스로 해답을 찾아내고, 나아가서는 여러 사람들에게도 언어와 인간의 관련성에 대하여 이해를 도모할 수 있는 방법을 찾아가는 노력의 일환이었다. Philip Lieberman의 저서는 바로 답을 찾아 헤매던 시기에 나타난 중요한 돌파구였다. 원서 내용을 읽어가면서 인간이 어떤 경로로 지금과 같은 언어를 소유하게 된 원인을 분명하게 이해할 수 있었다. 특히 Lieberman의 저서 내용은 기존의 언어학 도서와는 완전히 다른 관점으로 형성되어 있었다. 이런 차이점을 좀 더 확실하게 보이기 위하여 저서 내용을 정리해 보면, 크게 세 가지 방향으로 저서의 특성을 분류해 볼 수 있을 것이다.

첫째는 인간의 언어의 연관성을 규명하기 위하여 인류의 조상을 조사하는 고고학적 방법을 소개하였다는 점이다. 인간과 언어의 연관성을 설명하는데 최초 원시인들의 유골들을 분석하는 방식을 예시하고 있었다. 인간의 두개골에서 구강 부위에 초점을 두어 인간만이 언어를 소유하게 된 이유를 제시함으로써 새로운 각도의 언어적 기원을 제시하였다.

둘째는 인간 두뇌의 신경구조 특징에 초점을 맞추어 인간과 언어의 연관성을 고려해 보고 있음을 발견할 수 있었다. 인간 두뇌의 생체적 구조를 상세하게 소개함으로써 인간이 다른 기타 포유류들과 비교할 수 없을 정도의 지적 능력을 소지하고 있다고 언급하였다. 또한 인간의 지능은 언어 내부에 존재하는 복잡한 구조 형성에 핵심적인 토대가 되었을 뿐만 아니라 이런 체제를 유지하면서도 능숙하게 의사소통을 수행하는데 중요한 근간이 될 수 있다고 설명하고 있었다.

셋째는 인간의 희생적 행동양식을 중심으로 인간에게만 높은 수준의 언어가 발생하는 이유를 찾으려고 하였다. 우선 인간이 해탈의 경지에 도달하려고 노력하는 수행과정을 중심으로 최고 수준의 희생적인 행동이 무엇인지 설명하였다. 또한 오직 인간만이 해탈에 이르려는 노력을 오랜 세월동안 수없이 반복하여 시도하였다는 사실에 기초하여 인간은 다른 동물들과 달리 독특하면서도 무한정한 정신적 잠재력을 소유하고 있다고 주장하였다. 바로 이와 같은 엄청난 정신적 잠재력을 기초로 인간은 매우 정교하고 치밀한 구조의 언어를 생성할 수 있었다는 설명이 저서에 제시되어 있다.

본 역자는 〈언어의 탄생: 왜 인간만이 언어를 사용하는가?〉를 통하여 언어학자, 미래 언어학 연구자들 그리고 주변 관련 연구 분야의 사람들에게는 인간과 언어와의 관계를 분명하게 밝혀줄 수 있는 중요한 전문 연구서를 마련해주려는 것이며, 일반인들 중 도대체 언어란 무엇이며, 인간이 왜 현재와 같은 형태의 언어로 의사소통을 수행할 수 있게 되었는지 궁금해 하는 사람들에게는 스스로 답을 찾는데 도움이 되는 교양지침서를 제시하는데 목적이 있었음을 다시금 밝혀두려고 한다.

## 일러두기

- 이 책은 다음 책을 완역한 것이다.
  Philip Lieberman, *Uniquely Human: The evolution of speech, thought, and selfless behavior*, Logan, Utah: Harvard University Press, 1991.
- 요약내용을 모두 본 도서 뒷부분에 Note 1, 2 …로 표시하여 미주로 처리하였다.
- 인명이나 핵심어 같이 원어 병기가 필요한 단어들은 처음 한 번만 원어를 병기하였다.
  - 저자가 이탤릭체나 대문자로 강조한 경우 원서와 동일하게 표시하였다.
  - 저자 강조는 ' '로, 저자 인용은 " "로 표시하였다.

# 목 차

# Introduce

긴 구식욕조 속에 몸을 담근 채, 나는 WGBG 보스턴라디오방송국의 〈크게 읽기〉 방송에 귀 기울이고 있었다. 라디오의 진행자가 말하길, 침팬지는 말을 할 수 없다고 했다. "왜 못할까?"

그 후 20년 동안, 나는 이 질문에 대한 대답에 대해서 연구했다. 그리고 침팬지들은 인간의 말을 만들어내는 데 필수적인 해부학적 구조와 두뇌구조들이 결핍되어 있기 때문에 말을 할 수 없다는 것을 알게 되었다.

인간은 말의 생산성을 촉진시키기 위해 진화된 특별한 혀와 입을 가지고 있으며, 또 혀와, 입술, 폐, 그리고 다른 발성기관의 복잡한 규칙(제어된 조작들을 자동적으로 처리해 주는 특별한)의 두뇌구조도 가지고 있다.

이 두뇌구조는 말을 생산하는 해부학적 구조와 조화를 이루며 진화되어 온 것으로 보인다. 그러나 인간의 언어에는 단순히 말, 그 자체 이상의 더 많은 것이 있다.

1970년대부터 1980년대까지 침팬지와 다른 영장류의 언어능력에 대한 연구에 따르면, 영장류는 문법적인 문장을 만들어내지 못한다. 비록 그들이 몸짓 등을 이용해서 제한적이지만 단어를 배울 수 있을지라도, 그들은 세 살 먹은 아이만큼의 문법조차 이해하지 못한다. 또한 침팬지나 다른 동물들은 예술품이나 복잡한 도구들을 창조하거나, '창조적인' 생각을 전달하지도 않으며, 원초적인 상태에서는 보다 고등한 인간의 도덕적 인지, 관념 같은 것조차도 유지하지 못한다.

다음 장에서 언어란 비교적 최근의 진화적 결과임을 밝혀 보려고 한다. 이 점을 위하여 인간언어의 양대 요소인 발화와 문법을 의사소통에 적용시켜 생각할 것이다. 또한 인간의 발화와 복잡한 구문, 창의적 사고력, 도덕성 등은 상호연계성을 보여 주고 있음도 아울러 밝힐 것이다. 특히 인간의 의사소통은 지난 20만 년 동안 현대인류를 생산해 낸 추진력 그 자체였으며, 언어가 신속한 의사소통이 가능하도록 빠르게 적응하면서 발전하였음을 아울러 확인해 보려 한다.

과거의 사실을 입증하는 과정에서 고고학적인 자료, 비교생리학, 심리학, 그리고 『종의 기원』(1859) 저자인 찰스 다윈의 식견과 현대의 유전학(Mayr, 1982)을 융합한 '통합적인' 진화의 이론과 같은 자료들을 증거로 사용할 것이며, 오래 전에 찰스 다윈이 제안한 법칙과 작용이 인간언어와 사고의 진화를 설명한다는 것을 증명해 보일 것이다.

표범의 얼룩점, 호랑이의 줄무늬, 코끼리의 긴 코는 그들에게 주어진 독특한 특성이지만, 이러한 동물들이 진화하도록 이끄는 과정에 관해서는 어떠한 특별한 연관성도 찾을 수 없다. 그러나 자연적 선택에 의한 진화이론은 언제나 특정한 종들을 다른 종들과 구별 지어 주는 특징에 대해서 설명할 수 있다. 창조론자들을 제외하면 진화의 일반적 과정 외의 어떤 힘이 인류가 가진 특별한 치아와 혀, 손, 여러 가지 뼈들을 만들어 냈다라고 주장하는 사람들은 거의 없었다.

그러나 인간의 언어와 사고력에까지 생각이 미치면 상황은 달라진다. 즉 선악 여부를 떠나서 언어나 사고력과 같은 특성들이 인간을 다른 동물들의 범주에 들지 않게 차별화시킨다는 것이다. 언어와 사고력의 기원은 전통적으로 다른 동물들에게 적용되는 자연적인 힘의 범위 바깥 범주에 속해 있었다. 한 예로서 고대 그리스인들은 언어가 인간에게 불을 가져다 준 프로메테우스 덕이라고 믿고 있었다. 또한 마야의 성스러운 책인 Popul Wuh에 따르면, '창조자들은 어떻게 하면 그들이 인간을 만들어 낼 수 있을 것인가'에 대해서 예언자인 Xipyaoic과 Xmucane에게 조언을 구했다. 이에 대해, "너는 나무를 깎아서 인간을 만들 수 있으며, 그 형상들은 말을 할 것이다"라고 예언자들은 대답했다고 한다.

자연은 탐욕스러운 기회주의자이다. 그리고 진화의 과정은 언제나 '오래된' 부분들을 사용하면서 동시에 그들이 새로운 기능들을 수행할 수 있도록 수정하는 과정을 보여준다. 다윈은 『Organs of Extreme Perfection』(1859, pp. 156~194)에서 복잡하고, 특수화된 '생체기관'의 진화에 대해서 논의할 때 진화의 이런 점을 잘 부각시켰다.

인간언어는 원래 다른 기능과 잘 어울릴 수 있도록 여러 개의 구성요소들을 갖추고 있으며, 이들 내부 구성요소들은 언어만을 위하여 특수화되는 과정을 겪으면서 상호 밀접한 연계성을 갖추게 되었을 것이다. 인간언어의 기초가 되는 생물학적 구조의 일부분은 오래된 진화역사를 가지고 있다. 예를 들면, 모든 인간언어에는 문장이 끝났음을 알려주는 '억양패턴'이라는 멜로디를 사용한다. 한 번 숨을 쉬어 문장을 발화하는 단위를 가리키는 '기식군'은 기본적인 억양의 한 형식으로서 본래는 포유류의 '고립울부짖음'으로부터 변형된 것 같다. 모든 포유류의 새끼들은 그들의 어미를 부를 때 '고립울부짖음'을 사용한다. 이런 울부짖음은 인간이나 설치류 모두 비슷한데 둘 다 후두에서 소리를 만들어 낸다(Negus, 1949). 설치류든 인류든 동일한 두뇌구조 중 일부를 통하여 울부짖음의 형태를 제어한다(Newman, 1990). 단어를 습득하고 개념화를 가능하게 하는 능력의 토대라고 할 수 있는 두뇌구조는 신체에 배열된 신경통신망에서 유래되었다. 이런 신경구조는 또한 많은 다른 동물들에게서도 발견된다. 동물도 어떤 경우들에 있어서는 단어들을 이해하고 사용하기도 한다. 다만 차별성을 둔다면 단어들의 총 개수가 중요한 관건이 된다고 할 수 있을 것이다.

과거 50여 년 동안의 연구는 인간언어의 두 가지 특별한 면인 발화와 통사적 정보인 문법이 의사소통의 속도를 강화한다는 측면을 잘 보여 주었다. 인간의 말하기 능력은 3배에서 10배는 빠르게 목소리를 이용하여 의사소통하는 것을 가능하게 하는 아주 특별한 속성을 지니고 있다. 만약 우리들이 인간의 말하기능력 자체를 갖추고 있지 않았다면, 포유류의 청각조직이 음성들의 빠른 연속현상을 그대로 반영하는 데 기능적으로 충분하지 못하므로 언어를 통하여 의사소통에 상당한 제약이 있었을 것이다.

또한 인간언어의 복잡한 문법구조는 기억력의 한계를 극복하게 해 줄 뿐만 아니라, 문장의 틀 속에 있는 단어들 사이의 복잡한 관계 궤도를 유지하게 해 주며, 의사소통의 속도를 향상시키는 데 중요한 역할을 수행한다. 그러나 발화와 문법의 진화도 역시 다윈이 주장한 발달 과정을 따르고 있다. 말의 생성과 문법적 구조를 통제하는 인간의 구강구조 요소들인 혀, 입, 두뇌구조는 원시인류들의 유골을 볼 때, 현대인류와 매우 유사한 특성을 보임으로써 언어의 발전 역시 진화과정을 겪었음을 쉽게 이해할 수 있다. 원래 호흡을 쉽게 하고 음식과 물을 삼키는 것이 목적이었던 기관들이 인간의 말하기를 생산하는 것에 적응되었다. 인간의 말하기의 신속성은 말을 완벽하게 구사할 수 있도록 언어발화행위에 참여하는 복잡한 근육구조들의 윤활한 기동력이 있어야 하며, 인간 두뇌구조의 진화는 이 점을 잘 보여 주고 있다(Lieberman, 1984, 1985). 생산을 제어하는 두뇌구조들은 아마도 정밀하게 한 쪽만을 사용하는 수작업들을 용이하게 한 것에서 유래했을 것이다. 우연히 일어났을 발생했을지도 모르는 사건들의 연속을 바탕으로 앞서 언급하였던 언어생성에 수반되는 여러 신체기관들은 마침내 복잡한 문법구조를 통제하는 복잡한 규칙들을 배우고 실제로 응용하여 사용하는 것을 가능하게 할 수 있도록 진화하였으며, 또한 그것들은 인간의 인지능력의 중요한 구성요소로 간주할 수도 있을 것이다.

인간의 언어는 창조적이다. 즉 규칙을 따르는 통사적 문법과 형태적 정보는 우리에게 새로운 상황들과 색다른 관념들을 묘사할 수 있도록 새로운 문장을 생성하게 해준다. 이와 같은 인지능력의 핵심은 바로 새로운 문제에 대해 이미 가지고 있는 지식, '법칙', 원칙들을 적용시키는 능력이라고 할 수 있다.

시간이 흐르면서 동물들의 뇌에 여러 가지 부분들이 첨가되기 시작하였다. 이미 형성되어 있던 '오래된 부분'들은 새로운 일을 위해서 수정 과정을 거치게 되었고, 인간 두뇌의 경우에는 '오래된' 그리고 '새로운' 부분들이 인간의 언어와 사고를 가능하게 하기 위해서 상호그룹을 형성했다. 그리고 이러한 과정은 인간행동 양식의 특징 중 하나인 '이타주의 행동'을 위한 중요한 배경조건이 되기에 이르렀다. 르네 데카르트(Rene Descartes)가 남긴 '우리는 생각하기에 인간이다'라는 말을 인용하여 설명하자면, '우리는 말을 하기 때문에 인간이다'라는 말로 재해석 될 수 있다. 다윈의 진화론 주장에 연관한 논쟁의 대부분은 종종 그의 연구 자체와는 거의 아무런 관계가 없을 수 있다. 따라서 다윈이 실제로 무엇을 제안하고자 했는지 알고 싶다면, 다시 한 번 그의 의도를 요약할 필요가 있을 것이다.

## 유전적 변종과 자연의 선택

살아 있는 모든 유기체들의 물질적 구조는 유전적 암호에 의해서 다음 세대로 전달된다. 복잡한 동물들 속에서 암호는 하나의 개체에서 다음 것으로 그 형태를 바꾸는 수백만 개의 개별 유전자들로 구성되어 있다. 일란성쌍둥이를 제외하고는 같은 종들에서의 어떤 두 개체도 동일한 유전자 구조를 가지고 있지 않다. 그러므로 어떤 것도 동일할 수는 없다. 다윈의 시대 이후의 변종에 대한 모든 연구결과들은 이런 현상이 완두콩에서부터 사람에게 이르는 모든 유기체에게 적용되고 있음을 보여 주었다.

끊임없는 유전적 변종의 존재의 이유는 생존과 자연의 선택에 대한 투쟁이다. 다윈은 토마스 맬더스의 『Essay on the principle of

Population』(1798)을 읽은 후, 뜻하지 않게 모든 종들이 생존을 위한 투쟁에 직면해 있다는 사실을 깨달았다. 맬더스는 개발도상국들이 여전히 직면해 있는 문제점을 지적하였다. 의약품이 진보하고, 공공위생에 관한 지식이 확산됨에 따라 유아 사망률이 감소하면서, 인구가 극적으로 증가하고 공급과 가능한 식량과 토지의 재원을 초과하고 있음을 간파하였다. 결과적으로 존재 자체를 위한 투쟁에서 사람들은 부족한 자원을 위해서 경쟁하게 되었고, 오직 일부 소수만이 살아남게 된다는 점을 알게 되었다. 나머지 사람들은 자연스럽게 현대 세계에서 찾을 수 있는 혜택범주에 들지 못하게 되었고, 결국 이들은 절망적인 궁핍 속에서 살게 되며, 원래 그들이 영위할 수 있는 생활수준보다 더 나쁜 삶을 살아가게 된다. 다윈은 존재를 위한 투쟁이 인간에게만 국한된 것이 아닌 모든 곳에 발생할 수 있는 일반적인 현상이란 것을 깨달았다.

이러한 관점에서, 살아 있는 모든 종들 속에 존재하는 유전적인 변종은 결함이 아니라 생존을 위한 수단이 된다. 즉 자연 속에 생존하고 있는 수많은 종들은 다양한 상황 가운데 발생하는 우발적 사건들 안에서 적응과 생존을 위하여 유용성이 증명된 여러 적응수단들을 저장함으로써 종족을 보존하는 것을 가능하게 했다.

적자생존의 한 과정인 자연의 선택은 변종에 관련하여 자연의 법칙에 따라 당시의 환경에 가장 적합한 변종만을 선택하지만, 이외 다른 유전적 변이는 유전적 변이를 겪고 있는 종의 변종유전의 무리 안에 축적되게 된다. 진화와 자연의 선택에 대한 이해를 확실히 하기 위해 다윈의 자연적 선택의 정의를 되짚어 생각할 필요가 있다.

> 생의 지속성을 위한 투쟁 때문에 변종의 발생원인이 무엇이든, 아니면 그 변이가 미비하든, 변종 자체가 다른 유기적 존재 및 외적 자연현상과 연결된 복잡한 관계 속에서 생명체에게 유익할 수만 있다면, 그 개체는 변종을 통하여 보존될 수 있게 될 것이다. 또한 이런 변종 사안은 자손

> 들에게 유전될 것이다. 해당 종에 속하는 생명체의 자손은 생존을 위해 더 나은 기회를 가지게 된다. 결국 모든 생명체들이 기간에 따라 정기적으로 태어나지만 소수만이 살아남게 되는 조건에 제약을 받지만, 변종을 겪은 종들의 경우에는 이런 구애를 적게 받는다. 이처럼 각기 다른 작은 변종들이 유용하다는 전제하에 보존되는 원칙을 자연선택(또는 자연도태)이라고 명명하였다(1859, p. 61).

자연선택은 결국 변하는 개체에 작용한다. 생물학적이라고 하든 다윈적이라고 부르든 개체의 '적합성'은 자신의 유전자가 다음 세대에게 전달되는 정도에 따라 결정되어야만 한다. 끊임없이 발생하는 변종은 그 존재 자체가 아주 분명할 수밖에 없다(Mayr, 1982). 이와 같은 변종을 토대로 변화를 거듭하여 주변 환경에 잘 적응한 성공적인 종들이 수많은 개체를 유지할 수 있게 되면, 이런 개체군의 형성은 특정한 종을 정의하는 데 중요한 조건이 될 수 있다. 이처럼 자신들의 정의에 필요한 개체군 형성에 중요한 역할을 담당하는 것이 바로 해당 개체군에 포함된 개별 생명체들의 유전인자들이 보유하고 있는 암호화된 변종특성이다.

## 모자이크 법칙

본질적으로 '모자이크' 법칙은 살아 있는 유기체들이 작은 조각들과 여러 부분들로 이루어져 있다고 말한다. 모자이크 이론은 언어학 이론가들에 의해서 가설화된 '보편적인 문법(Chomsky, 1986)'을 모든 사람들이 소유한다는 가정을 배제한다. 예를 들어, 인간육체를 형성하고 있는 여러 부분들은 각자 독자적인 유전인자들에 의해서 결정된다고 보는 것과 같다고 할 수 있다. 어떤 단일 유전자도 무릎의 형태를 결정짓진 못한다. 슬개골(무릎 뼈) 구멍의 위와 아래쪽 부분들은 독자적인 유전적 규칙 하에 있다. 그래서 사람의 무릎은 더 잘 맞거나 맞지 않게 되는 것이다. 이와 동일한 상황은 손가락 관절과, 심장 내부를 형성하고 있는 구조들에도 적용된다. 비록 단일 유전자나 한 집단의 유전자들의 발현이 종종 다른 유전자들과의 복잡한 상호작용을 포함한다고 해도 하위구조를 구성하고 있는 미세한 조각들과 부분들의 적합성을 통제하는 '지배자'유전인자는 결코 존재할 수 없다. 그러므로 하나의 유전자 내에 갑작스러운 극적인 변화가 일어난다면, 그 변화로 인한 형태적 결과를 겪게 되는 신체기관은 다른 신체 부위들과 기능적으로 쉽게 어울릴 수 없는 경우가 발생할 수 있다. 왜냐하면 다른 부위들을 통제하는 유전자들은 독립적이기 때문이다.

만일 변화가 심장과 두뇌처럼 신체 중 매우 핵심적이면서 필수적인 부분을 포함한다면, 보통의 경우 변이의 결과는 유지되기란 쉽지 않을 것이다. 때로는 두 개의 심장을 상상할 때가 있다. 그러나 두 개의 심장을 가진 태아는 살아남지 못할 것이다. 그 이유는 두 개의 심장은 구조적으로 볼 때 각각 독립된 유전인자들에 의해서 암호화된 정보에 따라 발달하는 동맥과 정맥에 연결되어야만 하기 때문이다. 하나의 심장하고만 일을 하도록 프로그램화된 동맥, 정맥들은 당연히 두 개의 심장과 일할 수 없다. 인간의 신체를 고려할 때 이런 변화는 너무나도 극적이라고 밖에 달리 표현할 길이 없다. 이와는 반대로 여섯 번째 손가락을 가진 돌연변이는 그 손가락이 기능적이든 그렇지 않든 사람의 삶 자체에 영향을 미치진 않을 것이다. 심장의 변이와 달리 손가락의 변이는 생존 자체에 영향을 미칠 만큼 신체조건상 핵심적이지 않기 때문이다.

## 전적응(前適應)

다윈의 모델은 돌연적인 변화들을 배제하지 않는다. 사실 모델을 통하여 돌연변이 현상을 설명하기도 한다. 최근의 이론들 중 단속평형이론(Eldridge and Gould, 1972; Gould and Eldridge, 1977)같은 학설은 다윈학설 이론의 반복이라기보다 신다윈설 이론으로 볼 수 있다. 단속평형이론은 진화적인 변화들의 점진적, 연속적 진행을 부인하는 학설이다. 다윈은 『종의 기원』 6장에서 눈과 같은 '극도로 완벽한 것 기관들'과 '기관들의 변이'에 대해서 설명했을 때 진화가 불연속성을 포함하고 있음을 파악하였다. 만약 자연적 선택의 수단으로서의 진화가 구조상 작은 변화만을 내포하고 있다면 많은 구조상의 변화가 처음에는 설명할 수 없는 것처럼 보인다. 예를 들어, 수중생물에서 육상생물의 출현을 관찰할 때 갑작스러운 주요변화를 설정하지 않고 이런 극적인 변화를 어떻게 설명할 수 있을까? 어류는 구조적으로 공기호흡을 하는 폐와 같은 구성요소를 전혀 갖고 있지 않았기 때문에 육지생활을 위한 아무런 선택적 이점도 소지하지 못하고 있었다. 다윈은 자신의 분석 중 행동과 구조를 분리하여 차별화함으로써 이 문제를 해결하였다. 폐의 진화를 논함에 있어서 그는 다음과 같이 주장하였다.

> "아마도 기관은 상당히 명료한 목적을 위해서 수정되었을 것이다 …… 어류 내부의 부레가 좋은 예이다. 부레의 원래 목적은 물고기가 물속에서 뜰 수 있도록 하는 본연의 목적인 '부양'을 위해서 만들어진 기관이지만, 완전하게 다른 목적인 호흡을 위한 기관으로 그 기능을 변화되는 과정을 겪게 되었다."

더 최근의 포류동물의 폐가 형성되기 이전의 '전적응(前適應)'기관에 관한 논쟁에서 어떤 학자들은 부레 역시 아주 원시적인 폐의 유형에서 최초로 진화되었다고 주장하기도 한다. 하여튼 중요한 점은 어류에 속하는 개체들 중 어떤 종류는 힘들지 않게 물에 뜰 수 있도록 부레를 점진적으로 진화시켰다는 점이다. 상어와 같은 어류는 바다 밑바닥으로 가라앉지 않기 위해 언제나 헤엄쳐야만 한다. 다른 어류는 아가미로부터 들어오는 공기로 가득 찰 수 있는 내부의 신축성 있는 공기주머니처럼 (또는 기낭(氣囊)으로서의) 부레를 발달시켰다. 이러한 어류들은 마치 비행선처럼 공기를 부레 안으로 때로는 많이, 때로는 적게 펌프질하여 물속에서 헤엄쳐 다닐 수 있다. 체내의 날개꼴 부낭처럼 위치한 두 개의 부레는 의심할 여지없이 물고기가 물속에서 몸통 중심을 축으로 하여 빙글빙글 회전하는 것을 방지하도록 진화된 것이었다. 어떤 어류의 구조 내의 작은 변화인 주둥이 뒤의 긴 틈은 그들로 하여금 대기로부터 그들의 부레로, 그리고 그 곳에서부터 몸통 혈류 속으로 공기를 불어넣을 수 있게 해준다(Negus, 1949). 이런 어류들이 말라버린 개펄과 같은 새로운 환경에 처해서 오도 가도 못하게 되었을 때, 부레는 생존할 수 있는 수단이 되기도 한다. 물고기에 있어서 호흡과 같은 아주 새로운 '돌발적' 변화는 부레를 입에 연결시켜주는 긴 틈과 같은 형태학적인 변화로부터 시작된다. 본질적으로 전적응에 대한 다윈의 구조학적 설명은 모든 것이 진화의 결과이며, 다른 어떤 것으로부터 발전한 결과라고 주장한다.

다양하면서도 특수화된 기관들의 전적응과 연관된 기초적 출발은 때때로 아주 놀라운 것일 수도 있다. 예로서 젖샘은 땀샘으로부터 진화했다는 사실과 포유류의 귀를 형성하는 구조들 중 하나인 귀 내부와 두뇌로 소리를 전달하는 내귀의 뼈들은 아래턱관절로부터 진화했다는 사실을 생각해 볼 수 있다. 그것들은 오늘날 포유류의 조상인 도마뱀 형태의 동물, 테랍시드의 턱관절 쪽에 있던 움직이지 않는 부분이었다(Welstoll, 1945; MacLean, 1986). 내귀의 뼈와 관절을 연결시켜주는 인간 귀의 진화역사는 사람들이 이를 갈 때, 때때로 귀

앓이를 겪는 이유를 충분히 설명할 수 있다. 전적응은 기능과 구조를 차별화시킨다. 연속하여 발생하는 작고, 점진적인 구조적 변화들은 행동에 있어서 돌연한 변화들로 연결될 수도 있다. 이런 행동양식의 급작스런 변화는 또 다른 선택적 원동력에 길을 열어주기도 한다.

## 기능적 분기점과 돌연한 변화들

행동에 있어서의 변화는 갑작스러울 수 있다. 이런 변화의 모습은 우리가 새로운 종의 형태로 인지하는 외형적 모양에 급작스러운 변화들을 초래할 수도 있다. 이 과정은 또 다시 모자이크 법칙을 따른다. 살아 있는 생물을 완전하게 하는 서로 다른 조각들과 부분들은 독립된 유전적 규칙 하에 있기 때문에 특정한 중요 구성요소의 변화는 행동이나 기능에 있어서의 돌연적이면서 질적으로 아주 다른 변화로 나타날 수 있다. 우리는 이러한 현상을 여러 가지 기계장치의 발명에서도 찾을 수 있다. 동영상카메라의 경우에는 새로운 주요 구성품의 발전이 다른 기능으로의 진화를 가능하게 해 주었다. 유리감광판에서부터 시작된 셀룰로이드 시트지, 셀룰로이드 롤 등 필름 생산의 기술발전은 길이가 긴 두루마리 형태의 신축성 있는 필름의 대규모 생산을 가능하게 하였고, 비로소 정지화상카메라를 더욱 편리하게 만들었으며, 동영상카메라의 발전을 위한 가능성을 열어 주었다. 필름기술에서의 이러한 발전은 사실 처음에는 긴 두루마리의 필름을 만드는 것과는 아무런 관련이 없었다. 즉 두루마리 형태의 필름은 그것이 정지화상촬영에 각각의 종이 한 장보다 편리했기 때문에 소개된 것이었다. 그러나 긴 두루마리 형태의 필름으로 인하여 디자이너들은, 투사되었을 때 연속된 동작의 환영을 창조해 낼 수 있는, 초당 16개 사진을 찍는 것이 가능하게 되었다. 첫 동영상카메라의 생산은 기능적 분기점의 시작이었고, 이후 동영상카메라의 진화는 정지화상카메라로부터 분리되기에 이르렀다. 우선 동영상카메라는 연속적으로 많은 사진을 찍기 위한 셔터를 요구하게 되었다. 정지화상카메라는 움직이는 물체의 선명한 사진을 생산해 내기 위해서 짧은 간격 동안에 열고 닫을 수 있는 셔터를 필요로 하지만, 이와는 대조적으로 조지 이스트맨(George Eastman)이 처음으로 코닥카메라에서 사용하였던 동영상카메라는 느린 셔터 속도에서도 완벽하게 잘 작동한다. 동영상카메라의 이미지품질 발전은 여러 가지 요인들과 밀접하게 관련성이 있다. 즉 노출된 그리고 노출되지 않은 필름의 동작을 유지하는 동안 완전히 정지한 상태로 노출된 필름의 틀을 유지하는 것과 같은 기능들이 아주 중요한 요건이라고 할 수 있다. 한 세기 동안 다양한 진화가 있은 후 정지화상카메라와 동영상카메라는 비록 동일한 원형에서 출발하기는 했지만, 서로 아주 다른 길을 가게 되었다.

이 간단한 논의가 밝히는 하나의 요점은 진화가 발전을 향한 단순한 진전은 아니란 사실이다. 동영상카메라가 고유적으로 정지화상카메라보다 더 '진보한' 것은 아니다. 그것은 다른 환경에 맞게 개조되어 왔으며, 정지화상카메라를 대체하진 않았다. 비록 초점을 맞추고 노출을 조절하기 위해서, 동영상카메라에는 흔히 초소형컴퓨터시스템을 사용하지만, 지속적인 개선의 결과로 최근의 정지화상카메라는 어떤 면에서 가장 최신의 동영상카메라보다 기술적으로 더 진보했다. 이런 개선점들을 통합시킨 전문가용 동영상카메라는 거의 없다. 왜냐하면 그러한 개선점들이 대부분은 영화가 만들어지는 정황에는 부적절하기 때문이다. 진화의 개념은 진보의 일차적 개념과 동등한 것이 아니다. 즉 적응은 다른 조건들에 대한 반응으로서 발생한다.

현대인류 두뇌진화의 '주요해답'은 빠른 속도로 진행되는 음성적 의사소통이다. 따라서 인간의 두뇌에 의존하여 발전하는 한층 향상된 언어능력과 인지능력은 우리로 하여금 생물학적 진화의 제약을 초월하게 해준다는 사실이다. 인간의 행동에서 발견되는 명백한 단점들에도 불구하고, 사람들은 서로에게 그리고 외부 자연에 대하여 행동하는 방식에 지속적인 발달과정을 보여 주고 있었다. 다만 인간들이 자신 이외에 다른 사람과 외적 상황에 대처하는 행위는 인간 자신의 '도덕'에 대한 인식과 행위 내에서 이해할 수 있다. 그러나 이런 진행과정은 아주 느리게 일어났고, 평탄한 발전모습을 보여 주지는 않았다. 고문은 오늘날의 세상에서 도덕적으로 절대 옹호할 수 없는 것으로 여겨지고 있다. 그래서 현재 고문을 행하는 정부들은 고문사실을 숨기거나 부정한다. 동물에 대한 이유 없는 학대도 역시 같은 이유로 항상 은폐되고 있다. 숲을 파괴하는 행위 역시 이전엔 전혀 이유를 댈 필요가 없었던 것에 반하여 오늘날에는 적절한 근거를 준비해야만 허용된다. 그렇지만 도덕적인 진보는 틀림없이 발생하는 현상임을 알고 있어야 한다. 이유인 즉, 도덕적인 진행과 진보는 진화적 발생여부에 대한 당위성이 분명하지 못한 생물학적 구조의 진화로 결정되는 것이 아니기 때문이다. 도덕적인 진화란 생물학적인 진화라기보다는 인간의 언어적 능력에서 파생되는 인지능력의 진화라고 할 수 있을 것이다.

# 1장 두뇌구조 · 행동 그리고 회로

UNIQUELY HUMAN

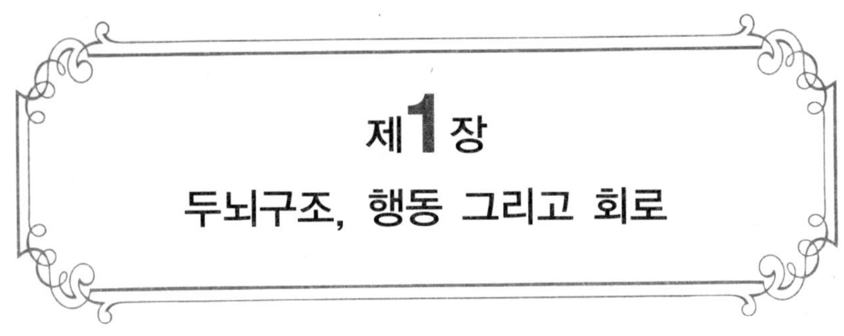

# 제1장 두뇌구조, 행동 그리고 회로

진화론적 생물학의 발전에서 주요한, 인물들 중의 한 명인 어네스트 마이어(Ernst Mayr)는 살아 있는 유기체의 구조와 생리기능은 진화적 역사를 반드시 반영한다는 것을 수차례 언급하였다. 인간 두뇌의 기능적 유기 조직도 예외가 아니다. 두뇌는 일련의 복잡한 회로처럼 작용하고 있다. 독자적인 진화의 역사를 거친 특수기관들은 서로 다른 회로에 연결되었을 때 다른 일을 수행한다. 두뇌구조는 수억 년 전부터 '더 새로운' 부분들과 더불어 작용하면서 진화하였다. 그리고 두뇌를 형성하고 있는 부분들은 특별히 진화역사를 반영하는 행동의 여러 양상에 관여하였다. 게다가 두뇌의 특수화된 기계적 구조를 구성하고 있는 기본적인 계산요소들 역시도 상당히 오래된 발달과정을 지니고 있다는 사실이 분명하게 이해된다.

신체 내부로 넓게 퍼져 있는 신경계의 통신망을 형성하고 있는 신경세포는 인류가 지금까지 만들어온 어떤 기계장치들의 기능과는 아주 다른 방법으로 일을 수행한다. 컴퓨터 세계의 가상현실 세상 속에 넓게 퍼져 있는 신경계통신망은 순차적인 과정을 따르면서 연산 기억장치나 연속적인 처리장치와 같이 효과적으로 작업을 수행하도록 고안되어 왔다. 좀 더 단순한 동물의 두뇌에 관한 연구들은 아마도 머리 속 내부가 넓게 퍼진 신경계의 통신망으로 구성되어 있는 장치로 이루어져 있음을 잘 밝혀주고 있다. 또한 이와 같은 신경계의 구조는 아마도 인간의 언어와 생각방식의 기초가 되는 두뇌회로와 같이 특수화된 기억장치와 정보처리 도구를 구성해 줄 것이다.

## 모듈방식

1987년 어린이의 성장발달에 관한 전문가들이 모인 세미나에서 어린들의 정신적, 사회적 성장에 대하여 오랫동안 연구하였던 제롬 케이건(Jerome Kagan)은 인간정신의 특성이 독립적으로 기능을 수행하는 분리장치들에 의한 것임을 주장하는 기존 이론에 이의를 제기했다. 케이건은 우리가 언어·생각방식·사회적 발전 등을 연구할 때 우리 자신들이 사용하는 말의 함정에 빠질 수 있음을 지적해 주었다. 마치 언어·생각방식·사회적 발전 등과 같은 연구대상이 상호관련성이 전혀 없는 개별적, 생물학적 뿌리를 지니고 있다고 본다는 것이다. 그리고 사람들이 흔히 두뇌의 개별적이며 특수한 '기능' 또는 '구성소'들을 가정하려는 경향이 있으며, 이처럼 분리된 요소들은 별도의 독립적인 행동을 통제할 뿐만 아니라 대부분의 경우에 있어서 이 부분들은 별도로 분리된 단어만으로 지칭되기도 한다. 케이건은 인간들이 인류만의 특징 중 하나인 도덕적 판단력을 무시하려는 경향이 있음을 연구를 통하여 지적하였다. 이런 인간행동들은 실제로 상호관련성이 없다. 예를 들면, 비범한 언어학적 능력을 가진 사람이라도 도덕성이 거의 결여된 판단력을 보여줄 수 있다. 흔히 인간의 언어능력과 지적능력은 연관성이 없다고 알려져 있다. 즉 언어수행능력의 높고 낮음이 지적능력에 의존하는 것만이 아니라는 것이다. 참고로 창조적인 예술가·수학자·물리학자·은행가·언어학자조차도 종종 자신의 생각을 제대로 표현하지 못하는 모습을 보이기도 한다. 또한 이들 분야와 관련된 다양한 행동을 그 분야에 종사하는 사람이 서로 다른 어휘를 통하여 표현하는 모습은 인간 두뇌를 연구하는 학자에게 두뇌구조를 이론화하는 데 중요한 토대가 될 수 있다.

노암 촘스키와 제리 포돌(Chomsky 1980a, 1980b, 1986; Fodor, 1983)의 모듈러이론은 앞서 언급하였던 오류를 구체화시켜 주었다. 그들은 인간의 두뇌가 각각 하나의 독특한 행동에 대응하고 결정하는 일련의 '모듈' 또는 '기관'로 구성되어 있다고 주장한다. 언어기관은 추측컨대 기능적, 형태학적으로 사고력과 관련된 두뇌의 다른 기관과 분리되어 있다고 생각하였다. 바꾸어 말하면 언어기관을 구성하는 모듈은 인식력과 관련된 어떤 역할에도 참여하지 않는다고 보았다. 다만 촘스키와 포돌의 차이점을 본다면, 촘스키는 언어기관을 총체적인 것으로서 내부적으로 분리되지 않는다고 보았지만, 포돌은 언어기관을 설명할 때 일련의 모듈구조 형식을 따랐다. 즉 통사적 문법을 위한 전용으로 하나, 단어를 포함하고 있는 어휘사전을 위한 전용으로서 하나, 그리고 언어기관을 만드는 여러 부분을 가정하였다. 비록 두 학자 사이의 언어기관에 대한 구조를 설명하는 데 약간의 차이점이 있었지만, 이들 학자들의 주장에 의하면 모듈러 구조의 활동은 통사적 문법·어휘목록·담화인지와 같은 부분을 결정하는 데 중요한 역할을 수행할 수 있다는 일치된 관점을 보여 준다.

모듈러이론은 골상학(骨相學)에 힘입은 바가 크다. 골상학은 19세기 초반에 널리 인정받았던 학설이었다. 프란쯔 골(Franz Gall, 1809)이 학설을 제안했고, 요한 스퍼자임(Johann Spurzheim, 1815)이 수정하였다. 골상학자들은 인간의 행동이 각각이 뇌 표면의 별개의 부위 내에 위치한 '자리'를 차지하고 있으며, 죽 늘어선 독자적인 '기능들'로 구성되어 있다고 주장했다. 각 자리의 표면영역은 어떤 특정한 기능의 발전을 결정지었고, 골상학자들은 두개골을 측정함으로써 그들의 이론을 시험하고자 노력하였다. 다만 골상학은 몇 가지 결정적인 반증으로 상당한 불신을 받게 되었다. 예를 들면, 어떤 성직자들은 숭배의 자리가 작았고, 어떤 살인자들은 그 크기가 컸다는 것이 명백해졌을 때 골상학은 심각한 문제에 봉착하게 되었다. 그러나 골상학의 소멸에도 불구하고 모듈러이론은 지금까지 남아 있다.

비록 기능의 자리가 두뇌표면의 특정한 부분에 자리 잡고 있다고 주장하진 않았지만, 사고방식과 연관된 모듈러이론들은 그들의 주장들을 정당화하고 '논리적인' 설명을 찾아가려는 의도에서 하나의 행동에 두뇌의 독립적인 도구들을 연계시키는 골상학적인 주장의 기본 틀을 유지하고 있다. 이 논리적인 이론들은 생각건대 인간의 언어적 능력에 포함된 가장 간단하면서도 가장 논리적이고, 가장 '경제적인' 신경계의 구조의 실마리가 될 것이다. 그러나 모듈러이론은 생물학적인 두뇌보다 논리설계와 전형적 디지털컴퓨터의 세부적 구성에 주안점을 두고 있다. 기계와 연관된 가상의 모듈은 기능적으로 종종 디지털컴퓨터들이나 전파탐지기들과 같이 복잡한 전자장치를 조립하는 데 사용되는 '플러그접속식'의 구성요소들과 비슷하다. 모듈러설계는 사람이 컴퓨터를 만들 때 논리적이다. 대부분의 컴퓨터프로그램들이 사용하는 연속적 처리의 단계에 대응하도록 구성된 독립된 모듈시스템은 컴퓨터의 설계를 단순화하고 고장 시 수리를 쉽게 하는 장점이 있다. 그러나 어떤 동물의 두뇌가 이런 식으로 설계되었어야 하는 특별한 이유는 없다. 두뇌의 계산결과들은 반드시 순차적인 것은 아니며, 결함이 있는 부분을 교체하기란 불가능하다. 과거 한 세기에 걸친 신경해부학과 생리학적인 연구는 인간 두뇌구조의 논리가 다른 어떤 기관과 마찬가지로 진화의 산물이란 것을 보여준다.

역사적으로 두뇌의 모델은 당대의 가장 복잡한 기계의 구조를 따르려는 경향이 있다. 1930년도에는 전화가 두뇌의 통상적 모델이었다. 디지털컴퓨터는 현재의 모델이다. 지난 30년 동안 존재했던 디지털컴퓨터는 각각 특정한 일에 '전용으로서의' 분리되고 독립적인 장치들로 구성되었다. 그러나 컴퓨터는 이런 방식으로 설계되어서는 안 된다. 회로는 한 가지 기능보다 더 많은 역할을 할 수 있도록 설계될 수 있다. 인쇄기회로는 전화회선 상에서도 통신하는 것이나 컴퓨터화면에 데이터를 표시하는 것에 사용될 수 있다. 여러 가지 기능을 위해서 동일한 장치들을 응용하는 것은 부품을 절약하고, 전력을 유지하는 데 도움이 된다. 모듈러설계는 제2차 세계대전 초반 전파탐지기 세트에서 도입되었다. 최초의 전파탐지기 세트는 모듈방식이 아니었다. 진공관을 사용하였던 모델에서는 일단 고장이 나면 수리하기가 아주 어려웠다. 모듈러디자인은 기초훈련만 받은 기술자들로 하여금 전시에 야전전투 상황 속에서 빠른 속도의 수리를 가능하게 해 줬다. 만약에 설계자들이 전파탐지기를 가능하면 작게 만드는 데 초점을 두었다면, 전파탐지기 세트들은 아마 모듈방식이 되지 않았을 것이다. 생물학적인 용어로 다시 돌아가자면 서로 다르게 선택해야만 한다는 압력이 다른 전파탐지기나 컴퓨터회로를 산출해 낸 것이다. 새롭게 설계된 전파탐지기는 사실상의 물리적 '모듈들'을 소유한 기계로 변모될 수도 있었다. 그러나 우리는 기계를 나름대로 설계하고, 주어진 기계가 다른 기능을 담당할 수 있도록 하는 방법을 선택할 수도 있다. 모듈러방식을 따르는 경우에는 여러 기능이 서로 다른 양상으로 작용하는 차별화된 상황들도 역시 논리적으로 설명할 수 있다.

## 회로 모형

비록 지난 10년이 이전 100년보다 두뇌가 어떻게 작용하는가에 대해서 더 많은 정보를 산출해 냈지만 아직도 확고하게 정의하기 어려운 문제들이 그대로 남아 있다. 바로 이어 언급할 모델은 아직 불완전한 시도로써 우리가 알고 있는 현상들과 지식을 완전하게 설명하지 못할 뿐만 아니라 여전히 인간이 알고 있는 바를 충분히 설명하지 못한다는 비판의 대상이 되고 있다.

다음의 두뇌의 회로모형은 노먼 게쉰드(Norman Geschwind, 1965)에 의해서 전개된 '연결론자' 모델의 기본 발상에 관련된 개념들 중 하나를 그대로 유지하고 있다. 게쉰드는 두뇌결함으로 인해서 생긴 언어결함인 실어증을 연구한 중심인물이었다. 그는 1860년대부터 설명된 많은 언어장애가 두뇌의 서로 다른 부분이 충격이나 사고로 손상되었을 때 끊어졌다는 가설에 의해서 설명될 수 있을 것이라고 주장하였다. 바로 이런 주장으로부터 '연결론자'라는 용어가 나왔다. 게쉰드의 관찰과 이론은 밀접한 관계가 있다. 그러나 19세기에 두뇌와 언어에 관한 연구를 개척한 폴 브로커나 칼 워닉 같은 연구자들처럼 게쉰드는 인간언어의 두뇌기반이 언어이며, 이런 능력은 두뇌 중 '가장 최근'에서야 발달한 신피질(新皮質)에서 얻어지는 것이라고 가정하였다. 다만 본 저서에 제시되는 회로모형은 두 가지 추가적 요인들을 안중에 두었다는 점에서 게쉰드의 모델과 다른 모습을 보여준다.

1. 어떤 두뇌의 구조들이 아마도 언어에만 특수화되어 있다고 생각할 수는 있다. 다만 인간언어에 포함된 두뇌의 기계적 구조 모두가 예외없이 단지 언어에 연계되어 있는 별도의 기관 또는 기능을 구성해야 한다는 가정을 따르지 않는다.

2. 비록 인간의 언어와 생각이 호모 사피엔스의 '가장 최신의' 특성일지라도, 언어와 사고를 형성하고 있는 두뇌의 기초구조는 계통 발생론적으로 볼 때 가장 최근에 진화된 부분들로만 제한되어 있는 것은 아니다.

그러므로 회로모형은 인간 두뇌의 진화론적인 역사를 고려한다. 회로모형은 의심의 여지없이 특수화된 신경계의 기관과 구조를 가지고 있으며, 다양하면서 '더 높은' 인식과정과 언어활동을 촉진하기 위해서 진화되었다. 다만 최신의 기능들은 과거 '더 간단한' 활동을 가능하게 만들기 위해 작용했던 구조로부터 진화되었다. 그리고 그것들은 보통 더 새롭고, 파생적으로 발전한 다양한 인식활동 뿐만 아니라 더 오래되고, 더 간단한 행동 패턴에도 지속적으로 관여하곤 한다. 다윈이 1859년에 주목한 바와 같이 '새로운' 기능을 위해서 특수화된 기관은 항상 다른 어떤 기능을 가졌던 초기 기관들로부터 진화해왔다. 새로운 행동은 옛 초기 기관의 활동을 결코 완벽하게 대신하지는 못한다. 예를 들어서, 소리를 효과적으로 만들어내기에 알맞게 된 인간의 후두는 폐를 보호하기 위해서 수시로 닫혀야만 하는 하나의 단순한 판막으로부터 진화했다. 인간의 후두는 아직도 이 초기의 기능을 계속 유지하고 있다.

유사하게, 두뇌의 연변계는 몇몇 부분들과 구성되어 있다. 우선 신체의 체온처럼 자율신경계통의 기본기능과 골격근육통제에 관여하며, 또한 기억과 고통 또는 기쁨처럼 지각력에까지 관련되어 있다. 다른 특수화된 기관들처럼 두뇌에 존재하는 언어와 사고작용을 가능하게 하는 구조들 역시 아마도 더 오래되고, 더 단순한 활동에 계속적으로 관여할 것이다. 비록 시력과 같은 기능들이 다른 행동에 전혀 포함되지 않는 매우 특수화된 두뇌구조들을 포함하고 있지만, 이와 같은 극단적인 모듈화는 신체부위를 살펴볼 때 흔하게 볼 수 있는 것은 아니다. 사실 완전하게 분리된 듯이 보이는 시력조차도 다른 행동과 연관되는 두뇌의 기타 부분과 상호작용을 하는 모습을 보여 주기도 한다.

## 비교 신경 생리학

폴 맥린(Paul Maclean)의 연구(1967, 1973, 1985, 1986)들은 주로 인간과

단순한 동물의 두뇌를 비교한 것이다. 그림 1-1은 인간 두뇌의 세 가지 주요한 구성요소들을 보여준다. 두뇌는 극히 단단한 껍질인 두개골 안쪽에 포함된 소수의 극히 얇은 층들로 구성되어 있는 일종의 양파와 닮은 것처럼 생각될 수 있으며, 특이하게도 매우 급속히 성장한 모습을 보여 준다. 두개골 안쪽 양파의 주 몸체는 대뇌이고, 중뇌와 뇌간이 급속히 성장한 줄기를 형성하고 있다. 대뇌의 안쪽 대부분은 해부학자들이 기저핵이라고 부르는 몇 가지 구조들을 포함하고 있다. Parent(1986)의 설명을 따르자면, 비록 인간 두뇌 기저핵이 설치류나 파충류와 같은 더욱 단순한 포유동물들 것보다 더욱 차별화되고 신체 무게에 대해서는 균형상 더 크더라도 뇌의 기저핵에 대한 기본구조는 파충류에게서 발견되는 뇌구조에서 그 유래를 찾을 수 있다. 그래서 맥린은 두뇌의 부분을 '파충류적 복합체'라고 부르기도 한다. Parent(1986)에서 기저핵은 중뇌에 의해서 척수에 연결되어져 있지만, 흑질과 같은 중뇌의 특정부분들은 기저핵에 너무나도 가깝게 연결되어 있어서 기능상 기저핵 회로에 속하는 연합구조들로 제시하고 있다.

인간 두뇌의 기저핵은 전통적으로 운동제어와 관련되어 있었다. 두뇌의 이 부분에 영향을 미치는 파킨슨병, 다른 퇴행성 신경질환은 운동제어에 결함을 초래하기도 한다. 질환에 걸린 환자들은 걸음걸이와 손동작이 종종 부자연스러워지고 정확도가 낮아지며, 대부분의 경우에는 손 떨림이 일반적으로 발생한다. 그러나 최근의 자료는 기저핵에 대한 손상이 언어와 인지능력의 결함을 생기게 한다는 사실을 밝혀주고 있다. 기저핵은 바로 이어 뇌의 층을 형성하고 있는 대상엽이나 기존의 운동피질과는 생화학적이든 해부학적이든 다른 구조임을 알아야 한다. 예를 들면, 두뇌를 구성하는 신경세포들은 한 세포로부터 다른 세포로 전기적 신호를 발생시키며, 이렇게 전달되어 지는 과정은 기본적으로 화학적 신경전달 물질에 의존한다. 신경전달 물질 중 도파민은 기저핵이 정상적으로 기능을 유지하는 데

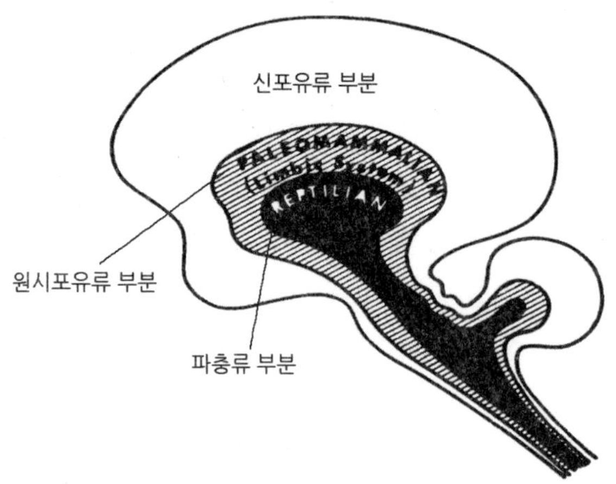


[그림 1-1]
포유류 뇌의 3단계 구조 진화를 보여 주는 도해이다. 화석기록에 대한 조사를 동반한 비교검토 연구들은 포유류 뇌의 내부구조가 파충류, 초기 포유류 및 최근의 포유류와의 상호 역사적인 연계관계를 반영하는 세 가지 구성요소로 구성되어 있음을 보여준다. 또한 이와 같은 구성 형태는 포유류 뇌가 해부학적이면서도 화학적인 성질을 보유하고 있음을 알려준다. 그림의 뇌 구성요소들 중 신포유류 부분은 신피질이 포함되며, 원시포유류 부문에는 대상엽 그리고 파충류 부분에는 기저핵과 중뇌가 포함된다(Maclean(1985)을 근거로 함).

필요한 물질이지만, 또 다른 신경전달 물질들은 대상엽 속에서의 활동을 조절하는 기능을 담당한다.

## 파충류 동물로부터 포유류까지

대상엽은 단순한 구조의 초기 포유동물들에게서 처음으로 나타났지만, 동물들이 시간에 따라 고등 포유류로 발달하면서 단순히 운동만을 제어하기 보다 더 많은 기능을 관장하게 되었다. 인간 및 기타 포유동물에서는 후각과 호전성 및 기분과 같은 감정과 일반적 행동의 여러 가지 측면들을 조절하는 기능을 담당한다(Mesulam, 1985). 행동에 있어서의 두뇌장애들이 미치는 효과에 대한 연구는 대상엽이 어머니와 유아 상호작용에 작용하여 유아가 도움을 요청할 때 사용하는 발성을 조절하기도 한다(Newman and MacLean, 1982; Newman, 1985; Sutton and Jurgens, 1988).

포유동물은 230만 년 전부터 180만 년 이전 사이에 살았던 포유류를 닮은 파충류 동물인 테랍시드로부터 진화했다. 테랍시드 화석은 (남극대륙을 포함한) 모든 대륙에서 발견되었다. 왜냐하면 당시 세계는 하나의 거대한 대륙(판게아의 덩어리)인 거대한 땅으로 이루어져 있었기 때문이다.

맥린은 파충류동물부터 포유동물까지의 진화적인 변이를 분명하게 설명하기 위하여 행동에 있어서의 세 가지 명확한 변화들을 다음처럼 정리하였다.

(1) 포유동물은 그들의 유아들을 돌본다.
(2) 유아 포유동물은 그들의 어미들과의 접촉을 유지해야만 하고 그 결과 그들이 그들의 어미로부터 떨어졌을 때, 분리 또는 고립외침을 만들어 낸다.
(3) 포유동물은 놀이를 한다.

가령 쥐처럼 실험이 가능한 포유동물을 택하여 뇌의 일부분을 파괴하는 실험은 대상엽 내의 정신적 장애가 어미로서의 행동에서 두드러진 결함으로 나타남을 잘 보여 주었다. 쥐는 둥지 만들기와 돌보기, 새끼를 되찾는 것을 경시하는 행동을 보였으며, 따라서 전체 실험대상 중 오직 12퍼센트의 새끼들만이 살아남게 되었다.

포유동물의 분리외침은 분명히 포유동물을 파충류로부터 차별화하는 데 매우 중요한 요인이다. 그러므로 다른 포유동물의 분리외침 또한 대상엽에 의해서 조절되는 것을 발견한 것은 그리 놀랄 일은 아닐 것이다. 1945년에 맥린이 시작한 연속적인 실험들은 원숭이의 대상엽 앞부분이 분리외침의 주요 기관임을 설명해 주었다. 그림 1-2는 다람쥐원숭이·짧은꼬리원숭이·인간의 분리외침 사이의 유사점들을 보여준다. 인간의 유아들의 정상적인 울부짖음 양식은 일반적인 영장류 동물의 형식을 그대로 따른다. 유아의 목소리 음조는 처음엔 올

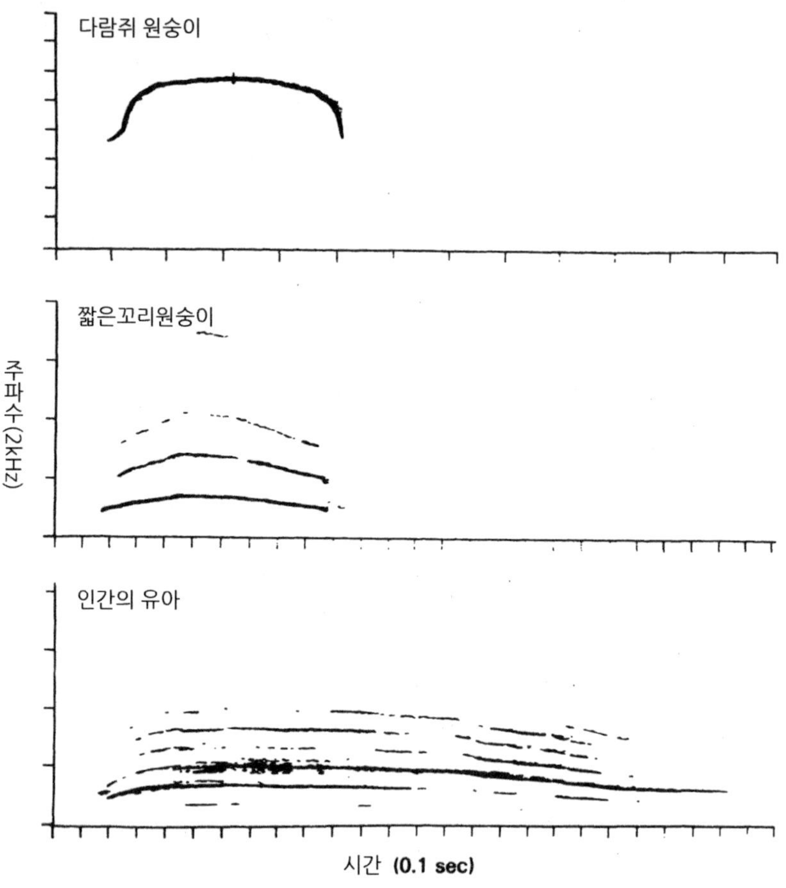


[그림 1-2]
다람쥐원숭이, 짧은꼬리원숭이. 인간의 유아가 고립상태에서 내는 분리외침의 억양(기본 멜로디)을 보여 주는 음향분석기록이다. 그래프 도표에서 수평선은 시간을 가리키며, 수직선은 음성의 음높이를 가리킨다. 특히 고저의 경우는 음성 기본주파수로 표시되며, 기본주파수 표기는 우선 $F_0$를 중심으로 하여 여기에 배수 관계에 있는 주파수인 $2F_0$, $3F_0$, $4F_0$ 방식을 따르는 주파수들의 배합으로 구성된다. 위 그래프가 보여 주는 세 영장류의 억양패턴은 음높이와 음장단에 차이가 있지만, 근본적으로는 세 가지 그래프 표기들은 유사한 모습을 띠고 있다.

라갔다가 거의 동일한 수준에 머무르고 그 다음엔 떨어지는 특징을 보여준다. 인간은 동일한 음조양식을 언어수행에 적응시키면서 입에서 생성하는 소리의 흐름을 문장구조를 분할하기 위해서 오르고 내리는 발성양상을 유지하고 있다.

여러 해부학적 분석들은 포유동물을 파충류로부터 차별화시키는 행동유형을 찾아내는 데 뇌를 주시하고 있다. 만약 음성의사소통이 어미—유아 결속을 지속하는 데 있어서 효과적이어야 한다면, 어미들은 분명히 그들의 유아의 분리외침을 들을 수 있어야만 한다. 포유동물은 파충류와는 다르게 더 조용한 소리를 들을 수 있게 해 주는 중이(中耳)를 가지고 있다. 중이는 턱에 경첩을 두개골까지 달아주는 관절의 두 작은 뼈들로부터 진화한 두 개의 작은 뼈들, 망치와 모루(malleus and incus)를 가지고 있다. 테랍시드 내의 턱 경첩의 움직이지 않는 부분들이었던 이 뼈들은 앰프처럼 일종의 음향장치처럼 움직인다. 최초의 진정한 포유동물이 중이를 가지고 있었다는 사실은 화석기록을 통하여 판명된다. 특정동물의 두뇌의 유기조직을 남아 있는 화석만을 이용하여 완전하게 이해하는 것이 쉽지만은 않지만, 중이의 뼈들은 포유동물의 화석 내에서 대상엽의 존재를 밝혀주는 중요한 지표가 된다. 살아 있는 동물에 있어서의 특수화된 두뇌구조를 수반하는 특수화된 해부학적 구조는 우리로 하여금 화석에 관하여 다른 추론도 가능하게 할 수 있다. 다음 장에서 우리는 인간진화의 화석기록을 해석하기 위해서 인간의 말을 조절하는 특수화된 언어생성 해부구조 및 두뇌구조를 나타내는 뼈들 사이에 발견될 지도 모를 상응연계성들을 찾아보려고 한다.

테랍시드는 아마도 다른 포유류의 신체적 특징을 지니고 있었을 것이다. 그들은 아마도 땀샘에 기원을 두는 젖 분비기관을 가지고 있었을 것이며, 잘 발달된 입술을 보유하고 있어서 음식물 조각들을 작은 조각들로 씹어내는 것과 호흡을 동시에 이행할 수 있었을 것이다. 음식을 씹는 행위와 호흡을 동시에 수행하는 행동양식도 구조적인 변화와 함께 포유동물들을 파충류동물들로부터 차별화하는 주요기준이 될 수 있다. 포유동물들의 진화 중 행동패턴의 변화에서 파생된 것을 본다면 단연코 '육아'라는 측면을 생각할 수 있다. 육아는 두뇌구조와 신체 내부구조의 '완벽화 과정'의 결과로 볼 수 있는데, 육아를 진화의 단계로서 소유하게 되는 포유동물은 결과적으로 생물학적 적응도를 증가시키면서 생존의 가능성을 극대화했다.

## '고등한' 포유동물

고등한 포유동물에 대한 진화적 변이(變異)는 기존 두뇌구조에 새로운 신피질의 생성부터 생각할 수 있다. 해리 제리슨(1973)이 연구하였던 두뇌진화에 대한 포괄적인 연구결과를 보면 특정동물의 신체구조 내에서의 두뇌의 크기비율이 해당 종의 지능지표를 결정하는 중요한 요소임을 잘 알 수 있다. 고등동물에 속하는 포유동물에 있어서의 두뇌가 증가한 상대적인 부피증가는 바로 신피질에 있어서의 증가를 반영한다. 신피질은 복잡한 운동근육 작용, 감각정보의 지각 및 해석, 감각을 생각, 동작과 함께 통합하는 등의 기능들을 강화하는 역할을 담당하고 있다. 신피질의 이런 능력은 새로운 상황에 반응할 수 있고 새로운 반응을 배우는 것을 가능하게 한다.

동물의 두뇌를 연구하는 과정에서 상호 연관된 종의 두뇌를 비교하는 조사는 진화를 설명하는데 충분한 타당성을 부여해 줄 수 있다. Jerison(1973)에 따르면 인간은 두뇌의 상대적인 크기와 신피질 비율 두 가지 모두 다른 모든 동물들과 다르다. 이마에 가까운 신피질은 인간에 있어서 다른 영장류에서보다 훨씬 더 크다(그림 1-3을 보라).[note 1] 또한 기능성 조직에 있어서의 질적인 차이도 있다. 인간에 있어서 신피질은 언어행위의 자발적 통제에 관여하고 있다. 이것은 다른 영장류에게는 발견되지 않는 것이다. 예를 들어서, 원숭이들의 뇌에서 신피질에 전기적 자극을 주어도 발성에는 전혀 영향을 미치지 않는다. 대신 두부(頭部)대상엽의 자극은 의지라는 구성요소를 갖춘 고립외침과 같은 발성을 이끌어 낸다. 더불어 중뇌의 여러 부분의 자극이 감정적 표현 범위에 속하는 외침들을 이끌어내기도 한다(Sutton and Jurgens, 1988).[note 2]

인간에게 있어서 발성의 자발적 통제는 진화적인 '부가장치'의 또 다른 예이며, 더 오래된 기존의 구조로부터 진화를 거친 결과인 듯하다. 다시 말하자면, 변경된 사안들은 아마도 신피질·대상엽·기저핵·후두·상부의 호흡조직·입의 근육들에 이런 구조들을 연결시키는 경로를 포함했을 것이다. 동등한 변화들이 구강·혀·후두의 해부학적 구조에서도 발견되었다. 이런 변화는 기존의 오랜 구조를 다른 동물에게서 전혀 발견되지 않는 아주 새로운 것으로 단순하게 이해되어서는 안 될 것이다. 진화의 이런 속성은 우리가 직접 보고 만질 수 있는 해부학구조를 살펴보면 더욱 명백해진다. 영장류에 속하는 침팬지와 포유동물인 개와 고양이는 구강·턱·혀를 갖추고 있으며, 두뇌에 대해서도 마찬가지라고 할 수 있다. 즉 포유류의 두뇌는 최초의 형태였던 파충류적 복합체를 상실하지 않았다. 포유동물은 다만 대상엽을 두뇌에 추가함으로써 다른 행동을 첨가하고 운동근육 통제를 강화하기에 이르렀다. 그러나 두뇌에 존재하던 진화 이전의 오래된 부분은 제거되지 않았고 '새로운' 모듈에 의해서 완전하게 대체되지도 않았다. 대신 이들 기존 구조는 새롭게 추가된 구조와 협력하면서 계속 기능을 수행하였다. 영장류 역시 새롭게 진보된 신피질을 위해 대상엽을 교체해버린 것은 아니었다.

고등동물의 두뇌에 위치한 오래된 부분도 새롭게 요구되는 기능과 두뇌의 더 새로운 부분으로부터 밀려드는 선택적 압력에 대응하여 진화하고 변해왔다. 비록 대부분의 비교해부학자들이 더 새로운 부분인 신피질의 확장을 강조하지만, 비슷한 변화가 인간의 기저핵에서 일어났다. 예를 들어, 인간에 있어서 꼬리핵과 조가비핵들이 초기 영장류 동물이나 식충(食蟲)동물의 두뇌의 것들보다 14배 이상의 크기로 변하였다. 기저핵은 또한 더 복합하고 차별화되는 과정을 겪었다. 최초의 포유동물인 설치류에게 조가비핵과 꼬리핵은 하나의 단순한 구조에 불과하였다. 그러나 조가비핵과 꼬리핵은 다람쥐원숭이와 인간과 같은 고등영장류에서는 차별화를 보이게 되었고, 다른 측면의 행동에 역할을 하게 되었다(Parent, 1986).[note 3]

다람쥐원숭이와 같은 고등포유동물이 의사소통을 위해서 사용하는 몸짓과 자세는 여전히 기저핵에 의해서 통제된다. 이 표시는 도마뱀이 경쟁자에게 도전하기 위해서 쓰는 표시와 비슷하다. 도마뱀과 다람쥐원숭이에게 있어서 기저핵을 부분적으로 제거하면 이들 동물이 경쟁수컷들에게 도전하려는 영역표시와 같은 행동들이 사라져 버린다. 기저핵은 감정을 표현하고 정서가 수반되는 비음성 표현방식에 내적으로 영향을 줄 뿐만 아니라 동물들이 살아가는 하루일과를 구성하는 활동들을 통합하는 역할을 수행한다. 바꾸어 말하자면 포유류의 일상적 행동의 많은 측면이 두뇌의 기존 구조인 파충류적 복합체에 의해 계속 통제되고 있는 것이다. 이런 상황은 인간을 포함한 모든 포유동물들에게 적용된다. 우리는 3 장에서 기저핵이 인간언어와 사고에도 연계되어 있다는 것을 보게 될 것이다.

## 대뇌피질 조직과 회로

비록 피질(신피질과 대상엽 둘 다를 포함하는 용어)의 기능성조직에 대한 우리의 이해가 완벽하지는 않지만 많은 부분들이 연구를 통해 알려져 있는 것도 사실이다. 그림 1-3은 소뇌의 기능기관을 보여주는 대표적인 그림들이다. 위쪽 도표는 좌측에 있는 전방부 전두엽 대뇌피질과 함께 외부 좌측 표면의 측면 보기이다. 아래쪽 도표는 신피질 아래의 안쪽으로 향한 대상엽, CG와 함께 중앙에서 평면으로 관통하여 구획화한 두뇌의 측면 보기를 보여준다. 이 그림모양은 마치 반으로 자른 자몽의 내부구조와 유사하다.

골상학자들이 두뇌의 기능을 지역화하는 것은 완전히 틀린 것은 아니었다. 대뇌피질의 어떤 부분들은 극도로 특수화되었고, 특정행동양식에 특정적인 기능을 보유하고 있는 것 같다. 특수한 기능들에 가장 가깝게 얽매여 있는 것들은 감각에 가장 가까운 연결을 지니고 있는 것들이다. 예로 그림 1-3의 V1은 시각에 필수적인 '일차 시

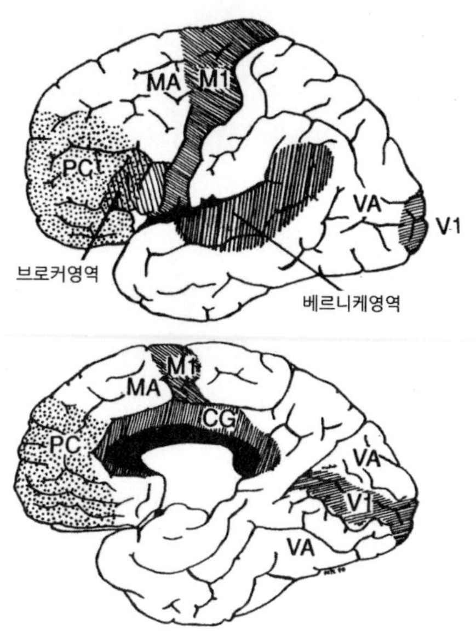


**[그림 1-3]**
인간 뇌의 기능상 부위들을 보여 주는 뇌측면과 뇌중간 조망한 그림이다. 발화, 언어 그리고 인지측면에 관련되어 있는 부위들에는 브로커영역, 베르니케영역, 전반부 전두엽대 대피질(PC), 운동연합 영역(MA), 운동제어 일차영역(M1), 대상엽(CG) 등이 있다. V1과 VA는 시각 일차영역과 시각연합 영역을 가리킨다.

각'영역이다. 눈으로부터의 연결에서 다소 떨어진 '시각연합'영역인 VA같은 대뇌피질영역은 특정 행동양식에 특수화된 연합영역이다. 이런 연합영역에 생기는 손상은 복잡한 시각적 결함을 발생시킨다. 이런 손상의 환자들은 비록 그들이 다른 형상을 보고 인지할 수 있더라도, 얼굴생김새 자체를 알아보지 못하게 된다. 다른 동물들과 마찬가지로 인간은 방대한 시각연합영역을 지니고 있다. 운동제어 역시도 '일차 영역'인 M1 그리고 '전운동' 그리고 운동연합영역인 MA로 분류된다. 일차운동영역은 특정근육들의 활동을 직접 제어한다. 예를 들어, 원숭이에게 특유한 일차 운동영역의 전기적 자극은 그것의 입술동작으로 결과지어질 것이다. 대뇌피질의 운동연합영역은 복잡한 운동동작의 제어와 관련이 있다. 원숭이 내부에서 운동연합영역에 가해지는 손상은 다른 어떤 것들보다 시각 지시를 포함하는 운동과업에 대한 약화의 결과를 초래한다.

폴 브로커(Paul Broca)가 1861년에 주장하였던 브로커영역(Broca's area)은 인간언어의 제어와 관련된 대뇌피질영역으로서 인간 이외의 동물에서는 동등한 구조를 발견할 수 없다. 광범위한 두뇌의 손상이 이 영역으로의 연결들을 끊어 버리게 되면 영구적 언어결함이 결과로서 나타날 수 있다. 전방부 전두엽대뇌피질은 두뇌전반에 걸쳐 정보를 받는 연합영역이다. 인간과 다른 영장류에 있어서 전방부 전두엽대뇌피질에 가해지는 손상은 복잡한 일을 배우는 것과 수행하는 것 그리고 추상적인 생각에 있어서의 여러 다른 결함을 초래할 뿐만 아니라 특정 문제에 집중하는 능력이라고 볼 수 있는 '경계심'의 기능적 상실로 이어진다. 대뇌피질의 다른 부분과 두뇌의 피질하의 부분들 역시도 인간언어와 인지에 역할을 수행하는 것으로 보이지만, 두뇌 대부분의 기능들에 연관되어 많은 불확실성과 추측들이 남아 있다(포괄적인 재검토를 위해서는 Mesulam, 1985, and Caplan, 1987을 보라).

그러나 비록 대뇌피질의 여러 부분들의 기능들이 확실한 것이 아닐지라도 그들은 다소 다른 구조적 특성들을 지니고 있으며, 표준화된 학설들이 다양한 부분을 증명하기 위해서 제안되었다. 가장 많이 사용되는 학설은 인간과 다른 동물들의 두뇌 여러 부분들의 '세포구축학적' 구조에 대해서 공부했던 쾨비니안 브로드만(Korbinian Brodmann)에 의해서 소개되었다. 두뇌의 서로 다른 부분들의 미세세포구축학적 구조는 서로 다르다. 예로서 운동제어와 관련되어 있는 것으로 알려진 대뇌피질의 부분에 있어서 여러 유형들의 비율은 전방부 전두엽 지역의 비율과 다르다. 그러므로 비교 세포구축학적 연구는 우리로 하여금 동물을 비교할 때 서로 다른 종들의 다른 두뇌 부분들의 비율을 상호 비교할 수 있게 해 준다. 두뇌의 어떤 측면의 진화는 더 단순하고 더 복잡한 관계가 있는 종들에게서 발견되는 특정한 두뇌구조 부위들의 비율을 도표로 만듦으로서 연구될 수 있다. 그림 1-4는 계통 발생적으로 하등한, 그리고 고등한 두 영장류의 두뇌 표면들의 스케치들을 보여준다. 스케치는 두뇌의 좌반구를 보여준다. 뇌의 전방부위는 왼쪽이다.

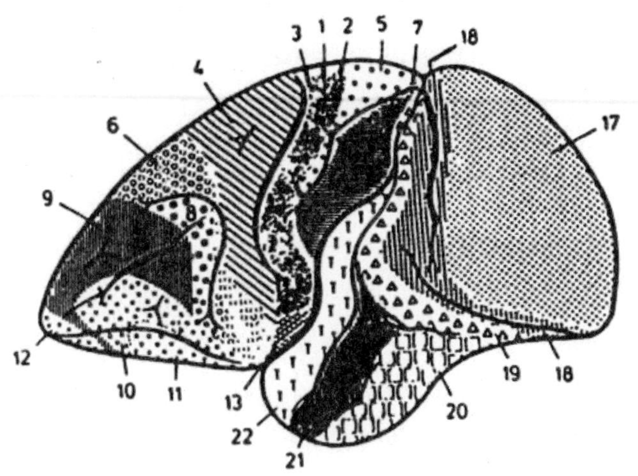


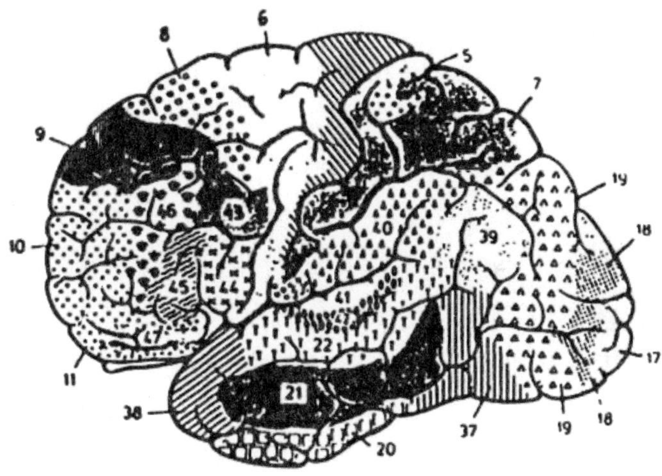


[그림 1-4]
Brodmann(1909) 세포구조학적 지도 그림으로서 위쪽은 짧은꼬리원숭이 뇌구조이며, 아래쪽은 인간의 뇌구조이다. 신피질의 전반부는 위쪽의 좌측 부위를 가리킨다. 9-15, 46, 47로 표시된 전반부 전두엽대 대피질의 크기는 비율적으로 볼 때 인간이 원숭이보다 더 크다.

다양한 영역들이 브로드만 번호매김 방식으로 분류되었다. 브로드만은 골상학자로부터 유래된 '위치론자' 전통에 대해서 연구하고 있었다. 그는 대뇌피질의 여러 부분들을 자신이 믿고 있던 기능별 특수화된 영역들로 분류하였다. 예를 들어서 영역 4로 표지된 일차 운동 영역은 신체의 다양한 부분들 개별의 움직임을 직접적으로 제어한다. 그것은 6·8·43·44·45를 포함하는 전운동 영역으로부터 입력을 받게 된다. 전운동 영역은 학습된 운동활동의 양식을 저장한다. 브로커의 영역은 브로드만 영역 44와 45로 구성되어 있다. 그것은 종종 인간의 말을 생성하는 세포구축학적 구조와 운동제어 프로그램들에 연루됨에 따라 전운동 영역으로 분류되어 진다. 전두엽대뇌피질은 전운동 영역의 전방부에 위치하고 있으며 9·15·46·47번 영역을 포함하고 있다(Stuss and Benson, 1986).[note 4] 그러나 사실상 이 영역들의 모든 부분은 기저핵과 두뇌의 다른 더 오래된 부분들을 포함할 수 있는 복잡한 경로에 의해 서로 연결되어 있다.

그림 1-4에서 짧은꼬리원숭이를 인간에게 비교했을 때 나타나는 뇌의 정면범위에서 상대적 크기의 증가를 눈여겨 볼 필요가 있다. 인간의 두뇌는 단순히 원숭이나 영장류의 두뇌보다 더 큰 신피질을 가지고 있는 것이 아니라 전두엽대뇌피질은 비율적으로 더 큰 형태를 유지하고 있다. 여러 지능적 포유동물인 원숭이, 유인원, 고래의 두뇌에 대해서 연구하였던 테리 디콘(Terry Deacon)은 만약 우리가 단순히 커다란 유인원의 두뇌를 가지고 있었다면 인간의 전두엽대뇌피질이 2배는 더 커야 함을 언급하고 있다(Deacon, 1988b).

신피질과 언어 사이의 관계는 브로커가 이 부분과 주변 부위에 발생할 수 있는 큰 장애가 언어생성에 중대한 결함을 만들어 냈다는 것을 언급하면서부터 명백한 사실이 되었다. 브로커의 환자는 여전히 언어생성의 일부인 몸짓을 행하기는 하지만 말을 수행하기 위해서 꼭 필요하며 복잡하고 통합된 발음을 또렷하게 이행하는 데 수반되어야 하는 운동들을 윤활하게 조절하거나 조합하는 기능을 상당 부분 상실하게 된다. 언어의 상실에 비교하자면 환자가 오른쪽 팔의 기능을 잃게 되는 것은 별로 가치를 부여할 사안이 아니지만, 언어의 범주 밖의 운동제어에 있어서의 결함은 종종 언어사용에 대한 문제들과 함께 발생한다(Lipemann, 1908; Kimura, Battison, and Lubert, 1976). 브로커가 주장하였던 브로커실어증(失語症)의 희생자들은 일련의 말을 생산하는 명령인 언어생성을 지정해 주는 운동 '프로그램'의 통제를 상실한 듯하다. 예로서, 말을 수행하지 못하는 사람들은 입술을 닫을 수는 있지만, 후두의 운동으로 단어 bad의 [b]를 만들어내기 위하여 요구되는 제어과정인 '입술닫기동작'을 조정하진 못한다. 최근의 자료(3장에서 논의)는 브로커의 실어증이 통사적인 문법에 대해서 이해하는 데에도 결함이 있다는 사실을 명확하게 언급하고 있다. 대조적으로는 청각연합 영역에 가까운 대뇌피질영역 및 근방 부위에 대한 장애들은 베르니케(Wernicke)실어증(失語症)으로 나타나게 된다. 베르니케환자는 입으로 생성하는 구어를 이해할 수 없게 되지만, 브로커실어증과 달리 말을 생산하는 기능은 그대로 유지한다. 다만 베르니케환자가 사용하는 단어들이 상당히 부적절하다는 사실은 베르니케실어증이 보여 주는 중요한 특징이라고 할 수 있을 것이다.

다른 형태의 실어증은 노만 게쉰드(1965)에 의해서 전개된 연결론자이론으로 설명될 수 있다. 즉 특정한 언어결함이 회로를 단절시키는 장애에서 유래되었다는 것이다(Benson and Geschwind, 1985). 예를 들어서 브로커와 베르니케영역 사이의 연결형태인 궁상(弓狀)다발의 결함은 말을 이해하고 생산하는 데 확실한 차이로 특정 지을 수 있는 전도성실어증으로 나타난다. 본 실어증을 겪는 환자들은 아마도 자신이 대상물에 대한 정확한 이름을 알고 있고, 대상물의 의미를 이해할 수 있다고 주장하겠지만, 단어를 자연스럽게 그리고 즉각적으로 만들어낼 수는 없게 된다. 그렇지만 회로가 생각하던 것보다 더욱더 복잡할 뿐만 아니라 회로가 신피질은 물론이고 '오래된' 기존의 두뇌 피질하의 부분들도 포함하고 있다는 것은 분명한 사실들이었다(Stuss and Benson, 1986; Alexander, Naeser, and Palumbo, 1987). 게다가 실어증피해자들의 행동적인 결함은 언어에만 제한된 것이 아니라 운동제어와 인식력손상에도 연관되어 있다(Stuss and Benson, 1986; Kimura, 1988).

## 두뇌 회로들과 행동

피질영역을 분류하고 명칭을 매겼던 브로드만의 도표는 20세기 초 유행하였던 두뇌의 '위치론자' 모델의 전후 관계에 들어맞는다고 할 수 있다. 브로커도 인간 두뇌 내에서 언어를 규제하는 특정영역을 찾아냈다고 믿었다. 시그먼드 엑스너(Sigmurd Exner, 1881)는 이런 학문적 경향들을 따라 연구를 계속했으며, 다양하고 복잡한 행동적 기능들이 두뇌 내부의 특정한 전용중추에 의해서 각각 통제된다고 주장하였다. 그러나 이들 이론들은 잘못된 것이다. 마르셀 메슬럼(M. Marsel Mesualam)이 초기 이론에 대한 재조사와 신경학 실습에서 주목한 것처럼 엑스너 부류의 이론들은 '증거와 일치하지 않는 부분이 많으며 …… 두뇌에서의 모든 정보처리 과정들이 반드시 대뇌영역 사이의 상호의존을 전제로 한다'는 점을 지적했다. 신경학적 결함의 광범위한 논의에 있어서 메슐럼은 회로모델이 두뇌가 작용하는 방법을 가장 잘 설명한다고 결론지었다.

1. 복잡한 기능들은 집합적으로 회로를 구성하는 상호 연결된 장소들 내에서 나타난다.
2. 각각의 개별적인 대뇌영역은 여러 모습의 행동들을 위한 신경계의 회로기판을 포함하고 있을 것이며, 아마도 그런 이유로 여러 회로들에 속해 있다고 할 수 있다.

3. 단일 영역에 한정된 장애들은 다수의 결함으로 나타날 수 있다.
4. 대뇌의 여러 영역들 중 일부분이나 그들의 상호연결들에 대한 손상으로 인하여 동일한 복합 기능일지라도 나타나는 양상들이 매우 다를 수 있다.

메술럼의 관점은 대부분의 두뇌활동 연구들과 일치한다. 서로 다른 회로들은 서로 다른 과업들을 완수하기 위해 다른 상대적 배치에 있는 다양한 두뇌의 부분들을 연결시킨다. 서로 다른 회로들의 복잡한 진화의 역사적 논리를 반영한다고 할 수 있다. 즉 서로 다른 행동들은 단일한 '새로운' 구성요소를 더하고, '오래된' 두뇌작용을 이용하는 방식을 택함으로써 최소의 생물학적 비용을 들이는 진화를 진행한다고 주장하였다. 예를 들어, 신경생리학자 쟝—삐레—샹제는 다음과 같은 말을 남겼다.

"눈의 움직임이나 쥐를 고양이로 것과 같은 보기에 단순한 행동의 작용들은 사실 두뇌의 서로 다른 많은 영역들로부터 많은 수의 신경세포들(수천, 심지어는 수백만의)의 상호 상보적인 작용의 결과라고 말할 수 있다. 정해진 행동의 양식은 척추동물들의 진화에 있어서 서로 다른 기간들에 나타났던 신경세포들의 집단들을 한번에 일제히 그리고 확실하게 끌어들일 것이다."

쥐를 죽이는 것은 아주 '고상한' 인지적 행위처럼 보이지는 않지만, 사냥은 결코 단순한 일이 아니다. 기술과 기민한 판단이 요구된다. 고양이는 쥐를 속일 수 있어야만 한다. 쿠루스카(Kruska, 1988)에 의하면 길들여진 집고양이들에게는 영리함이란 그리 중요하진 않다. 애완용 고양이들은 먹거리를 위하여 열심히 일하지 않아도 된다. 사실 길들여진 동물들이 그들의 야행동족들 보다 작은 두뇌를 소유하고 있는 것은 사실이다.

간단한 실험으로 시각-고정시키기 회로를 설명할 수 있다. 심지어는 본 저서를 보는 것과 같은 '단순한' 일들도 당신이 계속적으로 당신의 눈을 움직이고 있는 동안 당신의 두뇌의 서로 다른 부분들의 통합된 활동이 있어야만 한다. 회로는 눈·머리·몸의 동작을 제어하는 두뇌의 부분인 두뇌의 전두엽 영역을 포함하고 있으며, 두뇌의 뒷부분은 당신 눈의 지속적인 움직임을 위한 시각교정에 직접적으로 연관되어 있다. 홈무비와 비디오에 흔히 생기는 오작동 문제인 카메라에서 발생하는 흔들거림·기울어짐·어질어짐 등을 생각해 보자. 풋내기 카메라기사는 그들이 카메라를 고정시켜야만 한다는 것을 깨닫지 못한다. 왜냐하면 여러분이 머리나 눈을 움직일 때 세상이 갑자기 움직이진 않기 때문이다. 직관적으로 볼 때 명백하지 못한 사실이 있는데 시각으로 지각된 세계가 두뇌의 '상위 고급' 영역들에서 정보를 받아 두뇌의 일차 시각영역에서 정교하게 만들어진 과정을 거쳐 파생된 것이라고 본다는 사실이다. 세계가 움직이는 것처럼 보이지 않는 이유는 인간의 시각—지각 조직이 안구·목·몸·기타의 다른 부위에 대한 운동근육 명령에 의해 자세를 변화시키도록 하는 보정과정이 있기 때문이다. 여러분이 바라보고 있는 방향과 눈동자의 움직임을 제어하는 여러 운동제어 조직들은 두뇌장치에게 시각적 이미지를 해석하라고 지시한다. 운동과 감각 정보를 통합하는 두뇌의 전두엽 영역은 기본적인 시각의 입력을 해석하는 데 필수적인 회로의 일부분을 형성한다(Teuber, 1964).

여러분은 시각을 고정시키는 두뇌의 통신망이 실제로 존재한다는 것을 어렵지 않게 '확인할 수 있다'. 간단히 여러분의 오른쪽 집게손가락을 여러분의 오른쪽 눈의 오른쪽 측면에 접촉하여 두면서 그것을 안쪽으로 가볍게 눌러보라. 이미지가 갑자기 위로 튀어 오르면서 안정적인 시각영상이 형성되지 못하는 이유는 아마 사람들이 눈을 누르는 어떠한 동작이 제어와 연관된 어떠한 이점을 제공하지 않기 때문이다. 따라서 손가락누름으로부터 오는 눈의 움직임을 통제하려는 안구와 연관된 여러 기관들의 통합적 반응인 신체의 자연적 선택은 결코 일어나지 않았다.

## 분산신경네트워크

지난 10년 동안 셀 수 없이 많은 과학 세미나들이 분포된 신경계의 통신망의 특성에 초점을 맞춰 왔다(예를 들자면 Rumelhart et al., 1986; Edelman, 1986; North, 1987; Anderson, 1988). 분산신경네트워크들(넓게 분포된 신경통신망)은 서로 다른 특수화된 두뇌장치를 구성하는 기초 계산적 구조에는 아주 타당한 모델이라고 할 수 있다. 회로들 내부에 연결을 구성하는 이런 통신망과 특수화된 두뇌의 각 부위들 사이를 유지하는 관계는 트랜지스터와 전기적 장치 사이를 유지하는 형태와 유사하다. 트랜지스터는 전기적 장치들이 구성되는 것을 가능하게 하며, 건축으로 비유하자면 건물 전체를 구성하면서 연결을 가능하게 해주는 블록재료라고 할 수 있다. 동일한 트랜지스터는(또는 많은 트랜지스터들로 구성되는 통합된 회로들) 라디오나 디지털컴퓨터를 만들기 위해 서로 다른 방법들로 연결될 수 있다. 마찬가지로 분산신경네트워크들 역시도 극도로 빠른 연속적 프로세서들이나 메모리 장치처럼 기능을 수행하기 위해서 서로 다른 구성들로 조립될 수 있다. 비록 분산신경네트워크가 종종 디지털컴퓨터 상에서 모의실험되기도 하지만, 본래 아이디어는 생물학적인 사고방식으로부터 유래한 것이다.

1949년 디지털컴퓨터의 일반적인 사용이 불가능하였던 시절에 도날드 헵(Donald Hepp)은 분산신경네트워크를 제안하였는데, 기본요점은 두뇌는 기억을 저장하는 시냅스를 변경한 것이며, 시냅스구조는 두뇌의 신경구조로서 뇌를 구성하는 신경세포들 사이의 전기적인 연결부분을 가리킨다. 도날드 헵은 시냅스의 내부를 구성하는 세포들 각각이 한 특정한 자극에 반응하면서 동시에 활성화되고 그들

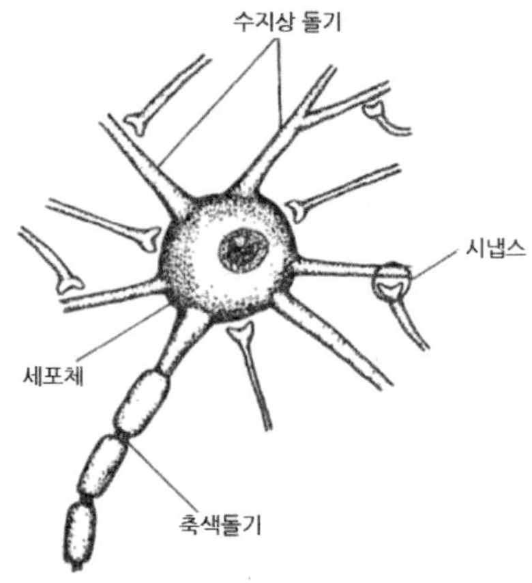


[그림 1-5]
신경세포 구조를 그린 것이다. 신경세포 구조는 축색돌기, 수지상 돌기, 시냅스 연결로 구성되어 있다.

사이에 있는 시냅스가 강화될 때 학습이 일어난다고 주장했다. 수정된 시냅스는 두 신경세포를 하나의 회로(기억흔적들로부터 온 회로)로 연결시킨다. 일부 심리학자들은 도날드 헵의 모델이 생물학적인 기초를 바탕으로 연상학습의 진행을 가능하게 했다는 사실을 금세 알아차리게 되었다.

모든 동물들의 신경 조직에서 가장 기본이 되는 단위는 신경세포이다. 신경세포는 축색돌기를 통해 외부로 이동할 수 있는 전기적 신호를 발생시킬 수 있는 하나의 세포체이며, 이 때 발생하는 전기적 신호는 매우 정확하며, 강약의 패턴을 지닌 박동의 성격을 보여준다. 또한 신경세포는 수지상돌기를 통하여 다른 신경세포로부터 신호를 받을 수 있다. 그림 1-5는 축색돌기, 수지상돌기들, 그리고 시냅스들의 일부를 포함한 신경세포 조직을 스케치한 것이다. 신경세포들이 다른 신경세포들과 상호소통하는 과정에는 정도가 점차 증가하는 방식의 신호가 포함되어 있다. 이들 신호는 세포체가 감지하면서도 수지상돌기로부터 보내지는 것인데, 세포체는 신호를 전달할 때 다른 신경세포에게로 자신의 축색돌기를 통하여 외부로 전달되는 방식의 박동전기 신호를 발생시킨다. 이 때 축상돌기와 또 다른 수지상돌기, 또는 세포체 사이의 연결은 시냅스를 통해서 이루어진다. 이와 같이 시냅스는 신호전달을 제어하는 중계국으로서 특정세포로부터 받은 신호에 대한 반응으로 출력신호를 발생시켜 신호체계를 증폭하거나 억제하는 중계기지와 같은 역할을 담당한다. 여러 선수가 달리는 릴레이 경주를 상상해 보자. 경주의 다음 단계에 시작을 전달하려면 이에 해당하는 전언이 반드시 전달되어야 하지만 경주에 참여하는 모든 주자가 잘 들을 수 없기 때문에 할 수 없이 청각보조기를 착용해야만 하는 상황이 된다. 청각보조기의 기본적인 기능은 바로 소리조절 기능으로서 음성을 증폭시키거나 감소시킬 수 있다. 이런 기능을 소지하고 있는 청각보조기는 신경세포로 비유할 때 연결고리를 형성하는 시냅스로 간주할 수도 있다. 비록 청각보조기 자체가 주자의 다리근육을 직접 통제하는 것은 아니지만, 만약 소리를 줄이게 되면 주자는 전언을 듣지 못하게 될 것이다. 따라서 청각보조기로 소리를 높이는 것은 경기에 임하는 주자들 상호 조직체계의 '민감도'를 증가시킬 수 있으며, 각 주자들로 하여금 더 잘 달릴 수 있도록 하는 효과를 기대할 수 있다.

## 전력통신망 : 분산시스템

두뇌를 형성하는 분포신경통신망들은 수백만 개체의 뉴런들로 구성되어 있으며, 이들 뉴런들은 서로 연결구조로 이루어져 있다. 그들의 기능에 대한 해답은 바로 연결성이지만, 아주 소수의 단순한 인공의 분산시스템만이 존재하기 때문에 그들이 어떻게 작용하는가를 설명하는 것은 꽤 어려운 문제이다. 게다가 실제로 모든 기계적 또는 전기적인 장치로 정보를 저장할 수는 있지만, 이들 장치들이 정보를 저장할 때는 보통 별개의 특정위치에 정보를 저장한다. 집안의 난방시스템은 설정된 온도를 자동 온도조절기에 저장하며, 전자레인지의 경우에는 요리시간이 저장된 전자시계 장치를 가지고 있다. 그러나 분산시스템의 경우 대부분의 선진국에서는 일반적으로 발전소와 전기사용자를 이어주는 전력배전망들 내에 설치되어 있다.

최초의 전력시스템들은 단순하고 분리된 시스템들이었다. 발전기들은 인구가 조밀한 지역들에 건설되었고, 전선은 가정과 가입자의 상점을 연결하고 있었다. 전력소비자들과 발전기가 연결되었던 경로는 분리된 구성요소들을 사용하는 생산과 소비의 시스템과 근본적으로 차이점이 없었다. 발전기를 소비자와 연결시켰던 전선들에게 단선과 같은 일이 발생하게 되면 소비자는 당장 손실을 겪을 수밖에 없었다. 예를 들어, 발전기가 고장 났다면 전기 공급이 모두 중단되었을 것이다. 전력회사들은 이러한 문제를 피하기 위해 전기 공급 방식을 분산시스템 방식으로 수정하였다. 더 많은 전기시스템을 건설하여 발전기를 서로 연결시키면서 서비스의 유지되도록 하였다. 비록 한 지역에서 발전기가 고장 났다고 하더라도 원격발전기로부터 전력을 끌어오는 것이 가능해졌다. 이와는 별도로 '여분의' 전송전선들이 특정전선의 고장에 대비해서 점차적으로 추가되었고, 발전기들을 연결하는 통신망을 통하여 수천 킬로 이상 떨어진 고객들에게도 도달할 수 있게 되었다. 비록 하나의 발전기가 고장 난다 치더라도, 나머지 발전기들이 충분하게 여분이 될 수 있는 별도의 전력수용력을 보유하고 있다면 전기의 흐름은 끊이지 않을 것이다. 발전기와 '교환기'의 복잡한 상호 연결된 통신망을 통해서 시스템은 다른 발전기들로부터의 전력을 조정하고 전달방향을 바꾸며 발전량을 서로 다른 사용처에 배분할 수 있게 된다.

전력배전망이 곧 분산시스템이 될 수 있도록 하는 특성은 바로 교환기들의 상호연결이라고 할 수 있다. 하나의 발전기에 고장이 생긴다고 해도 단순히 또 다른 발전기로부터 전력을 전환하여 수용 받음으로써 전력을 보충할 수 있지만, 그런 일은 흔히 발생하는 것은 아니다. 전력배전망은 보통 수많은 서로 다른 발전기들로부터 전력을 전환시킴으로써 보정되며, 전체배전망의 교환기들은 각각의 발전기로부터 약간의 전력을 이동시킴으로써 전력보급 상황을 재조정할 수 있다. 따라서 일단 발전기 고장이 발생되면 그 결과는 단 하나의 분리위치에만 반영되는 것은 아니다. 이와 같은 고장과 처리에 관련된 시스템의 대응모습은 시스템 전반에 걸쳐 분산되어 있으며, 때로는 교환지점들이 보여 주는 수치에 의해 대변되기도 한다. 바꾸어 말하자면 시스템의 도처에 존재하는 교환지점들은 모두 '기록'을 유지하고 있기 때문에 수시로 발생하는 모든 사건의 경위를 자세하게 알려주는 '기억흔적'을 구성하여 수치를 통하여 자신들의 제어과정을 보여줄 수 있다. 바로 이 '기억흔적'이 기억장치이며 이들 장치는 통신망 중 도처에 위치하고 있는 교환조절점 내에 존재하고 있다.

## 컴퓨터로 실행되는 연구들

지금까지 연구된 분산신경통신망들은 극도로 간소화된 컴퓨터 모형들이라 말할 수 있다. 다만 분산신경통신망 구조는 지금까지 알려진 바대로 두뇌미세구조와 동일한 구조로 형성된 것이다.[note 5] 비록 컴퓨터 구조를 토대로 하고는 있지만, 분산신경통신망구조는 실제 두뇌들과 몇 가지 공통적 특징을 보여준다.

첫째로, 분산신경통신망은 지역분열을 막아준다. 분산된 조직을 바탕으로 일부분의 파괴가 처리속도를 더디게 하거나 작업의 결정과정 등을 불완전하게 할 수는 있지만, 기능 자체를 완전히 멈추게 하진 않는다. 칼 래쉬리(Karl Lashley, 1950)는 시각형상 판별력을 심하게 손상시키지 않고 고양이 시각피질의 90퍼센트를 제거하였다. 우리가 3장에서 재검토할 연구들이지만, 두뇌의 브로카영역 또는 베르니케영역이나 다른 영역들에만 제한된 작은 규모의 손상으로 인해 영구적인 언어결함이 되진 않는다는 것을 보아도 분산신경통신망의 특징을 알 수 있다. 해당 실어증의 환자는 보통 몇 달 후가 되면 기능을 회복하기도 한다.

분산신경통신망은 2차 두뇌와도 같은 인지적 특성을 가지고 있다.

그것들은 연합의 패턴들을 고유하게 짜 맞추면서 서로 다른 환경이나 정보에 노출되면서 학습력을 키워가는 '습득'과정을 겪는다. 동물들은 이런 통신망을 바탕으로 일련의 개별적인 항목들이나 경우들에 대하여 제한된 회수의 노출을 경험함에도 불구하고 보편성의 '일반원칙'을 추출하는 방법을 빠르게 배운다. 비둘기들은 서로 다른 나무들이나 어류의 컬러슬라이드를 보는 짧은 훈련활동 후에 시간이 비록 길지는 않았지만, 나무와 어류의 종류를 구별하는 방법을 배운다(Herrnstein, 1979, Herrnstein and de Villiers, 1980). 하지만 훈련된 비둘기는 훈련활동에 표시되었던 특정한 이미지들을 단순하게 인식하는 것이 아니다. 비둘기는 새로운 컬러슬라이드들에 표시된 비슷한 나무나 어류를 인식하면서도 계속 제동되는 예시들에 내재해 있는 공통적인 개념을 추출해 내는 방식의 습득을 보여 주었다. 분산신경통신망들 역시 거의 유사한 방식으로 작용한다. 컴퓨터로 시뮬레이션을 통한 모의실험을 거친 분산신경통신망들은 통사론상의 '규칙'을 배우기 위해 사용되기도 하였다(Schrier, 1977; F. Z. Liberman, 1979). 또한 개를 포함하여 네발 달린 동물사진을 계속 보게 한 후 개라는 동물의 특징을 대변하는 전형적인 특성을 선별하도록 함으로써 향후 개와 관련된 사진을 식별하게 하는 학습과정에도 분산신경통신망이 이용되기도 한다. 또한 분산통신망 방식은 인간의 얼굴 사진들을 인지하는 데 사용되기도 한다. 분산신경통신망에게 500개의 얼굴 생김새들을 '보게 하게'라는 방식의 훈련을 거치도록 한 후, 사진의 일부 조각들만 보여줘도 이미 학습된 얼굴들을 인지하였다(Kohonen, 1984). 타우보 코넨과 그의 동료들은 단어인식에도 역시 분산통신망들을 사용했다. 코넨의 시스템은 분산신경통신망을 구성하는 작업기능 부분 중 절반을 잃어도 그대로 작동하는 모습을 보여주었다. 다만 통신망 내부의 손실로 인하여 작동이 많이 느려지고, 얼굴이미지 표현이 다소 흐려지는 문제점이 발생하기는 하였다.

분산신경통신망들이 이러한 인식력의 측면에서는 생물학적으로 볼 때 꽤 그럴싸한 연동장치라고 할 수 있다. 내부를 구성하고 있는 부분들이 각자 처리하는 여러 가지의 특정보기들로부터 조금씩이라도 쌓은 경험을 바탕으로 일반적인 원칙이나, 개념들을 추출해내는 능력을 보여줄 수 있기 때문이다. 《Nature》에 속한 기사난 중 'News and Views'의 논평에서 앨룬 앤더슨(Alun Anderson, 1988)은 다음과 같이 언급하고 있다.

> "그것들은 복잡한 현상들로 하여금 단순한 원칙으로부터 출발하여 서서히 최종 결과로서 나타날 수 있게 해 줄 수 있는 능력이 있으며, 이와 같은 과정은 확실히 생물학적인 것으로 생각할 수 있다."(p.65)

앤더슨이 보고한 학술회의에서 논의되었던 신경통신망들은 터랜스 세노스키(Terrance Sejnowski)와 그의 동료들에 의해 두뇌에서 발생하는 대뇌피질성의 시각작용의 '지도'를 만드는 모의실험에 응용되었다(Sejnowski, Koch, and Churchland, 1988).

고양이의 시각조직에 대한 연구를 위하여 수십 년간 응용되었던 신경통신망을 여러 종류의 빛과 연관된 패턴들에 노출시켰을 경우, 해당 신경통신망은 고양이에게 있는 일차 시각피질 세포와 유사한 특성들을 얻게 되었다(Hubel and Weisel, 1962).

고양이의 일차 시각피질은 매우 특수한 방법으로 장애물과 모서리에 반응하기 때문에 많은 사람들은 그 특수한 반응이 고양이와 같은 특정유기체에만 선천적으로 부여된 특성이라고 많은 이들이 믿고 있었던 것도 사실이었다. 그러나 세노스키의 통신망은 선천적인 혜택과 같은 사전정보가 전혀 없음에도 불구하고 고양이의 시각력과 똑같은 특수한 반응을 빠른 시간 내에 만들어 냈다. 분산신경 조직망과 함께 시행하였던 연구는 우리들이 학습에 대하여 충분하게 들여다보지 못했던 것을 알게 해준다. 분산신경통신망은 스스로 배우고, 저장하고 환경에 대한 정보에 접근할 수 있는 능력이 있다. 즉 분산신경통신망은 우리 두뇌 속에 실제로 삶을 살아가면서 경험을 통해서 단어의 뜻을 학습하는 '활동적' 사전을 구성하는 하드웨어를 설명해 줄 수 있는 모형이 라고 할 수 있을 것이다.

## 2장 인간의 말

UNIQUELY HUMAN

# 제2장 인간의 말

로만 제이콥슨은 언어학·문학비평·기호학·형태인류학·버섯채집하기 등 많은 분야에 두루 큰 업적을 일구었지만, 미국학계에 생득론자 언어이론을 가져왔다는 사실이 그가 과학 분야에서 이룬 가장 영향력 있는 기여일 것이다. 제이콥슨은 볼셰비키 혁명의 결과로 러시아에서 비엔나로 망명해 왔다. 2차 세계 대전 동안, 그는 스웨덴으로 망명했고 거기서 다시 그가 하버드대와 매사추세츠 공과대학에서 공동 교수직을 가지고 있었던 미국으로 왔다. 비록 현재의 생득론자 언어이론이 통사론에 초점을 맞추고 있지만, 그 이론의 가장 설득력 있는 주장이었던 선천적인 두뇌구조가 모든 인간언어의 특유한 형태를 결정한다는 아이디어는 제이콥슨이 이룬 언어의 음성패턴에 대한 연구에서 유래한다. 게다가 선천적 언어두뇌구조들에 대한 가장 설득력 있는 증거도 바로 발화에 대한 연구로부터 시작되었다. 일반적으로 이런 연구 자료들은 제이콥슨이 미국으로 들여왔던 이론과 일치관계를 보여준다.

1930년대 미국의 언어학자들은 언어의 보편적 특성에 관여하진 않았다. 대신 그들은 문화에 있어서의 다양성을 강조하여 차이점을 제대로 반영하려고 노력하였다. 그렇지만 제이콥슨은 생물학적 사고방식에 기초하여 차이점보다는 유사점을 찾는 데 초점을 맞추었다. 이들 양 언어학 이론들의 전통은 역사적으로 공통된 역사적 출발점을 가지고 있었다. 바로 영토확장이라는 측면으로 보면 두 이론 모두 같은 출발선에 있었다고 할 수 있다. 미국 서부시대 개막의 양상과 제정러시아의 동부와 남부 주들에 대한 확장 및 영토흡수는 서로 아주 비슷하다. 양쪽 모두의 경우에서 외래문화 및 언어가 토착문화 및 언어와 마찰이 있었다. 그러나 미국의 언어학자들은 북미의 토착거주민 언어들 사이의 차이점에 초점을 맞추었지만, 제이콥슨은 여전히 소비에트연방을 형성하고 있던 우즈백인들, 카바르디인들과 같은 다른 '민족들'의 외래어에서 일련의 공통적인 보편적 특성요소들에 주로 관심을 두었다.

제이콥슨의 이론에 따르면, 모든 인간언어의 음성들은 물리학으로 볼 때 원자에 해당할 수 있는 '특성들'이라고 불리는 단위들로 구성되어 있으며, 모든 인간은 선천적으로 이런 특성을 생물학적으로 보유하고 있다고 믿었다. 개인의 언어사용은 이러한 특성들이 상호조합을 형성하는 부분집합의 형태를 이용한다. 보통의 어린이들은 태어날 때부터 특성을 모두 포함한 전체집합을 선천적인 지식으로 소유하고 있기 때문에 어떠한 언어라도 배울 수 있다고 보았다. 그러므로 특정언어를 습득한다는 것은 해당 언어에서만 사용되는 독특한 특성들의 활동을 알게 된다는 점을 가리킨다. 그리고 어른으로 성숙해 감에 따라, 사용하지 않는 특성들과 조합형식을 잃어버리게 된다. 발화를 위하여 작용하는 모든 요소들이 선천적으로 부여되는 것은 아니지만, 지난 30년 동안의 연구는 일반적으로 제이콥슨이 주장하는 이론의 내용과 대부분 일치하는 모습을 보여 주었다. 연구에 따르면 인간의 언어가 선천적이며 유전적인 내적 구조를 형성하고 있으며, 인간언어에 해부학 상 언급되는 조직이나 신경계 구조들이 포함되어 있다는 증거들이 가능하게 된다. 이와 같은 언어에 대한 접근방식은 현대인간의 생물학적인 특성들이 지금까지 살아남은 다른 동물들 뿐 만 아니라 35,000년 정도 전에 사라진 네안데르탈인과 같은 화석원시인류들과 생물학적으로 아주 다르다는 사실을 분명하게 해 준다. 현대인류와 인간언어에 대한 진화가 동시에 발생했다고 보는 것이 본 장의 주요점이다.

## 발화의 음성들

1960년대 까지는 인간의 말이 그 자체적로 인간언어능력의 중요한 구성요소라는 것이 아직 인식되지 못하였다. 언어학자들은 임의적 음성들도 일단은 단어를 전달하기에는 충분할 것이라고 생각했다. 하지만 눈먼 사람들에게 책을 읽어 줄 기계를 설계하려는 연구에서 말의 음성이 별도로 특별한 상태를 소지하고 있음을 알 수 있게 되었다 (Liberman et al., 1967). 말은 우리로 하여금 대략 알파벳 문자로 계산할 때 음성의 구획들을 초당 15~20개 정도의 극히 빠른 속도로 전달할 수 있도록 해 준다. 이처럼 빠른 소리구조를 이해한다는 사실은 수수께끼처럼 납득하기 어려운 문제가 될 수 있다.

인지과학의 시조 중 한 사람인 조지 밀러(George Miller)는 1956년 "The Magical Number seven, plus or minus two: Some Limits on Our Capacity for processing Information(마법의 숫자 7, 그리고 숫자 2의 가감: 우리의 정보 처리 수용력에 관한 얼마간의 한계)"라는 논문을 발표했다. 이 논문을 통해 밀러는 인간이 초당 7~9개 항목을 초과한 발화는 비정상적인 소리구성소로서 구분할 수 없다는 사실을 보여 주었다. 또한 이것은 우리가 시각정보를 처리할 때에도 아주 똑같이 적용된다. 그렇다면 어떻게 사람들이 대부분의 경우에 대략 초당 15~25개 음성들의 비율로 전달되는 말을 이해할 수 있다는 말인가. 해답은 바로 특수구조와 두뇌장치라고 할 수 있다. 신체 내에 있는 특수화된 해부학적 구조들과 두뇌장치들이 우리로 하여금 이런 말음성을 생성하게 해 주기도 하지만, 동시에 두뇌장치들이 말 신호를 아주 특별한 방법으로 '해독'하도록 기능을 수행한다는 사실이다.

예를 들어, '*a short sentence such as this one cntains about fifty speech sounds.*' 같은 짧은 문장은 대략 50개의 말음성을 포함하고 있다. 50개 모두가 2초 안에 발음 될 수 있으며, 언어청취자는 발화된 것을 특별한 어려움 없이 이해할 수 있다. 다만 아주 많은 항목을 포함하고 있는 비언어적 비율로 구성되어 전달된 문장은 상당히 많은 시간을 잡아먹기 때문에 청자는 문장이 끝을 듣기도 전에 시작 부분을 쉽게 잊게 된다. 독서기계를 고안중인 기술자들은 오직 말음성만이 사람들에게 간단한 문장뿐만 아니라 심지어 다소 복잡한 문장의 뜻도 이해할 수 있게 해준다는 사실을 발견했다. 모스 전신부호와도 같은 다른 음성체계들은 상당히 느리게 진행되었고, 청자는 내용을 정확하게 이해하기 위하여 모든 신경을 집중해야 하는 대가를 치러야만 하였다. 대략 분당 50단어들의 비율로(초당 5개 음성들에 해당한다) 진행되자 모스전신 전문가들은 전신부호를 필기하는 데 너무나도 바쁜 나머지 메시지의 뜻을 정확히 이해할 수 없었다.

따라서 말의 높은 전달속도는 복잡한 생각들이 단기의 기억제약이라는 범위한계를 넘어 내용을 전달되도록 도움을 줄 수 있기 때문에 발화의 속도는 인간언어능력의 중대한 요소라고 할 수 있다. 수화를 이용한 대화법은 빠른 전달속도를 이룰 수 있지만 수화사용자의 손들은 다른 작업에 전혀 사용되질 못한다. 다른 사람들도 제한된 조건하에서는 수화사용자의 손을 볼 수 없다. 시각적 수신호들은 여전히 언어부호로서 기능을 수행하기는 하지만(MacNeill, 1985) 일차적인 언어의 경로는 소리이다. 소리언어는 직립으로 보행하는 두 발로 걷는 유인원들의 이동으로 시작된 운반 및 도구사용을 위한 손의 독립화되는 진화의 연속성을 이해하는 것과 매우 밀접하게 연계되어 있으며, 소리를 기반으로 한 언어가 인간 발달의 대표적인 진화라고 할 수 있을 것이다. 또한 소리언어의 생물학적 적합성에 대한 공헌도는 매우 명백하다고 할 수 있다. "바위 뒤에 사자가 있다!"라고 빠르게 외칠 수 있었던 사람들의 생존 확률과 도구제작의 원리를 문장들로 전달할 수 있었던 사람의 생존 확률은 동일하게 볼 수도 있을지 모르겠다. 또한 인간의 말은 더욱 작은 선택적 이점들을 지니고 있다. 말이라고 하는 음성의 특이성은 오직 인간들만이 생성할 수 있기 때문에 다른 영장류가 만들어 낼 수 있는 음성과 혼동될 수 있는 가능성이 매우 낮다는 측면에서 인간의 언어가 동물들의 소리보다 자연세계 속에서 그 선택의 폭이 인간에게만 해당되는 경향은 인간의 생존율을 높이는 데 매우 중요한 요인이라고 할 수 있을 것이다. 다음 장에서 논의될 지각과 관련된 요인은 인간언어의 초기 진화단계에서는 적응을 설명하는 데 가장 중요한 요인이다.

## 발화의 생리학

현대 생리학과 심리학의 시조인 요하네스 뮬러(Johannes Müller)는 인간의 말에는 생물학적 구조들 중 초후두부(상위 후두부) 성도(聖道)가 필수적임을 연구를 통하여 확실하게 밝혀주었다. 인간의 성도는 본래 폐로부터 외부로 공기가 흐르는 기도(氣道) 상부를 일컫는 것이다. 기도는 독특한 특성을 보여 주는 몇 부위들로 구성되어 있다. 폐로부터 위쪽으로 대략 목의 튀어나온 부위인 후골(다리 목젖이라고 함)까지 해당하는 부분은 숨통이라고 하며, 전문용어로는 기관(氣管)이라고 한다. 목젖은 자체로 후두갑산선 연골조직의 외형적인 표시라고 할 수 있다. 후두보다 위쪽에 기도가 식도와 연결되어 있다. 통상적으로는 기도와 식도가 합쳐지는 부분을 가리켜 목구멍이라고 부르며, 음식이나 공기가 안으로 들어가는 곳으로서 인두(咽頭)라고도 불린다. 인두는 두 개의 통로인 구강과 비강으로 나뉜다. 앞서 언급하였던 기관들 중 말을 생성하는 데 직접 관계하는 부분으로는 초후두부성도의 중요한 부위인 인두·구강·비강 등이 여기에 해당한다. 혀와 입술, 아래위로 움직일 수 있는 후두·입천장의 연결 부위로서 코와 입의 흐름을 차단하는 역할을 수행할 수

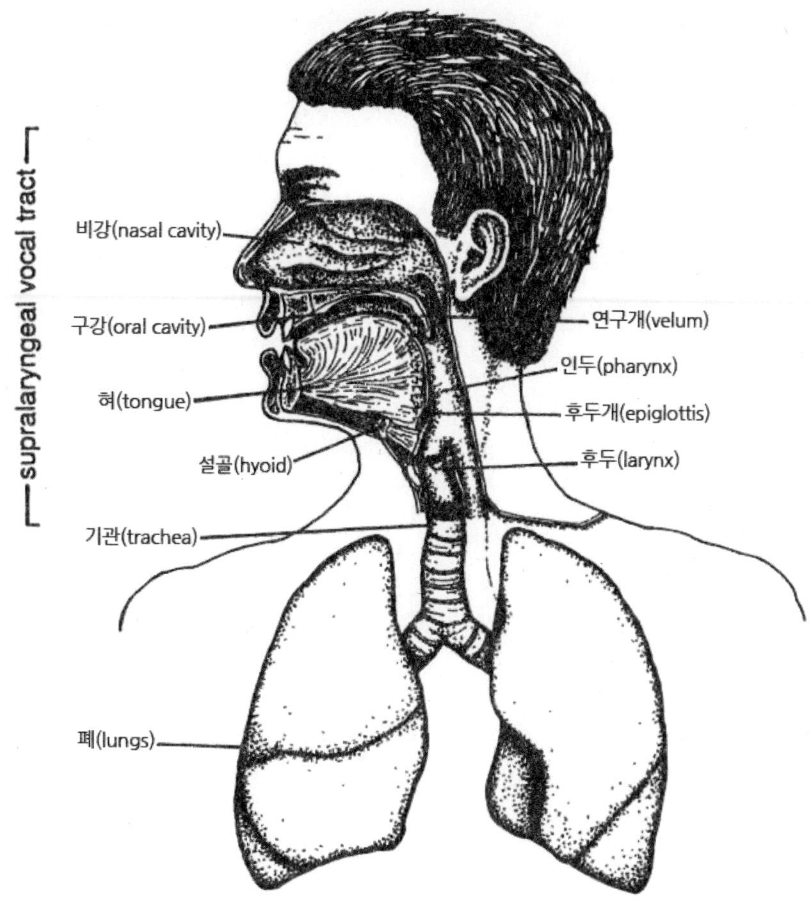


[그림 2-1]
인간의 발성을 위한 기본적인 해부상의 체계적 구조 그림이다.

있는 연구개(軟口蓋)는 부드럽고 탄력성을 지닌 부분이다. 이들 부위들은 서로 협조하여 초후두부성도의 모양을 변환시키는 데 공동역할을 분담한다.

그림 2-1은 인간의 말이 생성되는 데 참여하는 구조들을 해부학적으로 도식화하여 보여 주고 있다. 폐는 말 생성의 기초가 되는 에너지를 공급하는 동시에 언어 자체를 제어하는 기능도 가지고 있다. 폐는

자체로 날숨과 들숨을 조정함으로써 말 흐름의 기본단위인 문장을 길이가 다른 여러 종류의 단위로 분리시킬 수도 있다. 완전한 문장은 일반적으로 숨을 한 번 내쉼으로 생산된다. 우리는 말을 할 때 우리가 발음하려고 의도했던 문장의 길이에 비례하는 다량의 공기를 우리의 폐 속으로 흡수한다(Lieberman and Lieberman, 1973).

후두는 폐로부터 나오는 지속적인 공기의 흐름을 발음형태로 전환시켜주는 기관이다. 음성학에서 소리를 입으로 발음할 때는 공기가 '내쉬는 날숨' 형태로 전환되며 이와 같은 공기의 전환현상은 주기적이면서 연속적으로 발생하는 모습을 보여준다. 공기를 '내쉬는 날숨'은 복잡하면서도 신속하게 열고 닫히는 성대를 통하여 생산된다. 성대는 기계적으로 비유하자면 공기밸브로 생각할 수 있다. 공기의 날숨작용 경로는 후두로부터 성도로 상승하게 된다. 통상적으로 모음들은 '내쉬는 날숨'보다는 성대와 구강까지의 울림작용을 바탕으로 발성되지만, 사람들이 속삭이면서 말을 하는 경우에는 모음이라고 하더라도 강한 날숨의 공기가 '난기류'처럼 성도 전체를 강하게 자극시키면서 소리가 만들어지기도 한다. [v] 그리고 [m]과 같은 자음들은 발성을 통하여 발음된다. 이 때 '[ ]' 내에 표시된 기호는 국제음성협회(International Phonetic Association, 1949)에서 정한 음성표기이다. 영어에서 자음음성은 일반적으로 영어철자의 정자법이 음성기호를 대체한다. 발음기호 [v]는 vat의 'v'에 해당된다. 모음들의 발음표기는 정자법과의 관계가 다소 복잡한 양상을 보여준다. 예를 들어서 발음기호 [i]는 영어단어 see의 모음인 'ee'로 표시되고, [u]는 boot의 모음부분을 나타내며, [a]는 father의 모음을 [ɪ]는 bit의 모음과 일치하고, [e]는 met의 모음을 가리킨다.

말이 소리로 생성되는 과정은 언제나 음향에너지를 기본으로 하며, 음향에너지에는 에너지 자체를 생산하는 원천과 만들어진 에너지를 조절하는 여과과정이 포함된다. 후두를 빠져나간 공기의 '내쉬는 날숨'은 목관악기에서 악기 내부를 지나가면서 소리로 변하는 공기의 형태와 유사한 모습을 갖는다. 이 소리는 아직 조절 과정을 거치지 않았기 때문에 아직 풍부한 음향에너지 원래의 에너지양과 모습을 그대로 소유하고 있다고 할 수 있다. 후두부의 기저로부터 흐름을 지속하는 공기는 위쪽에 있는 기도(초후두부성도라고도 함)로 들어간다. 성도는 목관 악기류의 튜브라고 볼 수 있는데, 튜브의 길이 및 튜브 내부의 구조적 특징으로 인하여 이곳을 흐르는 공기는 특정소리를 규정하는 소리의 특질인 일정한 주파수를 가지게 된다. 결국 성도는 자체의 구조적 특징을 통하여 성도를 통과하는 공기를 특정소리로 변화시키는 여과작용도 아울러 수행하고 있다. 이처럼 일정한 주파수를 지닌 채 튜브를 통과한 소리는 바로 그 순간의 최대 음향에너지를 소지한 것으로 볼 수 있다. 음성학에서는 이와 같이 최대 음향에너지로 성도를 통과할 주파수들을 가리켜 '포르만트주파수'라고 부른다. 목관악기들과 성도 모두는 비교적 더욱 많은 음향에너지를 이런 포르만트주파수 상태로 통과시키는 여과 장치라고 할 수 있다.

성도에서 생성된 음향에너지와 초후두부의 성도, 그리고 포르만트주파수 패턴 사이의 관련성은 햇빛이 착색된 유리창문을 통과하면서 빛에 발생하는 주파수 차이가 다른 색깔로 표시되는 현상과 유사하다. 태양에 의해 산출된 빛은 전자기스펙트럼의 모든 주파수들로 존재하는 에너지의 근원으로서 저주파수는 빨강색에 해당되며, 고주파수는 파랑색에 해당된다. 착색유리로(스테인드글라스) 만들어진 창문은 다양한 주파수들로 구성된 빛에너지를 착색된 색깔에 따라서 선택적으로 차단하는 여과기라고 할 수 있다. 즉 사람이 보는 특정한 색들은 착색유리 여과기들을 통과하여 지나간 주파수들의 빛에너지라고 할 수 있으며, 이들 빛의 주파수들은 음성주파수인 포르만트주파수 패턴에 대응할 수 있다.

인간이 음성으로 말을 생성하는 과정은 공기의 흐름으로 시작되는 음향에너지의 포르만트주파수 패턴의 수정 과정이라고 할 수 있다. 원천부위에서 생성된 공기의 흐름은 성도의 길이나 모양으로 특정소리의 주파수 형태로 변형되며, 이후 목구멍과 입 또는 코를 통과하면서 미세한 수정 과정 등을 겪게 된다. 포르만트주파수 패턴은 단어를 구성하는 말음성들의 발음의 질을 결정하는 일차적 결정요소이다. 모음 [e]는 [ɪ]와 다르다고 하는 것은 [e]모음이 [ɪ]모음과 다른 형태의 포르만트주파수들로 구성되어 있기 때문이다. 인간언어의 전달속도가 높은 것은 포르만트주파수의 모양을 신속하게 바꾸는 인간만의 특수한 능력이 있기 때문에 가능하다고 할 수 있다.

이처럼 각각의 소리를 결정하는 주파수 패턴의 변화와 달리 아직 구강 내부의 소리여과 장치들을 거치기 이전의 음향에너지를 대표할 수 있는 기본주파수 패턴은 공기의 '한 번 내쉼'의 주파수 모습이라고 할 수 있는데, 여기에서 발견되는 주파수의 비율은 화자의 목소리 높낮이를 가늠할 수 있는 '음조'를 결정짓는다고 할 수 있다. 특히 기본주파수 패턴은 중국어에서 단어들의 의미구별에 영향을 미치는 성조와 영어 등에서 말의 흐름을 문장이나 구로 분할하도록 도움을 주는 '억양구'에서 중요한 역할을 맡고 있다.[note 1] 그러나 인간언어의 전달속도의 신속성을 결정하는 척도는 바로 주파수의 빠른 변화이기 때문에 기본주파수만으로 인간언어의 음성적 특성을 설명하는 것은 충분하지 않다.

그럼 2-2는 초후두부성도의 '여과하기효과'를 설명한다. 상부의 도면은 후두부 근원에 의해 생산된 에너지의 주파수 패턴에 대한 스펙트럼을 나타내고 있다. 이것은 당신이 목관악기의 리드 부분을 당신의 손으로 잡고 입으로 불었을 때 소리가 울렸다면 들었을 소음과 대충 비슷하다. 주파수 측면에서만 보면 스펙트럼은 에너지 분배의 시각표시이다. 무지개 색깔들의 스펙트럼은 우리들이 지각하는 빨간색을 위한 저주파들부터 파랑색을 위한 고주파까지의 범위에 이르는 색깔들에 해당하는 주파수들에 존재하는 빛에너지를 나타낸다. 후두에 의해서 생산되는 음성의 스펙트럼도 색의 스펙트럼과 마찬가지로 가장 낮은 주파수와 가장 높은 주파수가 조화롭게 구성된 결과라고 할 수 있다. 따라서 음성의 스펙트럼은 몇 가지 음향에너지 주파수의 결합이라고 볼 수 있다. 스펙트럼의 가장 낮은 주파수는 500헤르츠(Hz)로 그래프에서 가장 낮은 수준인 기본주파수이며, 비례증가 패턴으로 2배·3배로 증가하는 주파수를 스펙트럼 내부에 함께 소유하는 형태를 유지하게 된다. 그러므로 음성의 스펙트럼도표는 0.5킬로헤르츠(kHz)·1.0kHz·1.5kHz·2.0kHz 그리고 기타 등등(1킬로헤르츠 = 1,000헤르츠)으로 존재하는 에너지패턴을 보여 주게 된다. 도표에 제시된 선들의 높이가 후반부로 갈수록 줄어드는 이유는 후두에 의해서 생산되는 음성스펙트럼을 결정해 주는 에너지가 점점 떨어지고 이에 따라서 결정되는 주파수들도 감소하기 때문이다.

## 발화의 지각

그림 2-2의 가운데 도표는, 모음 [i]에 대하여 초후두부성도의 여과기 기능을 나타낸다. 첫 번째·두 번째·세 번째 포르만트주파수들인 F1·F2·F3은 모음 [i]를 만드는 일차적 음향신호들이다. 이들 주파수들은 화자의 성도에서 모음 [i]가 생산될 때 최대 음향에너지를 소지한 공기흐름이 초후두부의 기도를 통과할 결과를 그래프로 보인 것이다(그림 2-2에서의 여과기 기능은 남성의 초후두부성도에 해당한다).

그림 2-2의 아래쪽 도표는 후두부에서 생성된 공기의 흐름에 대하여 초후두부성도 부분의 여과작용을 담당한 부위들의 그물효과를 나타낸다고 할 수 있다. F1·F2·F3의 주파수들은 ⓧ로 표시되어 있다. 이 도표는 음향에너지가 전혀 포르만트주파수에 표시되지 않음을 보여 주고 있다. 그러나 이 그래프에 해당하는 음성신호를 들은 사람들은 소리를 듣는 순간 포르만트주파수의 '청취'과정을 반드시 경험하게 된다. 200년 가까이 수행되었던 연구들의 논증을 통하여 우리는 인류가 실제로는 음성신호로부터 포르만트주파수들을 계산해 내는 신경 장치를 갖추고 있다는 것을 알고 있다. 이처럼 주파수를 계산하는 과정은 전화대화에서처럼 음향적인 정보가 충분하지 못한 경우에도 이행되고

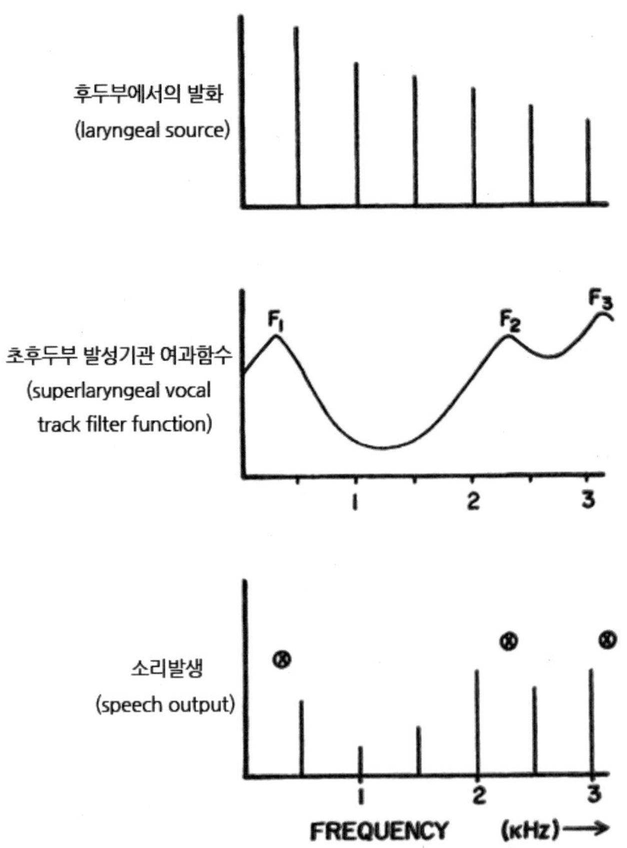


[그림 2-2]
발화 생성에 관련된 원천소리에너지 여과하기효과를 그래프로 보여준다. 세 도표 모두에서 가로방향은 주파수로서 단위는 KHz이다. 가장 위쪽 그래프는 후두부에서의 발화의 음향적 에너지를 가리키며, 500Hz(0.5 KHz)가 기본주파수의 수치이다. 수직방향의 그래프 선들은 소리생성의 기본주파수를 시작으로 배수로 열거된 배합이다. 시작 주파수 수치인 0.5KHz를 시작으로 배수관계에 있는 1KHz, 1.5KHz, 2.0KHz, 2.5KHz 등의 배열에 관련된 수치를 표기한 것들을 모은 것이다. 중간 그래프에서 수직의 표기된 꼭지점은 영어모음 [i](neat를 발음할 때 나는 모음)를 발성할 때 수반되는 소리발성기관의 초후두부를 에너지가 통과할 때 측정되는 음향에너지의 양들을 상대적으로 표시하고 있다. 아래쪽 그래프는 소리발성의 원천에너지에 대한 초후두부 발성기관의 여과하기효과의 작용의 결과이다. 에너지의 수치는 기본주파수와 배수의 배열에만 표시된다. 그렇지만, 인간 청자는 그래프에 표시된 형태로를 소리를 들을 때 그래프에서 X들로 표시된 부분만의 초후두부 발성기관의 음향도표 주파수를 인식한다.

있음을 알 수 있다. 우리는 인간의 초후두부성도의 여과 장치의 특성에 관한 선천적인 지식을 소지하고 있기 때문에 발화생성을 책임지는 생체적인 내부구조에 기초하여 포르만트주파수를 계산하는 능력이 있다. 바로 신경계의 포르만트주파수 '탐지기'를 이미 소유하고 있기 때문에 소리를 탐지하고 음성신호를 구분할 수 있는 것이라고 말할 수 있다. 이와 비슷한 처리방식을 행하는 컴퓨터프로그램들은 음성의 포르만트주파수를 적절한 정밀도를 바탕으로 계산할 수 있으며, 이 때 분석의 대상이 되는 소리는 구강에만 존재하는 초후두부 여과과정을 거친 것이어야만 한다. 즉 비음처럼 비강 여과과정을 거친 것이 아니어야 한다.

## 비음화된 말음성

포르만트주파수 탐지하는 능력과 관련하여 주목해야 할 중요한 점은 컴퓨터프로그램으로 비음화 된 모음의 포르만트주파수를 계산하는 것은 매우 어렵다는 사실이다. 코가 초후두부성도의 나머지 부분들과 연결될 때 자음과 모음의 주파수 패턴 상의 구분은 상당히 어렵게 된다. 즉 모음들을 구별 짓는 포르만트주파수 패턴을 흐리게 하는 비음의 포르만트가 포함되는 음성효과가 발생하게 된다. 청취자들도 비슷한 문제점을 지니고 있다. 비음화된 모음은 비음의 음성효과가 전혀 없는 무비음의 모음보다도 30~50퍼센트 이상의 판단착오 비율이 높게 나타난다(Bond, 1976).

## 발화 해독에 적응된 두뇌구조

인간의 말의 전달속도는 말 자체를 지각하기 위해서 개조된 두뇌구조로부터 유래한다고 볼 수 있다. 우리들은 무의식적으로 포르만트주파수들의 패턴들과 음향신호 단서를 각기 별도의 음성기호 범주에 할당한다. 포르만트주파수의 한 패턴과 여기에 해당하는 발성은 [b]·[p]·[a]처럼 각각 다르게 들릴 것이다. 이처럼 소리를 구분지어 듣는 두뇌구조는 인간의 말을 생산하는 발화구조가 생산할 수 있는 특정음향신호들에 대응하도록 조정기능을 가지고 있다. 즉 사람이 사용하는 소리신호들에 개별적으로 대응하도록 조화된 구조를 갖추고 있다(Liberman et al., 1967; Liberman and Mattingly, 1985). 귀뚜라미·개구리·원숭이 등 여러 종류의 동물들은 종에 따라서 특수화된 울부짖음에 대응하기 등 여러 종류의 두뇌구조를 가지고 있다. 인간은 다른 동물들과 달리 매우 정교하고 더욱 효율적인 기능을 지닌 말탐지기세트를 지니고 있는 것 같다. 예를 들어, bee와 같은 한 단음절단어의 시작부의 100분의 1초 정도만 들어도 전체음절을 '듣고 이해한다'. 이와 같은 말탐지기는 유전학적으로 다음 세대로 전달된 것처럼 보인다. 인간의 유아들은 출생 직후라도 말의 음성적 양상에 대하여 어른과 유사한 방식으로 행동한다. 인간의 말지각에 관련하여 광범위하게 연구문헌을 조사하는 것은 시도조차 불가능하다. 100여개 이상의 모든 연구 결과들로부터 동일한 전제 조건을 발견할 수 있다. 즉 인간들이 언어에 발생하는 특정 음성을 인식하는 장치들을 유전학적으로 물려받고 있다고 보는 것이다.

그렇지만 인간의 말지각은 또한 청각의 기초장치에 관련된 두뇌구조를 사용한다는 점을 알아야 한다. 예를 들어, 폐쇄자음 [p]와 [b] 사이의 발음 구별은 포유류 청각시스템의 기초제약에 의존하는 것처럼 보인다. [p]와 [b]같은 폐쇄자음은 음절의 시작에 갑자기 입술을 벌리는 방식으로 만들어지며, 갑작스러운 공기의 흐름과 날카로운 소리 형태를 포함한 파열로 소리가 생성된다. 양쪽 음성 모두 비슷한 포르만트주파수 패턴을 지닌 입술소리(순음)의 폐쇄자음이고, 음성학에서 두 소리를 구분하는 일반적인 방법은 파열과 발음의 시작 사이에 시간적인 간극을 가리키는 음성유발시간(VOT)을 비교하는 것이다. [p]·[b] 두 순음의 폐쇄자음들 중 음성유발시간이 0~25밀리초(0~0.25초) 사이에 있으면 [b]로 들리게 되고, 시간이 그 이상 되면 [p]를 들리게 된다. 순음폐쇄 자음을 명확하게 구분하는 '절대적' 구별은 대략 25밀리초에서 발생하는데, [p]·[b]와 달리 어떠한 중간음성도 들을 수 없다. 만약 두 음성 중에서 하나의 음성유발시간이 25밀리초보다 적고, 음성유발시간을 25밀리초 이상 초과했을 때 갑자기 [p]로 바뀐다면 이에 해당하는 소리는 [b]라고 할 수 있을 것이다. 인간의 유아·원숭이·친질라 뿐만 아니라 인간 어른들에 의한 말지각(知覺)을 여러 해 동안 연구한 페트리샤 컬(Patricia Kuhl)의 실험들은 앞서 제시한 모든 생명체들이 소리의 구분에 대해서는 동일한 두뇌구조를 사용한다는 사실을 잘 보여 주고 있다. 즉 이들 생명체들이 소리를 명확하게 구별하는 과정이 최소 시간만을 사용하여도 가능하다는 데서 초점을 맞추고 있다. 청각과정에 대한 영장류의 능력을 조사해 보면 청각시스템이 두 개의 상호 다른 음향신호들이 순서에 따라 배열한 상황에서 이들 음성신호들을 빠른 시간 내에 구별한다는 연구결과를 바탕으로 인간의 유아와 어른 그리고 친칠라와 같은 동물이 동일한 궤도를 유지할 수 있음을 발견했다. 폐쇄음 발음에서 파열은 발음 자체가 실시되기 바로 이전에 발생된다. 특히 발음이 시작되기 이전에 요구되는 일반적인 시간적 간극은 25밀리초에 달려 있음을 잊지 말아야 한다. 폐쇄음을 분류하는 이런 방법은 [d]·[t] 그리고 [g]·[k]를 구별하는 데 그대로 적용된다. 또한 청취자는 음성의 구별하는 데 파열의 시간적 간격에 대한 인식뿐만 아니라 성도를 구성하고 있는 부위들의 특별한 특성에서 유래된 음향신호들을 이용하기도 한다. 이처럼 음향신호에 대응하도록 발달된 두뇌구조는 언어활동이라는 특정 목적에 맞도록 구성을 갖춘 것으로서 오직 인류에게만 존재하는 아주 독특한 능력이라고 할 수 있다. 더욱이 말을 인식하는 지각과정은 인간 진화과정을 대변한다고 볼 수 있는 '중요한 과업을 촉진시키기 위해 '더 새로운' 구조들이 '오래된' 것들에 첨가되었다'는 핵심 과정에 아주 흡사한 모습을 보여준다(Lieberman, 1984). 컬(Kuhl, 1988)은 일반적인 청각 제약조건들이 언어학적으로 볼 때도 인류를 다른 존재들과 분리될 수 있는 가장 우선적인 음성적 구별조건임을 언급하고 있다. 영장류에 속하는 동물들 모두가 들을 수는 있지만, 오직 하나의 존재인 인간만 말을 하기 때문에 컬의 주장은 매우 탁월한 견해이다.

## 성도(聲道) 표준화

인간은 말을 청취하면서 소리를 받아들이는 데 놀라운 재주를 보여준다. 우선 특정한 포르만트주파수 패턴을 특정한 음성에 할당하기 위해 화자의 초후두부기도의 길이를 추정할 수 있는 능력이 있다. 성도의 길이에 따라서 음향에너지 패턴이 달라지며 이를 바탕으로 소리는 각기 다른 포르만트주파수를 가지게 된다. 예를 들어, 짧은 성도는 마치 피콜로와 바순이 제각기 더 높고 더 낮은 음조로 음악적인 소리를 만들어내듯이 성도를 길게 이용하여 만들어진 음성보다 높은 포르만트주파수를 지닌 발음을 생산해 낼 것이다. 초후두부기도의 길이는 사람에 따라서 매우 다르다. 어린 아동의 성도길이는 신체의 크기가 작은 관계로 어른의 성도보다 길이가 반 정도에 지나지 않는다. 어른의 성도 역시 길이가 제각각 다르며, 이런 편차들 때문에 포르만트주파수 패턴들 사이에 중복이 있기도 한다. 만약 언어의 음성을 목관악기에 의해서 생산되어진 음들과 동일하게 가정할 수만 있다면, 서로 다른 성도길이를 가진 사람들은 동일한 음가의 음성을 결코 만들어낼 수 없을 것이다. 예로서 덩치가 큰 성인남성 화자가 발음하는 단어 bit의 소리음가는 몸의 훨씬 작은 남성이 발음하는 bet와 동일한 음가를 가리키는 똑같은 포르만트주파수 패턴을 가질 수 있다. 그렇지만 일반적인 청취자들은 여전히 우리는 여전히 덩치가 큰 사람들이 발음한 bit를 음가가 유사한 bet으로 듣기 보다는 차라리 bit처럼 '듣는다'.

청자는 언제나 말 신호를 발화자 성도의 길이를 추정하면서 나름대로 음가를 표준화한다. 청자를 혼란시키기 위해 가상의 말을 사용하여 실시된 실험은 청자들이 동일한 음향신호들을 다른 모음처럼 해석하는 측면을 지적하면서, 이와 같은 차이를 느끼는 것은 실험에 이용된 말들이 성도 길이의 장단에 의거하는 것임을 알 수 있다(Ladefoged and

Broadbent, 1957; Nearey, 1978). 사람들은 이런 일을 무의식적으로 행하는데, 그 과정은 시각적으로 타인의 얼굴을 망막에 투영된 이미지의 크기와 관계없이 인식하는 것과 유사하게 생각해 볼 수 있다. 오직 인간의 성도에 의해서만 생산되어질 수 있는 모음 [i]는 성도표준화를 위한 최적의 신호이다. 3달 정도 자란 유아의 모방적인 행동은 성도표준화의 과정이 아마도 선천적이지 않나 하는 믿음을 줄 수 있을 것이다. 그 이유는 유아에게 무엇을 들었는지 물어보고 말을 통하여 결과를 듣는 것이 불가능하기 때문이다. 유아의 말지각에 관한 많은 연구들은 지각의 범주를 추론하기 위해 유아의 모방을 사용한다. 이전의 한 연구에서 3개월 된 사내아기가 그의 어머니가 만들어 낸 모음들을 모방했다. 아이의 초후두부성도는 엄마보다 훨씬 짧았기 때문에 아이가 엄마의 음들이 보여 주는 포르만트주파수들을 완벽하게 똑같이 만들어내는 것이 물리적으로 불가능했다. 음향분석은 그가 어머니의 모음에 대하여 아이 나름대로 길이를 추정하여 측정한 것과도 같은 주파수버전을 만들어 냈음을 밝혀 주었다. 아이의 포르만트주파수들은 자신이 사용하고 있는 초후두부성도의 길이를 엄마의 성도길이와 비율상 상호 동등한 비례결과를 보여 주었다. 이 유아가 혹 조숙한 것은 아닌가 하는 생각이 들 수도 있지만, 페트리샤 컬의 최근 연구로 그렇지 않다는 사실을 짐작할 수 있다. 연구결과에 의하면 4개월이 지난 많은 아이들이 언어사용에 유사한 행동을 보여 주기 때문이다. 아이들은 어른들처럼 동일한 방식으로 모음들을 표준화하여 소리를 듣고 생성하는 것 같다.

## 자동화와 말의 생산

특수화된 두뇌구조 역시 인간의 말생산과 관련된 것으로 보인다. 1861년에 폴 브로카는 두뇌의 일정한 부분에 가해지는 손상이 말생산을 제어하는 운동프로그램을 분열시킨다는 것을 처음으로 언급했다. 말을 만들어내기 위해 필수적인 조음(調音)운동 조절은 인간의 행위 중 가장 복잡한 것 중의 하나이다. 10살 정도까지의 보통 어린이들은 서로 다른 모음들을 발음하는 데 필수적인 입술의 모양을 나름대로 설정하는 기초적인 운동 조절기능에서도 성인의 표준을 충족시키지 못한다(Watkins and Fromm, 1984). 인간은 특정한 포르만트주파수 패턴을 생산해내기 위해 혀·입술·연구개·후두·폐를 포함하는 복잡한 임의의 조음운동 조절을 빠르게 실행해야 하는데, 사실은 이와 같은 음성조음 부위들의 동작은 자동적으로 수행된다. 그래서 우리가 *mama*(엄마), 또는 *disambiguation*(명확하게 함)을 말할 때 무엇을 지금 하고 있는지에 대해 굳이 따로 생각할 필요가 없다.

자동화의 과정은 최종의 목표를 달성을 위해 복잡한 작용과정에 해당하는 활동들을 짧은 시간 안에 배우게 하는 전체작용 진행범위를 의미한다. 이런 과정이 언어수행에만 국한된 것은 아니며 경우에 따라서는 인간에게만 한정된 것이 아닐 수도 있다. 우리의 일상생활 대부분을 특징짓는 운동 활동은 늘 반복적인 '일상성'을 띄고 있으며, '자동적'이라고도 할 수 있다. 그 이유는 최종목표를 지시받고 있는 활동이 신경계 서브루틴에 의해서 실행되기 때문이다. 이 때 신경계의 서브루틴은 반사적으로 실행하는 행동양식을 제어하는 것으로서 신경계 하부에서 반복적인 일상을 기억하고 있는 곳이라고 할 수 있다. 특히 급작스럽게 움직이는 무릎반사처럼 누군가가 당신의 무릎 적절한 곳을 작은 망치로 툭 쳤을 때 아래쪽 다리가 무조건 위로 움직이는 선천적으로 결정된 행동은 동물들에게서 나타나며, 이런 행동양식은 일차적 반사작용으로서 유사한 움직임들은 주로 자동적이면서 신속한 운동반응을 유도하는 경향이 있다. 인간은 다른 동물들과 동일하게 빠르고도 자동적인 운동반응을 생산해 내는 유전적으로 전달될 수 있는 일차적 반사를 갖추고 있다. 그러나 이러한 선천적 반사운동 반응은 자동차를 운전하는 것과 같은 활동은 포함하고 있지 않다. 자동화(Evarts, 1973)는 연달아 학습된 운동지시들을 운동 대뇌피질에 저장된 '서브루틴'으로 전환하고 일단 체계화되면 총체적인 하나의 집합적인 형태로 실행된다.

경험 있는 운전자는 자동화된 과정을 이용해 기어의 위치를 바꾼다. 이때 근육활동의 복잡한 연속은 의식되지 않지만, 운전자 본인이 운전을 배우면서 처음으로 기어들을 움직이는 과정을 배울 때에는 반드시 각 단계를 의식하여 실행해야 한다. 따라서 기어의 전환과정은 더디게 진행되며 운전자는 다른 것들에 대해선 전혀 생각할 수 없을 것이다. 결국 장치를 이동해야 하는 기술에만 집중하게 된다. 일단 당신이 장치 이동을 확실하게 습득하고 나면 모든 과정은 이제 자동적으로 진행되게 된다. 위치를 옮기는 것을 의식하지 못하게 되고, 운전에 해당되는 전체적인 행위는 놀랄 만큼 아주 빨라진다. 그것은 항상 당신이 운전하고 있는 동안 '깨어 있는 상태를 유지하는' 것이 쉽지 않다는 사실과 바로 앞 30분 정도 시간 동안에 있었던 일에 대하여 기억이 전혀 없다는 것을 깨닫는 것이 쉽지 않다는 것과 무관하지 않다. 운전의 과정은 자동적이기 때문에 운전자 본인은 무엇을 봤고 무엇을 하였는지에 대해서 아무런 기억도 의식하지 못한 채 수 마일을 운전할 수 있게 된다.

사람들은 자동화에 대해서 오랫동안 알고 있었다. 예를 들어, '의식적인 생각도 없는 즉각행동'은 사무라이 검을 습득하는 검사들이 사용하였던 17세기 일본인 교범의 최고 목표였다. 최근 연구를 통해 자동화의 기초가 확립되었다. 근육과 운동피질의 신경단위인 뉴런들을 제어하는 전기적 신호들을 감시하는 데서 출발하였던 자료는 사람이 행동을 자동화할 때 반사에 해당하는 회로들이 운동 피질 내에 형성된다는 것을 보여준다(예를 들자면, Evarts 1973; Polit and Bizzi, 1978; Miles and Evarts, 1979). 에드워드 에바츠(Edward Evarts)는 원숭이들이 특정한 목표를 위하여 지시되어진 목표활동을 촉진하는 운동피질내의 회로를 '습득한다'는 사실을 최초로 발견했다. 에바츠는 원숭이가 고정되지 않은 움직일 수 있는 손잡이를 손으로 쥐고는 핸들을 시각적으로 확인할 수 있는 표적에 맞추어 놓도록 훈련시켰다. 손잡이는 놓인 방향에 따라서 이리저리 움직이는 전혀 예측할 수 없는 것으로서 원숭이는 손잡이를 표적에 고정하여 유지시켰을 때에만 적절한 보상을 받도록 하였다. 손잡이가 멋대로 움직이는 예측 불가능한 상황과 훈련과정을 거친 원숭이의 팔에 기억되어 있는 근육의 조정움직임 사이에 서로 대치하면서 목표점에 핸들을 고정시키는 데 경과하는 총시간을 측정해 보면 훈련되지 않은 원숭이들의 반응보다 훈련을 거친 원숭이가 시간적으로 2배 정도 빠른 0.4초 정도를 보여 주었다. 이 시간 간격은 외부 자극으로 인하여 전기적 신호가 교란된 근육의 신경을 통하여 두뇌의 운동피질로 이동하는 신호가 전달되고, 다시 운동피질로부터 해당 근육으로 신호가 되돌아서 이동하는 데 걸리는 시간과 일치하는 모습을 보여준다. 에바츠(1973)는 또한 이런 상황에 반응하게 훈련된 원숭이의 운동피질 내에서 훈련을 받지 않은 원숭이에게선 발견되지 않았던 뉴런들이 존재한다는 결과를 발견하였다. 비슷한 효과들(기록되지 않았던 운동피질 반응들을 제외하고)을 인간에게 행했을 때도 발견되었다. 자동화된 운동피질 경로 내에 암호화된 목표는 아마 단순한 것일 수도 있고 복잡한 것일 수도 있다. 전자의 경우에는 손으로 막대를 잡고 이리저리 움직이지 않도록 중심을 잡는 행위를 예로 생각할 수 있으며, 후자는 자동차운전 중 기어위치를 옮기거나 음성 [b]를 생산하는 것과 같은 행동들이 해당된다고 볼 수 있다. 그러나 모든 경우에 있어서 자동화의 본질적인 특징은 서브루틴이라고 할 수 있다. 서브루틴은 서로 다른 여러 근육들의 활동을 모두 포함하는 복잡하면서도 수차례의 반복과정으로 일상화된 운동과정을 신경구조에 암호화하여 전체를 하나의 총제적인 과정으로 짧은 시간에 실행하도록 형성된 조직구조를 가리킨다.

인간이 말소리의 생산에 사용하는 자동화된 조절 과정은 극도로 복잡하다. 예를 들어서 단어 two에서 발생하는 모음[u]는 동그랗게 오므려 말아서 앞으로 내민 입술로 만들어지지만, 이와는 대조적으로 tea에서 발생하는 모음 [i]는 [u]와 달리 입술을 앞으로 내밀어서 만들어진다. 영어 사용자들 중 성인은 단어 two를 만들 때 해당 모음 만들기를 시작하기 100밀리초 이전에 입을 둥글게 만들기 시작한다. 하지만 tea를 발음할 때에는 입술을 전혀 원형으로 변형시키지 않는다. 화자들이 발음을 할 때 머리 속으로는 이미 행하여질 발음에 대하여 생각을 미리 하기 마련이다. 이러한 효과는 말생산 동안에 일반적인 현상이며, 조음(調音)을 하기 위하여 선행되는 생각과 동작을 취하는 패턴의 좋은 보기라고 할 수 있다. 이와는 반대로 스웨덴어 성인화자들은 [u]를 발음할 때 발음하기 이전 500 내지 100밀리초 정도 사이에 조음활동 시작에 들어간다(Lubker and Gay, 1982). 이 두 언어 사이에 나타난 모음발음에 대한 미묘한 차이점은 영어화자와 스웨덴어화자 사이의 어떤 유전학적 차이점의 결과가 아니다. 예를 들어서 영어를 말하는 세 살배기는 영어의 [u]를 사전에 조음하면서 발음을 시작하는 패턴을 실현하는 데 완전히 실패하는 모습을 보인다(Sereno and Lieberman 1987; Sereno et al., 1987). 영어와 스웨덴어 어투를 서로 대비하여 습득한다는 사실은 두 언어 사이에 나타나는 서로 다른 자동화된 운동제어 패턴들을 습득하는 것을 포함한다.

에바츠의 연구결과와 유사한 실험들로부터 알 수 있는 추가적인 자료는 인간언어의 기초가 되는 자동화된 운동제어 패턴의 복잡성에 대하여 나름대로의 개념을 제공해 주고 있다. 빈센트 그라코(Vicent Gracco)와 제임스 앱스(James Abbs)는 화자의 아랫입술의 닫히는 시간을 늦추기 위해 작은 전기모터를 사용하였다. 실험자는 화자로 하여금 입술을 닫음으로서 생산되는 입술소리 폐쇄자음 [b]로 시작되는 음절을 발음하도록 하였다. 실험자들은 우선 입술이 닫힌 위치에 도달하였을 시간보다 40밀리초 바로 이전에 입술의 움직임을 교란하는 힘을 가했다. 화자들은 입술움직임을 방해하는 작용에 대하여 전혀 예상할 수 없도록 하였다. 화자들은 단순히 예상치 못한 순간에 40밀리초 시간 간격 이상 입술을 움직이지 못하도록 방해하는 힘에 대항하기 위하여 더 많은 힘을 아랫입술에 가하여 움직임에 걸림돌이 되는 결점을 보완하고자 하는 행동을 취했다. 실험자들은 윗입술을 아래쪽으로 향하도록 하는 방해동작도 실험에 동원하였다. 실험자들은 바로 이어서 교란하는 힘과 보통 입술폐쇄 사이의 시간을 40~20밀리초로 단축시켜 갔다. 이 경우에 아마 아랫입술 동작에 의해서만 입술동작을 교란하는 힘을 이겨내는 데 시간이 충분하지 못하였기 때문에 화자는 윗입술을 아래 방향으로 크게 움직이도록 하는 힘을 이용하였고, 이런 과정 때문에 입술들이 공기를 폐쇄하는 시간이 연장되었다. 피실험자들은 폐쇄를 바탕으로 생성되는 자음을 만들어내기 위한 공통적인 목적을 위하여 위쪽 입술과 아래쪽 입술을 자동적으로 움직이는 서로 다른 자동화된 운동반응패턴 사용과정을 보여 주었다. 이 모든 자동화된 과정은 [b]를 발음하기 위해 두 입술을 닫는 신경구조의 표기로서 두뇌에 기억되어 있을 것이다. 여기에는 브로커영역도 포함될 수도 있다.

## 침팬지 무리에서의 음성제어

대뇌피질의 운동영역 가까이에 위치한 브로커영역은 인간 이외의 영장류들에 있어서 턱의 안면근육 기동력을 통제하는 전운동영역과 전두엽대뇌피질영역으로부터 유래했을 것이다. 대뇌피질의 전운동영역은 학습을 통하여 숙련된 동작들의 연속성과 동작과정의 매끄러움을 제어한다고 알려져 있다(Luria, 1973). 전두엽대뇌피질은 특정 동작을 위하여 체계화된 의식적 활동을 규제하는 것에 연관이 있다. 그러나 인간을 제외한 영장류들이 신피질영역은 물론 인간의 브로커영역과 유사한 세포구축학적 구조를 지니고 있다고 하더라도 인간의 두뇌가 아닌 이상 구조의 유사성과는 상관없이 발성을 제어하지 않는다. 재차 언

급하자면 기능적인 브로커영역은 오직 인간들에게만 존재한다.[

인간 이외의 영장류들은 인간의 말의 기초가 되는 자발적인 근육기동 연습들을 만들어내는 것이 불가능하다. 컴퓨터모델링과 기타 연구에 따르면 침팬지가 인간의 음성들 중 일부는 생산할 수 있음을 알 수 있다. 비록 침팬지의 기도가 인간의 언어에 존재하는 소리를 모두 만드는 것이 선천적으로 불가능하지만, [ɪ]·[e]·[æ]·[U]의 비음화된 소리들과 [t]·[d]·[b]·[p]의 자음들은 음성화할 수 있음을 예로서 보여 주었다(Lieberman, 1968; Lieberman, Crelin, and Klatt, 1972; Richman, 1976). 그러므로 침팬지의 신체구조를 따르자면 *food* 또는 *bit* 등의 단어들은 비음이 포함되기는 하겠지만 거의 완벽하게 발음하도록 훈련시키는 것이 가능할 것이다. 또한 기타 단어들도 아주 똑같지는 않지만 약간의 변형을 허용하는 수준에서 단어를 발음하도록 훈련시킬 수 있다. 다만 과거 300년에 걸쳐 시도되었던 침팬지 말 가르치기 노력은 그리 성공적인 결실을 얻지는 못하였다. 가장 최근의 말 훈련 시도를 보자면, 침팬지 비키(Viki)와 어린새끼 도널드(Donald)를 키웠던 캐시 헤이즈(Cathy Hayes)와 케이스 헤이즈(Keith Hayes)의 연구를 들 수 있다. 훈련을 받기 이전에 침팬지 비키는 '어떠한 음성도 전혀 의도적으로 만들어 낼 수' 없었다(Hayes and Hayes, 1951, p. 66). 얼마 지나서 턱을 수동적으로 열고 닫는 것을 포함하여 비키가 말을 하도록 집중적으로 훈련을 시킨 이후에는 일종의 비음화 특성과 함께 숨소리가 섞인 *Ahhh* 소리를 만들어내는 것을 습득하였다. 비키는 이 소리를 기초로 하여 다양한 물건들을 원한다는 것을 암시하였다. 또한 아주 뚜렷하지는 않았지만 *mama*, *cup*를 포함한 네 단어들의 변형들을 생성하기도 하였다. 비키와는 달리 도널드는 어떤 뚜렷한 교육을 받지 않았어도 침팬지가 내는 숨소리가 포함된 '우, 우' 거리는 소리를 흉내 내었다.

더욱이 영장류들은 음성신호를 의도적이고 자발적으로 제어하는 데 어려움을 가지고 있는 것 같다. 제인 구달(Jane Goodall)은 침팬지들이 심지어는 최고의 관심사에 대하여 음성적으로 관심을 보이는 경우라도 억제력이 부족하다는 사실을 언급하였다. 제인 구달은 침팬지가 음식을 달라고 소리치는 것을 거의 억제하지 못한다는 사실에 주목하면서 다음과 같은 설명을 남기고 있다.

> 침팬지 발성은 감정에 밀접하게 얽매여 있기 때문에 적절한 감정적 상황을 없애고 음성을 내도록 하는 것은 거의 거의 불가능하다. 침팬지가 소리를 내어 신호자로서 관심의 대상이 되어서 침팬지 자신을 어쩌면 불편하거나 위험한 상황에 놓이게 하면, 소리외침을 억제하는 것을 배우는 것 같기는 하다. 하지만 그것 또한 쉽게 수행하지는 못한다. 곰비 강 보호구역의 침팬지 무리 중 하나인 피건(Figan)이 청년기일 때 서열상 손위 수컷들이 떠날 때까지 야영장에서 기다리곤 하였다. 다른 수컷들이 있을 때 바나나 한 개도 얻을 수 없었지만, 기다린 이후에는 바나나 몇 개를 얻을 수 있었다. 그러나 음식을 보면서 자신이 흥분된 외침을 내자 큰 수컷들을 빠르게 달려 돌아오게 만들었고, 결국 피건은 과일을 모두 잃어 버렸다. 며칠 후에 뒤에서 기다려서 바나나를 다시 받았지만, 이번에는 어떠한 큰 소리도 만들어내지 않았다. 다만 외침 대신 소리가 목구멍 안쪽 깊숙한 곳에서 울려댔고, 거의 목메는 듯한 모습을 보여 주었다.

우리가 1장에서 주목했듯이, 현대인간들은 신피질영역에서 발성을 제어하지만 다른 영장류의 발성제어는 대상엽, 기저핵, 뇌간에서 유래한 것으로 보인다. 침팬지의 발성은 다윈이 『사람과 동물들에 있어서의 감정 표현』(The Expression of the Emotions in Man and Animals, 1872)에서 언급했던 '얼굴 찌푸림들'을 제어하는 턱 부위 안면동작에 관련된 것 같다. 그러므로 입술을 동그랗게 함으로써 생기는 포르만트주파수의 감소를 포함하고 있는 침팬지외침과 같은 음향적 특성은 턱 부위 안면이 관련된 안면표현으로부터 유래한 것이다. 실험실에서 침팬지와 원숭이를 명령에 따라 음성으로 발음하게 훈련시키려는 시도들은 판에 박힌 발음들을 생산하는 비율이나 조건을 변화시키는 데에는 어느 정도 성공을 이루어냈지만, 피실험 동물들에게 새로운 음성 중 어떤 것도 생성하도록 훈련시킬 수는 없었다.

## 인간 초후두부성도의 진화

자연에는 낭비란 용납될 수가 없다. 전적응이란 오래된 구조들이 최저의 비용으로 '새로운' 일을 수행하기 위해 개조를 거치는 진화적 수단이다. 다윈이 1859년에 아직도 고전적 예로서 공기를 호흡하는 동물들의 호흡기관의 진화가 자연의 속성과 전적응에 대한 좋은 예이다. 호흡기관은 어류에 존재하였던 부레에 대한 작은 변이가 바로 진화의 출발점이었다. 두 번의 세계대전을 겪는 사이, 빅터 네거스 경(Sir Victor Negus)이 아주 세밀하게 수행하였던 해부학 연구들로부터 후두가 생기게 된 변화의 연속을 이해할 수 있게 되었다. 후두는 초후두부성도로 이동하는 음향에너지의 근원부분이지만, 대부분의 동물에 있어서는 후두란 바로 생명을 지탱하는 기관으로서 외부로부터 이물질들이 폐로 침투하지 못하도록 보호하는 장비와 같은 기관이라고 할 수 있다. 인간의 후두 역시 여전히 그 기능을 가지고 있다. 사람이 기침을 하는 행위는 액체나 고체 등의 물체들이 외부로부터 침투할 경우에 이들을 외부로 다시 뱉어내기 위한 반사행동으로서 이와 같은 동작이 일어나는 경우 후두는 갑자기 닫히는 동작에 들어간다. 기침하기는 후두의 가장 원시적인 기능을 반영한다. 가장 원시적인 공기호흡 동물로서의 폐어(肺魚)의 후두는 물이 안으로 침투하지 못하도록 방어하는 역할을 맡고 있었다. 이에 비해 사람의 후두는 호흡뿐만 아니라 음성을 생성하도록 적응되면서 수많은 변화를 거쳤기 때문에 현대인들의 후두는 수영을 할 때 폐를 물로부터 완벽하게 차단시키지 못한다.

진화가 기회주의적인 본질을 가지고 있다는 사실은 인간의 폐 진체에 망라하여 나타나는 '비논리성' 구도를 보면 확실하게 알 수 있다. 사람은 호흡을 할 수 있다는 원리 하에 호흡을 담당하면서 작동을 수행하는 폐라는 기관을 갖고는 있지만, 이런 기능의 발달로 인하여 폐의 쇠약, 폐기종으로 나타나는 탄력의 손실, 그 외 기타의 모든 종류의 문제들에 봉착하기에 이르렀다.

자신의 저서인 『종의 기원』에서 다윈은 또 다른 생물학적 구도에서의 비논리성을 인간의 초후두부성도의 특이하고도 기묘한 해부학적 구조에 바탕을 두고 논하였다. 다윈은 '이상한 사실은 우리가 삼키는 음식과 음료의 모든 입자들은 목구멍을 거쳐 몸 내부로 넘어가야 하지만, 동시에 폐 안쪽으로 떨어지는 약간의 위험성을 가지고 있다'라고 언급하였다. 인간을 다른 모든 육상포유류와 구별하는 특징 중의 하나는 우리가 먹고 마시는 경우에 질식할 위험성이 훨씬 높다는 사실이다. 목 내부의 구도를 볼 때 후두가 아래쪽으로 낮게 위치되어 있기 때문에 단단한 물체나 액체가 폐로 가는 후두 내부를 막아 공기의 경로를 차단하는 상황이 벌어져서, 매년 수만 명의 사람들이 목숨을 잃고 있다. 무엇인가를 삼킬 때 우리는 후두의 존재를 느낌으로 알 수 있는데, 외형적으로는 목젖(갑상선 연골)이 후두의 정확한 위치를 표시한다. 인간과 달리 다른 모든 육상동물들에서의 후두는 두개골의 밑바닥 가까이 있는데, 후두가 때로는 입으로 통하는 기도를 통하여 위쪽 방향으로 움직일 수 있고, 후두로부터 입과 코로 향하는 입구들이 서로 합심하여 물의 침투를 막는 봉인을 형성할 수도 있다. 동물들의 후두는 잠수함의 잠망경(潛望鏡)처럼 솟아오르기도 한다. 음식과 물이 위로 솟은 후두 주위를 돌아 식도를 통하여 위장 안으로 들어가는 반면에 공기는 위로 상승한 후두를 직접 통과해서 폐로 들어간다. 동물들은 높이 위치한 후두와 입 속에는 완전히 자리잡고 있는 길고 얇은 혀를 가지고 있다. 동물들의 입·혀·후두부의 위치는 음식과 음료를 위장으로 이동시키기 알맞게 되어 있어서 인간 이외의 포유류는 먹고 숨 쉬는 동작을 동시에 수행할 수 있다.그림 2-3은 인간 이외 영장류의 전형적인 기도모형을 잘 보여 주고 있다. 측면으로 제시된 그림구도에 의하면 혀가 비교적 얇기 때문에 구강의 공간이 적더라도 입 안에 완전하게 들어

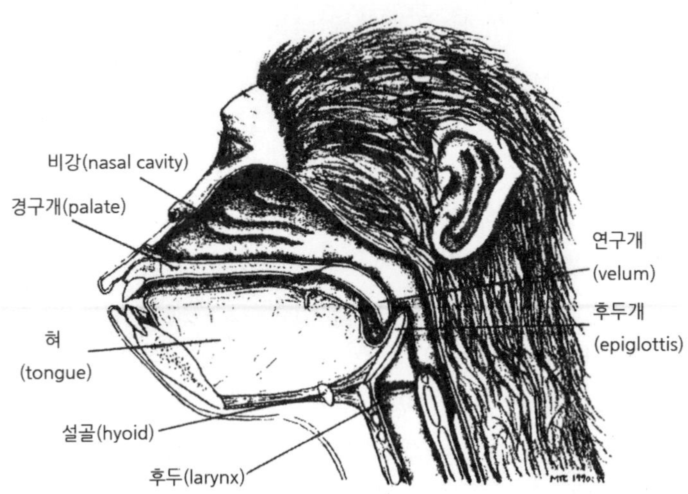


[그림 2-3]
침팬지의 초후두부 공기흐름 방향을 보여준다. 혀는 완전히 구강 내에 위치하고 있으며, 후두부가 조금 높게 있어서, 코에 가까워 보인다. 후두부가 위로 움직일 때 후두개와 연구개가 중첩하여 액체가 폐로 흐리지 않도록 막는 뚜껑의 역할을 하면서 음식을 먹는 동안 코로 나가는 통로를 폐쇄해준다. 설골은 근육과 인대의 도움을 받아 후두부, 턱뼈, 두개골에 연결된다. 이런 운동패턴이 바로 후두부를 위로 움직이게 하는 일종의 해부학적인 체계라고 할 수 있다.

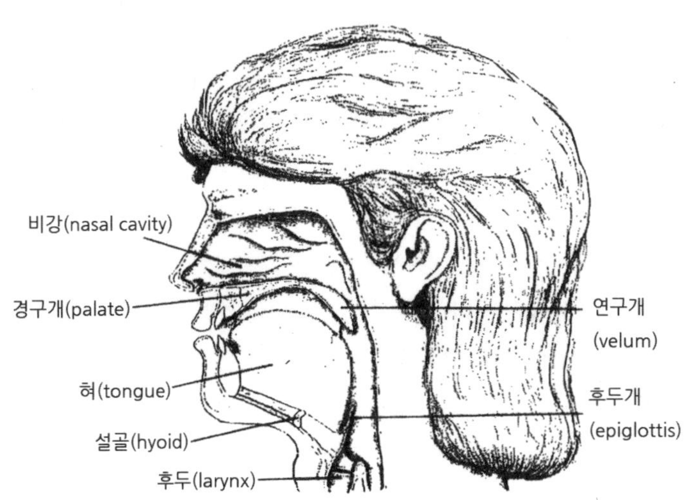


[그림 2-4]
인간 어른의 초후두부의 공기흐름 길을 보여준다. 후두부 아래 부분은 코로 공기가 흐르는 것을 막는 기능을 수행하지 못한다. 인간의 혀는 지구상에 존재하는 어떤 동물과도 유사한 모양을 보이지 않는다. 혀의 뒷부분은 측면으로 보면 거의 원형에 가까운 모습을 하고 있으며, 구상의 아래쪽과 인두의 앞부분의 구조를 형성하고 있다.

있는 모습을 발견할 수 있다. 그림에 나타난 정중단면은 앞으로부터 뒤로 기도를 보여 주며, 입 안에 위치하고 있는 길지만, 비교적 얇은 혀는 후두의 위치와 일치하는 양상을 보여 주고 있다. 그림 2-3을 성인 인간의 기도를 보여 주는 그림 2-4와 대조시켜보자. 2-4에서는 둥글고 '살찐' 것처럼 두툼한 혀가 목구멍 아래로 돌출해 뻗어 있으며, 혀의 절반 이상이 인두의 전방부이며 동시에 입의 안쪽 내부를 형성하고 있는 입의 아래쪽에 위치하고 있다. 인간의 후두는 혀의 아래쪽 끝에 위치되어 있기 때문에 코로 향하는 공기흐름을 위한 틈새 구조까진 미치지 못한다. 공기·액체·고체 음식은 인두경로를 사용하여 폐로 향하는 후두부의 틈새를 지나 미끄러져 안으로 이동한다. 이 때 음식이 식도가 아닌 후두 내부로 떨어져 폐로 들어가면서 기도 경로를 차단하게 되면 질식현상이 발생하게 된다. 이런 구조적인 조건은 인간들이 음식을 먹을 때 다른 육상동물 보다 더 쉽게 질식하는 위험에 빠질 수 있다. 인간의 경우 씹기 동작에 수반되는 모든 행위의 효율성이 매우 떨어진다. 사람의 구강 내부를 형성하는 구개(입천장)와 하악골(아래턱)들이 상대적으로 다른 영장류나 고대인류보다 훨씬 짧기 때문에 씹는 동작의 효율성이 떨어질 수밖에 없다. 씹는 동작은 더욱 크고, 강력한 근육들과 큰 치아 그리고 더 긴 하악골을 갖추고 있다면 더욱 빨라질 수 있다.

현대인간의 구개와 하악 구조가 축소되어 입안의 치아들은 서로 좁아진 턱 길이에 모두 위치하면서 더욱 꽉 낀 형국이 되었으며, 이로 인하여 치아에 감염가능성이 매우 높아지게 되었다. 특히 사랑니의 감염은 마취를 아직 알지 못했던 19세기 치과의술에서는 치명적이었으며, 1940 년에 항생물질이 사용 가능해질 때까지 치료가 매우 어려웠다. 당신은 사랑니를 제거한 사람들을 얼마나 많이 알고 있는가? 그들은 아마도 현대의 치과관리가 없으면 생명을 잃었을지도 모른다. 초후두부 성도가 다른 동물들보다 더 적합하게 되면서 인간은 말음성을 생성할 수 있게 된다. 이런 진화과정은 바로 다윈이 언급했던 전적응의 결과라고 할 수 있다. 처음에 호흡과 음식 섭취만을 위하여 발달하였던 기관이 혀의 모양, 후두의 위치와 이들을 지탱하고 있는 두개골의 골격구조 변화에 의해 새로운 기능인 '말하기'에 적응하게 된 것이다. 적응과정을 통하여 기관의 체계가 특정목적을 위하여 작동을 수행할 수는 있지만, 주어진 구조와 동작의 체계가 최적의 상태에 있는 것이 아님을 알 수 있다.

갓 태어난 유아들은 다른 영장류들과 비슷한 초후두부성도를 지니고 있고, 초기 유년기 동안 동물과 유사한 모습의 초후두부기도를 유지하는 것은 생물학적인 결과라고 할 수 있다. 그 이유는 유아의 성도 구조가 완전히 발달된 된 것이라 할지라도 아직 말을 할 수 없기 때문에 인간의 성도구조를 완벽하게 갖추고 있다고 보기 어렵다. 다만 아직 어리기 때문에 생물학적인 생명유지의 효율성으로 볼 때 흡수되는 액체로 인해서 발생하는 질식사의 위험을 감소시키는 동물의 기도구조를 유지하는 것이 더 유용할 수 있다. 유아가 성장함에 따라 입천장은 두개골의 기부(基部)를 중심으로 뒤쪽으로 이동하며, 성인 두개골의 기부(基部)는 다른 포유동물의 초후두부성도구조는 인간의 초후두부성도를 형성하는 방향으로 재구성되는 과정을 거치게 된다.

## 인간 발화의 선택적 장점들

모든 영장류들은 음성을 통한 의사소통을 확실하게 갖추고 있다. 네거스(Negus, 1949)는 무리를 형성하고 살아가는 포유동물의 후두가 호흡의 대가로 발음하기에 알맞게 되었다는 것을 연구를 통하여 증명하였다. 그러므로 의사소통을 전적으로 몸짓동작에 의거하여 사람의 진화를 본다는 것은 아예 있을 법한 일이 아닐 수 있다. 인간언어는 진화에 있어서 최소한 세 가지 방법으로 인류의 생물학적 적응도에 기여하고 있다.

## 1. 무비음 음성

인간의 초후두부기도의 적응도에 대한 최소한의 기여는 비음화되지 않은 음성을 생산하는 능력이다. 인간의 기도 내부 연구개는 공기가 구강에만 흐를 수 있도록 기도에서 코로 통하는 틈새를 차단하는 역할을 담당한다. 인간의 구강 안쪽 초후두부성도 내부의 가파르게 구부러진 형태와 연구개로부터 코로 향하는 틈새까지의 짧은 거리가 코로 향하는 공기의 흐름을 차단하는 데 중요한 요인이라고 볼 수 있다. 비음화된 음성은 코로 향하는 공기의 흐름을 막지 않았을 때 발생하며, 앞부분에서 언급된 바가 있었지만, 비음화된 소리를 포르만트주파수 패턴으로 표기하는 것은 비음화를 포함하지 않는 소리보다 물리적으로 단정하는 것이 훨씬 어렵기 때문에 청자는 식별과정에서 30에서 50퍼센트 정도 이상 실수를 보여 주고 있다(Bond, 1976). 비음으로 인한 더 높은 오류비율은 음성의사소통의 유효성을 명백하게 방해하며, 인간의 언어행위는 비음의 음성을 사용하는 것을 회피하는 경향이 있다.

## 2. 비연속적 음성

현대인간의 초후두부기도는 형태학적으로 볼 때 음성상의 이점들이 있다. 구개를 따르는 수평 측면과 척추구조를 따르는 수직 측면을 중심으로 정의를 시도해 볼 수 있는 입 안의 구강공간 내부에서는 조금 두툼한 듯싶은 혀가 소리를 생성하는 주된 역할을 담당하면서 포르만트주파수 패턴을 발생시킨다. 다만 이때 만들어지는 음성들의 주파수는 비연속적 음성들을 규정할 수 있으며, [i]·[u]·[a](meet·boo·mama 같은 단어들의 모음들)와 같은 모음들과 [k]·[g]와 같은 자음들이 여기에 포함된다(Stevens, 1972). 다음에는 비연속적 음성이 음성의사소통을 수월하게 도움을 주는 두 가지 방법을 소개하겠다.

첫째는 비연속적 음성들은 지각을 용이하게 해 주는 음향의 돌출현상을 제공할 수 있다. 즉 비연속적 음성들의 포르만트주파수 패턴은 시각적으로 색과 관련된 영역에서 한껏 색의 정도를 갖춘 색깔들이 전혀 효과 변화과정을 거치지 않은 색들보다 구별 짓기가 더욱 쉬운 것과 마찬가지로, 포르만트주파수 패턴은 해당되는 소리를 쉽게 지각하도록 두드러진 스펙트럼의 최고치를 산출해 낸다. 이 경우 생산되는 스펙트럼의 최고치는 두 개의 포르만트주파수를 수렴시켜서 형성한 것이다. 이런 음향의 돌출현상은 초후두부성도의 횡단면 영역 내에서 돌연한 변화를 만들어내는 기능적 능력으로부터 유래한다. 모든 포유동물의 성도에서는 [d]·[t]·[s]와 같은 치음의 자음을 생산해 내기 위해 혀끝 부분을 입천장으로 향하여 움직이게 함으로써 구강에서의 돌연한 변화를 시도할 수 있다. 모든 영장류 성도에 관하여, 입술은 [b]·[p]·[m]과 같은 순음의 자음을 만들어내기 위해 닫히는 과정인 폐쇄동작에 들어갈 수 있다. 현대인간뿐만 아니라 원시적인 화석 인류들의 두개골을 보면 성도 내의 직각 굴곡부분은 두드러진 스펙트럼의 최고치를 가지고 있는 연구개 자음들인 [g]·[k]와 모음들인 [a]·[u]·[i]와 같은 음성들을 생성하는 것을 가능하게 한다. [a]·[u]·[i] 모음과 순음, 치경음, 연구개 순음의 자음은 다른 음성들보다 음성의사소통에 적합하며 많은 언어의 음성구성에 포함되어 있다.[note 2] 어린이(Olmsted, 1971)와 성인은 (Peterson and Barney, 1952; Miller and Nicely, 1955) 또 다른 음성들보다 이들 소리를 구별하는 데 아주 적은 수준의 오류를 범하는 것을 알 수 있다. 예를 들어, 성인들이 [i] 모음을 식별하면서 저지르는 오류는 만 번의 시도 중 6번 정도의 매우 낮은 수준의 비율로 나타났다.

모음 [i]는 포르만트주파수 기호화하는 데 반드시 있어야만 하는 성도표준화의 과정에 아주 최적 신호라고 할 수 있다. 주파수기호화는 인간의 말에 높은 데이터전송률을 부여하는 과정을 일컫는 말이다. 화자의 성도길이를 추측하기 위해 다른 소리를 사용할 수도 있지만, 모음 [i]가 가장 좋은 모델이라고 생각한다(Nearey, 1978). 모음 [i]를 생산할 수 있는 성도를 갖추게 되면 인간의 말에 높은 데이터전송률을 부여하는 과정을 촉진할 수 있게 된다.

둘째는 비연속적 음성은 그것의 음향안정성을 통해서 음성의사소통을 강화한다. 케네스 스티븐스(Kenneth Stevens, 1972)는 인간의 성도가 혀를 특정위치에 놓을 때 확실한 정확성을 추구하지 않더라도 비연속적 음성들의 두드러진 스펙트럼의 최고치를 발생시키게 해준다는 사실을 증명하였다. 비록 때에 따라서는 혀를 제대로 움직이지 못하는 실수처럼 다소 부주의한 상황이 초래되는 상황이 있을 수도 있지만, 이런 조건에서조차도 음향적으로 분별이 확실한 별개의 신호들을 만들어 낼 수 있음을 연구로 밝혀 주었다. 스티븐스는 인간의 성도를 기계적인 측면과 컴퓨터를 응용한 모형을 사용했으며 혀의 몸통을 조직적으로 움직였다. 포르만트주파수의 값은 성도의 길이와 형상에 따라 달라지기 때문에(Fant, 1960) 성도의 모형은 포르만트주파수 계산을 위해 사용될 수 있다. 스티븐스는 사람들이 서로 다른 모음과 [g]·[k]와 같은 연구개자음을 만들 때, 둥근 혀는 거의 변형되지 않은 몸체로서 움직인다고 언급하였다. [i]·[u]·[a] 모음들과 [g] 연구개자음을 만들어내는 데 혀의 위치설정에 작은 오류가 발생하더라도 해당 모음과 자음들의 포르만트주파수의 근본적 수치를 변형하지 않는다는 사실을 발견하였다. 이런 오류는 구강형상에 있어서의 변화들로서 혀의 위치설정에서 발생한 실수로 생긴 것이다. 따라서 이런 실수는 입의 안쪽을 형성하고 있는 인두형상에 있어서의 대응적 변화들로 상당부분 상쇄된다. 만약 혀의 몸통이 앞으로 움직였다면 구강의 길이를 짧게 하게 되지만, 동시에 자동적으로 인두의 공간을 다소 길게 고치는 움직임을 유도할 수 있게 된다. 또한 스티븐스는 모든 영장류 초후두부성도에 의해 만들어 질 수 있는 [b]·[p]·[d]·[t]·[s] 자음들의 비연속적 음성들의 모형을 만들었다. 이들 음성은 음향적인 돌출현상을 갖추고 있으며, 안정성을 띄고 있다고 할 수 있다. 그 이유는 이들 자음들은 인간과 기타 모든 영장류 입술과 혀끝을 사용하는 유사한 방법을 통하여 생산될 수 있기 때문이다.

### 3. 발음의 암호화

인간이 데이터전송률에 있어서 다른 어떤 영장류보다 3배에서 10배까지 더 빠른 속도를 보인다는 사실은 강력한 선택적 이점이라고 할 수 있다. 빠른 의사소통의 가치는 문화적 복잡성과 함께 증가할 수 있다. 빠른 말 의사소통은 심지어 '단순한' 문화적 환경 내에서도 생물학적 적합성에도 기여할 수 있다. 제대로 기호체계를 갖춘 문장과 전혀 기호체계를 갖추지 못한 음성신호를 전달하는 경우에 기대해 볼 수 있는 선택적인 가치를 고려해 보자. 예를 들어, 'There are two lions on behind the rock and the other in the ravine'과 'lliooonn roooсkkk'을 전달해 보면, 분명히 선택적인 가치에서 확실한 차이가 있음을 알게 될 것이다.

음성으로 빠르게 의사소통을 진행하는 다른 수단들도 진화과정을 겪었다. 조류들이 상호 의사소통을 시도할 때 이용하는 순음조를 빠르게 변화하는 것을 보아도 알 수 있다. 그러나 영장류에 속하는 인간은 언어가 아닌 음성 대상을 식별할 때 초당 7개에서 9개 항목을 초과하지 못하는 한계점을 가지고 있다(Miller, 1956). 포르만트주파수변화와 소리의 시작을 알려주는 스펙트럼의 표식과 같은 또 다른 단서(Blumstein and Stevens, 1979)로 말을 기호화하는 것은 해부학적으로 보면 현대인간의 신속한 음성의사소통의 기초이며 이 과정은 인간 초후두부성도의 특성과 밀접한 연관성을 보여준다.

## 발화는 성도의 진화를 위한 선택적인 힘인가?

학자들 사이에 인간의 성도가 비록 인간의 말음성 전체를 생산하기 위해 필수적이라는 학문적 동의가 있다고는 하지만, 성도와 두개골 기초구조가 말을 생산하는 것과는 어떤 관련성도 없음이 많은 학자들에 의하여 제기되었다. 두개골 기초와 성도의 형태학적 특징은 직립자세 또는 원시인류의 두뇌용적 증대에 적응하면서 만들어진 것이라고 볼 수 있다. 그러나 성도의 발달과정에서 일어나는 비정상적인 부분에 대한 연구들을 바탕으로 성도와 두개골 기부와 말의 생성 사이의 상관관계를 부정하는 주장을 반박하는 실험을 가능하게 해 줄 수 있다.

인간의 신생아들은 인간 이외의 영장류가 가진 기도와 매우 흡사한 구조를 가지고 있다. 아기들이 정상적으로 성장하는 동안에 입안의 구개는 두개골의 밑바닥을 따라 차츰 뒤쪽으로 이동한다. 성장을 바탕으로 한 주요 변화들은 3개월이 될 때까지 발생하며, 이런 과정은 대략 5살까지 빠른 속도로 계속되며, 실제로는 청년기까지 끝나지 않고 진행되기도 한다. 다만 애퍼트—크루존증후군(Apert's and Cruzon's)을 앓고 있는 사람들의 초후두부성도는 비정상적이다. 신체의 성장과 함께 구개가 두개골 기부(基部)를 따라 설상골(楔狀骨)을 따라 움직이지만, 이런 성장양상은 정상적인 어른이 갖춘 정상적인 위치에 멈추지 않고 계속해서 뒤로 이동한다. 카렌 랜달(Karen Landahl)과 허버트 굴드(Herbert Gould)는 말과 밀접하게 관련된 초후두부성도의 영향을 연구하기 위해 세팔로메트릭 X선 사진(정확한 측정을 허용하기 위해서 주의 깊게 조정된)들에 기초를 둔 음향분석과 청각 심리적 검사와 컴퓨터 모델링을 사용한다. 이런 조사는 증후군을 앓고 있는 환자의 음성생산이 자신들의 초후두부성도에 의해서 제한된다는 것을 보여준다. 애퍼트—크루존 증후군의 환자는 정상적인 모음들을 생산하기 위하여 노력하지만, 모음에 따라 설정된 정상적인 포르만트주파수 값을 생산하는 것이 불가능하기 때문에 증후군 환자의 모음은 정상적일 수 없게 된다. 환자들로 하여금 자신들이 생산한 말에 대하여 청각 심리검사를 시행한 결과 모음에 관한 식별력에서 30퍼센트 정도의 오류비율이 있음을 알게 되었다. 음향분석을 통해서도 증후군 환자들이 [i]와 [u] 모음 음성들을 정상적인 소리로 전환하는 것이 불가능하다는 점을 알 수 있었다.

그림 2-5는 애퍼트증후군환자 초후두부성도의 컴퓨터모델링을 거친 결과들이다. 컴퓨터로는 우선 화자가 완전한 근육제어력을 지니고 있을 때 만들어 낼 수 있는 모음의 포르만트주파수를 계산하였다. 이 기술을 통하여 화자가 갖추고 있는 신체적 구조 자체가 말을 음성화하여 생산하는 과정에 끼칠 수 있는 한계성을 측정할 수 있다. 물론

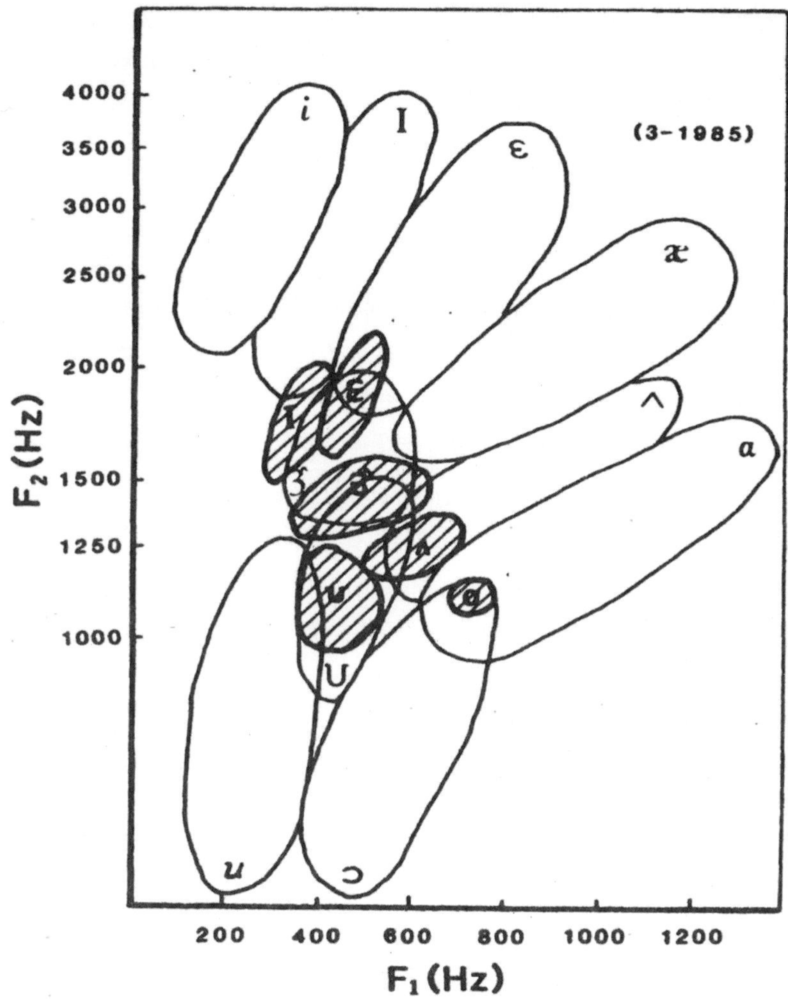


[그림 2-5]
첫 번에 제시된 두 개의 음성파 스팩트럼 주파수는 모음의 F1, F2를 가리키며, 모음들의 상호 질적 차이를 결정하는 요소들이다. 안쪽이 비어있는 둥근회로그림은 F1, F2를 합친 것인데, 그래프의 수평선과 수직선에 표기된 수치에 의거하여 각 주파수를 표기한 결과로서 정상적인 어른의 발음을 대표한다(Peterson and Barney, 1952). 안쪽이 빗금칠이 된 둥근회로 그림은 Apert 증후군을 앓고 있는 환자의 비정상적인 초후두부 음성기관에서 생성된 음성파 스팩트럼 주파수를 가리키는 것이다. 비정상화된 음성기관은 근본적으로 [i] 모음을 생성하기가 어렵다(Landahl and Could, 1986).

화자가 음성화를 하는 과정에서 음성기관을 움직이는 운동 제어에 대한 가능성과 이 기술이 측정하려는 목표와는 전혀 상관이 없다.

그림에서 보듯이 고든 피터슨(Gordon Peterson)과 해롤드 바니(Harold Barney, 1952)의 연구를 통하여 설정한 모음연결 원형고리모양은 정상적인 피실험자들에 의하여 발음된 모음들의 포르만트주파수를 기초로 하여 표시한 결과들이다. 여기서 제시하는 모음연결 원형고리는 F1 대 F2 포르만트주파수가 기록한 2개의 축으로 구성된 도표에 주어진 주파수 수치에 따라 기록한 후, 도표에서 모음위치를 설정한 후 연결된 모음을 원형으로 연결한 결과이다. 즉 도표의 양 축은 F1·F2의 주파수를 비교한 도표로서 F1의 값은 수평선상에 기입되며, F2는 수직축선 상에 표시된다. 음향음성학에서 조사된 바에 따르면 모음의 포르만트주파수 표식은 크게 F1·F2·F3로 나타난다. 이들 주파수는 상하로 띠를 형성하면서 주파수 표시로 제시되는데, 음향학적으로는 F1·F2 두 포르만트주파수들로 모음의 본질적인 음질이 결정되는 것이 가능한 것으로 설명된다. 예를 들어, 화자는 [ɪ] 고리 안의 F1값과 F2값에 해당하는 포르만트주파수들은 [ɪ]의 특성을 가리킨다고 보는 것이다. 따라서 이 원 내부에 속하는 주파수를 지니는 모음은 어떤 것이라도 bit에 포함된 [ɪ]모음을 생산하는 것이 된다. 그러므로 도표에서의 원형고리는 영어의 모음들을 생산할 때 표시되는 포르만트주파수를 조합한 것이라고 할 수 있다. 피터슨과 바니가 제안한 원형'고리들'은 사실 보다 많은 역할을 담당한다. 원형고리형태는 영어뿐만 아니라 다른 언어를 위해 반복되어 사용되기도 하였다. 따라서 이들 실험 결과들을 총망라하여 생각한다면 도표의 결과가 마치 인간들이 사용하는 언어 내에서 사용되는 모음의 주파수 범위를 보여 주는 것이라고 할 수 있다. 인간의 언어들 중 영어 이외의 다른 언어에서 모음에 대한 실험을 수행해 보면, 언어에 따라 모음들은 다른 형태의 '모음공간'으로 분류될 수 있지만, 모음들이 보여 주는 공간은 전체적으로 따져 볼 때 형태의 차이와 달리 양적인 측면에서는 거의 같다(Lieberman and Blumstein, 1988).

도표에서 원형고리의 가운데 쪽에 진하게 표시된 영역들은 애퍼트 증후군 초후두부성도가 만들어낼 수 있는 포르만트주파수 패턴을 나타낸다. 이 주파수는 증후군을 겪고 있는 피실험자에게 모음을 정상적인 성도의 위치에서 가장 완벽한 소리로 형성하도록 실험자가 역으로 환자에게 교란을 시도하는 과정이 포함된 상황에서 얻어진 수치들이다. 도표에서 모델화된 애퍼트증후군 성도를 모델화하고 소리를 만들었을 때 이 모델에서 나온 [i] 모음은 실제 정상적으로 발음되는 [i] 모음 원형고리에 포함된 포르만트주파수 수치들 중 어떤 것도 발생시킬 수 없고, 더욱이 [u] 모음의 경우에는 [u] 모음 원형고리에는 겨우 걸치듯이 표시된다는 사실에 주목할 필요가 있다. 그래도 가능해 보이는 [u] 모음은 짧은 성도를 지니는 사람이 내는 발음의 수치와 일치할 것이며, 긴 성도들을 지닌 사람들에 의해 정상적으로 만들어진 모음들인 [ɪ]·[ɛ]·[ʌ]·[a] 모음들과는 일치하지 않는다. 그러므로 애퍼트증후군 성도가 정상적인 [i] 또는 [u]를 만들어낼 수 없다는 결론을 내릴 수 있다. 애퍼트증후군 성도가 음성한계까지 내몰리면서 만들어 낸 소리들을 기초로 조성된 컴퓨터모델화된 도표가 애퍼트증후군 환자가 실제로 만들어낸 포르만트주파수와 사실상 동일하기 때문에 환자가 자기의 성도로 소리를 생성할 때 성도 구조학적으로 주어진 역량을 최대로 사용한다는 사실을 알 수 있다.

앞서 본 데이터들 및 다른 병리학과 정상적인 유아, 유인원으로부터 유래된 데이터들을 보면 [i]·[u] 모음을 생산하기 위한 자연적 선택이 인간의 초후두부성도진화에 역할을 담당하였다는 가설이 타당하다는 것을 어느 정도 알 수 있게 된다. 조사결과로 인하여 인간의 초후두부 성도가 상대적으로 정상적인 배치를 형성하고 있을 때 최대 포르만트 주파수 범위를 산출해낸다는 것을 알 수 있다. 이와는 대조적으로 '정상적인' 성인의 입 구조를 토대로 구개의 배치가 전방(Lieberman et al., 1972) 또는 후방에(Landahl and Gould, 1981) 치우친 구조로 된 성도의 조건에서는 포르만트주파수가 감소된 패턴으로 나타나는 것을 발견할 수 있다. 씹기처럼 구강에서 힘을 재분배해야 하는 것과 같은 입의 운동과 관련된 다른 요소들은 아마도 인간의 구개나 하악골을 재구성하는 내용과 관련되어 있는 것 같다. 그러나 비정상적인 애퍼트증후군이나 크루존증후군의 상태가 직립이면서 두 발로 걷는 동물의 자세나 운동에 불리하게 작용한 것도 아니고, 두뇌의 크기를 감소시키는 것도 아니기 때문에 앞서 언급하였던 재구성의 과정도 이런 구조를 갖춘 동물들의 운동력과 두뇌의 크기가 주요한 요인들은 아니었을지 모르겠다.

## 원래 모습의 네안데르탈인들

인간의 말 진화에 관해서 명확한 진술을 원한다면 결국 인간의 진화와 관련성이 있는 화석기록을 해석해야 한다. 지난 20년 동안 다양한 화석인류(사람과(科) 동물)들의 성도복원에 초점을 맞춘 상당한 노력과 다수의 논쟁이 있었다. 특이한 점은 논쟁이 가장 격렬했던 사안은 최초로 고대인류로서 인식되었던 네안데르탈인의 화석들에 관한 내용이었

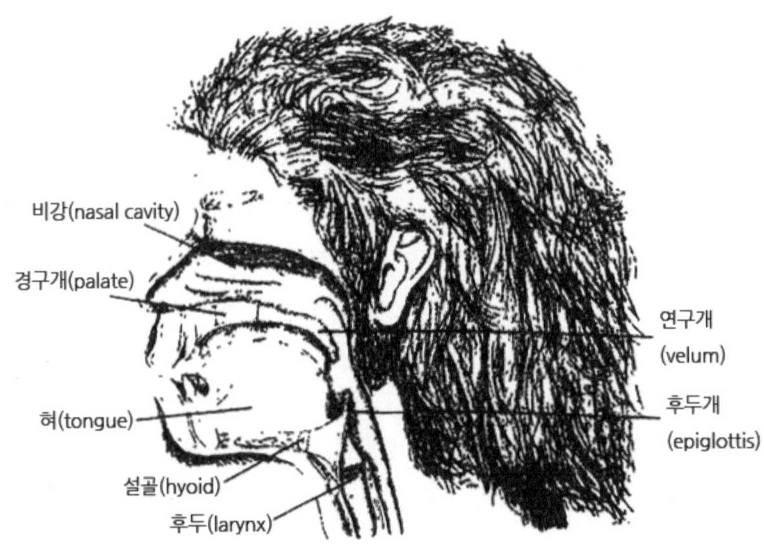


[그림 2-6]
La Chapelle-aux-Saints 네안데르탈인 화석을 기초로 복원한 공기가 흐르는 길의 그림이다. 일단 구강 내부에 완전하게 들어있는 혀의 모양을 주시해 보자. 후두부는 위치가 높고, 입 안쪽에서 공기가 비강으로 흐르는 초입새에 가깝다. 초후두부 음성기관은 구조적으로 볼 때 현대인간의 초후두부 구조보다는 인간이 아닌 영장류인 유인원에 더 근접해 있다.

다. 네안데르탈인은 신체 구조학적으로 볼 때, 현대인류를 가리키는 호모 사피엔스와는 분명하게 구분되면서 인간부류에 속하는 '사람과(科)' 동물들의 큰 집단이기도 하다. 또한 네안데르탈인은 대략 35,000년에 완전히 사라질 때까지 유럽과 현재 중동이라고 일컬어지는 남서부 아시아에 걸쳐 살고 있었다.

1960~70년대 동안 몇몇 연구들은 네안데르탈인의 신체를 형성하고 있던 해부학적 구조가 현대인류의 변종 중 하나라고 보아서 이들 최초 인류를 인간의 범주에 속한다고 주장하였다. 그러나 이런 부류의 연구자들은 네안데르탈이란 용어를 125,000년과 35,000년 정도의 기간에 살았으리라고 추정되는 인류의 화석을 지칭하는 데 적용하였다. 이 화석들 중의 어떤 것들은 현대인류의 골격과 매우 유사하지만, 확실하게 네안데르탈인으로 구분된 화석은 근본적인 차이를 가지고 있다. 에릭 트링크하우스와 윌리암 하우웰스(Eric Trinkhaus and William Howells 1979)는 심지어 현대 호모 사피엔스의 가장 초기 표본들에 있어서 조차 "간단하게 말하자면 네안데르탈인의 복잡한 특성들의 거기에 있진 않다"라고 언급했다(p. 129). 손가락뼈·복사뼈 관절·견갑골(肩胛骨)·하체 골절구조를 포함한 네안데르탈인 화석들이 보여 주는 많은 골격 특징은 현대인간의 골격구조와 근본적으로 다르다. 비록 그들이 완벽하게 직립으로 걸었고, 현대인류와 유사한 크기를 유지하고 더욱 큰 두뇌들을 지니고 있다고 하더라도(Holloway, 1985), 네안데르탈인들은 또한 인간과 다른 초후두부성도를 지니고 있었다. 그 결과 이처럼 네안데르탈인이 완전하게 다른 성도 구조를 지니고 있다는 사실은 직립과 뇌의 성장이 현대인간이 지닌 성도 구조를 형성하는데 중요한 조건이 된다고 보았던 주장들을 재고하도록 계기를 마련해 줄 뿐만 아니라 네안데르탈인과 현대인류가 확실하게 서로 다른 존재임을 확인시켜 줄 수 있는 중요한 이유가 될 수 있다. 화석인류의 초후두부성도들을 복원하려는 첫 시도는 빅터 네거스와 아더 케이스에게 공을 돌려할 할 듯싶다. 『비교해부학과 후두의 생리학』(The Comparative Anatomy and Physiology of the

Larynx, 1949)에서 네거스는 모든 포유동물의 초후두부성도가 성인 인간의 초후두분 구조와 다르다는 사실을 처음으로 논증하였다. 그 후에 네거스와 케이스는 네안데르탈인 화석의 초후두부기도를 복원하였고, 네안데르탈인에게 인간의 혀와 인두가 결핍되어 있다고 결론지었다. 도리어 네안데르탈인의 후두 위치와 혀의 형상은 침팬지의 후두구조에 더 가까웠다. 안타까운 점을 들자면 네안데르탈인 복원의 세부사항들이 세세하게 열거되지 못했다는 점이지만, 꼭 짚고 넘어가야 할 것은 비록 네거스와 케이스가 자신들의 연구내용에서 둥근 인간의 혀 구조와 인두의 역할이 인간언어 발전에 핵심임을 눈치 채지 못하였음에도 불구하고 에드먼드 클레린(Edmund Crelin)과 본 저자가 1971년에 행했던 것과 똑같은 결론에 도달했다는 사실이다. 인간의 신생아·침팬지·라—샤펠—오—샹 네안데르탈인 화석의 두개저(頭蓋低)와 하악골(下顎骨)의 비교연구들에 기초하여 진행되었던 클레린의 복원은 모습은 인간 이외 존재에 대한 후두구조를 만든 것으로서 그림 2-6에 제시되어 있다.

앞에서 언급한 바가 있는 컴퓨터모델링 기술이 복원된 네안데르탈인 기도의 음향출력을 측정하기 위해 사용되었다. 다만 성도는 목관악기류 기기와 유사하기 때문에 컴퓨터모델링으로만 성도의 기능을 평가할 수 있는 것은 아니다. 복원된 네안데르탈인 기도의 구조적인 특성들이 반영되어 생성된 음의 특징은 관 형태의 목관악기 형태를 만들고 악기의 리드와 동일한 장치로 전체를 자극하여 만들어진 소리를 통하여 복원된 성도모델의 기능을 평가할 수도 있다. 그러나 컴퓨터모델링을 응용하면 더욱 빠르며, 정확하게 결과를 얻을 수 있다. 네안데르탈인 기도의 출력은 인간 이외의 영장류 그리고 인간의 신생아 기도와 아주 유사하다(Lieberman, 1968; Lieberman, Crelin, and Klatt, 1972). 그림 2-7은 컴퓨터모델링의 출력을 보여준다. 원형고리들은 영어의 모음을 만들어내는 F1과 F2의 포르만트주파수조합들이다. 원형고리들의 모양들은 복원된 네안데르탈인의 성도를 교란시키는 과정에서 얻어진 포르만트의 수치로 형성된 것이다. 특히 복원된 성도가 만들어내는 소리를

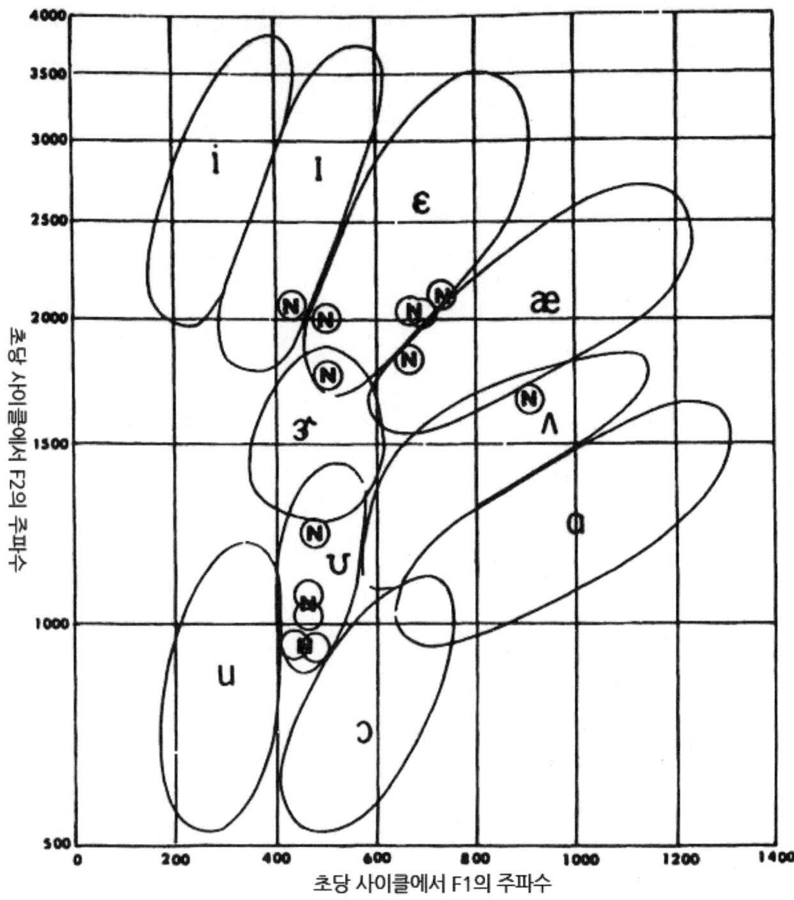


[그림 2-7]
La Chapelle-aux-Saints 네안데르탈인 화석의 복원을 기초로 초후두부에서 생성된 모음의 발화를 컴퓨터를 토대로 구성한 그래프이다. 그래프에서 Ⓝ 표시가 있는 둥근회로그림은 정상적인 어른이 발성한 발음들의 전체 분포를 모두 표시한 것이다. 네안데르탈인의 음성기관은 원천적으로 영어모음 [i], [u], [a]를 발음할 수 없음을 알 수 있다. 네안데르탈인의 복원 모델과 인간의 발성기관인 후두부와 설골에 적용시켜 보면, 과거 모델의 음성적인 한계가 인간과 다른 혀의 구조에 원인이 있음을 알 수 있다(Lieberman and Crelin, 1971).

교란하는 방법을 설명하자면, 복원된 성도모델에서 생성되는 음성의 주파수를 해당 음성의 본래 주파수에 가장 가깝게 다가갈 수 있도록 유도하는 방법으로 진행된다고 보면 된다(Lieberman and Crelin, 1971). 네안데르탈인의 성도는 [i]·[u]·[a] 모음들을 생산해 내기 위해 필요한 내부구조를 형성하지 못하였다. 네안데르탈인의 말은 비음화된 채로 발음되었고, 이런 점이 음성에서의 오류를 더 많이 만들어냈을 것이다. 네안데르탈인들이 현대인류들처럼 완전한 지각능력을 지녔었더라면, 말로 통하는 의사교류는 현재 일반성인이 음성으로 의사교류를 하는 것보다 최소한 30퍼센트는 더 높은 오류비율을 보여 주었을 것이다.

컴퓨터모델링을 통해 보더라도 네안데르탈인들은 발화 또는 언어를 사용하였던 것 같다. 다만 [i]·[u]·[a] 모음과 연구개 자음을 제외하고는 네안데르탈인이 음성으로 생성하였던 나머지 음성은 비음화라는 변형을 거칠 수밖에 없는 신체해부학적 성도구조를 가지고 있었다. 또한 네안데르탈인들은 아마도 상당히 발달된 언어와 문화를 가지고 있는 것 같다. 라-샤펠—오—샹 네안데르탈인 화석은 프랑스의 저명한 인류학자 마르셀린 보울(Marcellin Boule, 1911~1913)에 의해 상세히 묘사되었다. 그것은 '전형' 네안데르탈인 화석이었다. 라 샤펠 네안데르탈인은 대략 50,000년 전 쯤에 프랑스 남서부의 작은 동굴에 묻혔으며, 같은 위치에 많은 석기들과 동물의 뼈들로 포함되어 있었다. 화석의 주인은 죽기 전까지 치아의 대부분을 잃었고 관절염을 알고 있었다. 이처럼 신체적으로 불리한 상황에서도 살아 있었다는 점을 보면, 네안데르탈인은 침팬지들과 확실하게 달랐음을 알 수 있다. 그 이유는 침팬지는 유인원에 속하기는 하지만 집단의 약한 일원들을 돕지 않기 때문이다(Goodall, 1986). 복잡한 석기들과 불의 사용은 네안데르탈인 생활의 또 다른 특징이었다. 게다가 추운 기후에서 살았었기 때문에 아마도 옷을 입었으리라 추정되기도 한다. 어떤 학자들은 상당히 복잡하면서도 나무틀 원형을 잡고 그 위에 가죽을 입힌 은신처를 만들었을 것이며, 예술도 있었다고 믿는다. 이처럼 비록 영화 속에서는 네안데르탈인을 야만적인 짐승으로 묘사하고 있지 않지만, 그들에게는 여전히 인간의 말이 존재하지 않았음을 알아야 한다. 그 이유는 네안데르탈인들은 인간의 성도를 가지고 있지 않았기 때문이다.

## 네안데르탈인에게 현대인의 성도를 부여하기

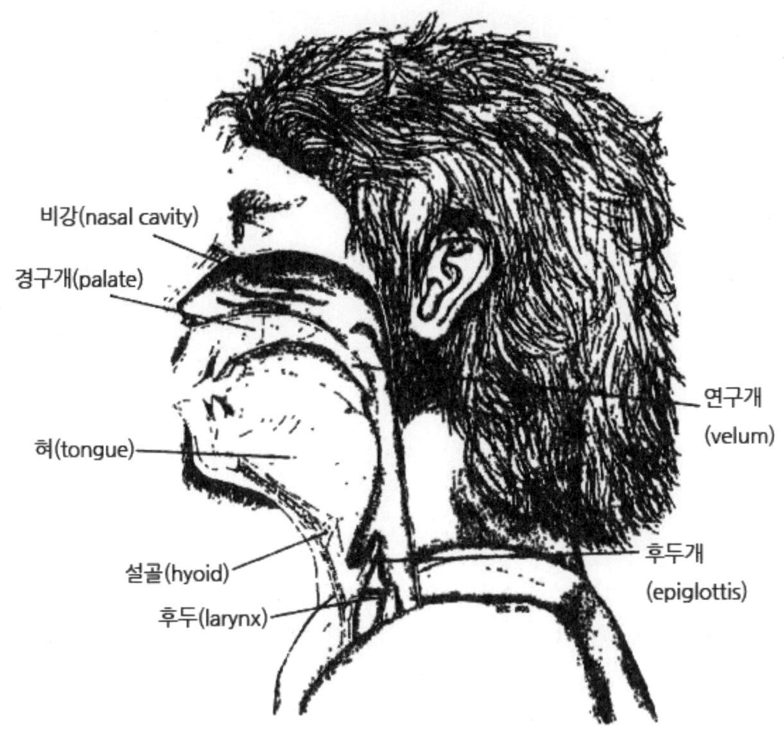


[그림 2-8]
La Chapelle-aux-Saints 네안데르탈인 화석의 복원에 인간의 음성기관을 적용시키면 비로소 완벽하게 인간의 소리들을 모두 발성할 수 있게 된다. 즉 혀의 구조 중 후반부가 둥근 원형을 하도록 하고, 혀의 일부를 구강에, 나머지를 인후부에 있게 해 준다. 네안데르탈인의 구강을 매우 길게 만들어 본래의 모습을 재구성하면, 결국 인후부가 길어져야 하며, 이런 구조는 후두부를 가슴 부위에 있도록 하는 양상으로 귀결되어진다.

초후두부기도를 복원하는 시도(Lieberman, 1984를 참고)와 관련된 골격 특징을 연구하는 많은 논의결과들 중에서 일부 연구(Falk, 1975; Dubrul, 1977; Arensburg et al., 1989)들은 네안데르탈인들이 말음성들의 완전한 범위를 만들어낼 수 있는 현대인간의 초후두부기도에 가까운 완벽한 구조를 갖추고 있었다고 주장했다. 그러나 네안데르탈인의 기도구조가 현대인류와 동일하다는 주장이 불가능하다는 것을 논증하는 것은 그렇게 어려운 일이 아니다. 인간의 초후두부성도와 두개저에 나타난 특징을 바탕으로 현대인류와 고대인류를 어렵지 않게 구별할 수 있다.

만약 네안데르탈인들이 인간의 말을 사용하였다고 주장한다면 네안데르탈인 화석에 현대인의 초후두부성도를 부여해야 하는데, 그럴 경우 구강의 밑바닥과 인두부위의 전방에 있는 벽을 모두 덮고 있는 전체적으로 구부러진 혀의 덩어리 구조를 가정해야만 한다. 독자적인 연구들 중 많은 결과들(예를 들어, Russell, 1928; Perkell 1969; Ladfoged et al., 1972; Nearey 1978)은 입의 안쪽에 위치한 인간 혀의 뒷부분의 윤곽이 거의 원형이라는 것을 증명하고 있다. 결과적으로는 입안에 있는 혀가 움직일 수 있는 영역은 입천장(경구개)과 후두의 꼭대기(후두개) 사이의 수직거리와 같다고 볼 수 있다. 이것은 현대인류의 초후두부성도를 보여주는 그림 2-4에서 분명히 나타난다.

현대인간 내의 후두는 결과적으로 낮은 위치에 있지만, 여전히 목 안에 놓여 있다. 휴지상태에서는 후두부 구멍은 다섯 번째와 여섯 번째 경부(頸部) 척추골 사이에 있다. 그림 2-8에는 인간의 척추와 혀를 소지하고 있는 라—샤펠—오—샹(네안데르탈인의) 두개골이 제시되어 있다. 치아들로부터 입의 뒷부분까지의 거리가 크기 때문에 인간의 혀 모양의 반경 또한 네안데르탈인의 해골에 적합하게 크기가 커야만 한다. 그렇지 않으면 네안데르탈인은 아마 음식을 삼키지 못할 것이다. 인간 혀의 후부 윤곽모습이 둥글기 때문에 길이가 길어진 구강은 동등한 비율로 길이가 커진 인두를 요구할 수밖에 없다. 길이가 긴 구강은 동등하게 긴 인두를 필요로 한다. 결과적으로 후두가 네안데르탈인 가슴 내부인 목 아래쪽인 가슴에 위치된다. 이렇게 만들어진 원형의 복원결과는 있을 수 없는 생물을 만들어냈다. 어떤 포유류도 가슴 내부에 후두를 가지고 있지 못한다. 따라서 모든 과정을 종합하여 볼 때 네안데르탈인의 화석이 현대인류가 보여 주는 혀나 성도를 지니고 있지 않다고 결론지어야만 적절한 답을 얻게 된다.

앞서 보았던 인간—네안데르탈인 초후두부성도의 복원은 가능한 모든 수단을 이용하여 인간의 혀를 네안데르탈인의 긴 구강 구조에 적응시키려는 시도라고 할 수 있는데, 혀와 인두는 성인여성의 구조와 유사하다. 현대인을 보면 혀 모양에 관하여 동종이형의 근소한 등급이 있는데, 남자들의 인두길이가 약간 더 긴 경향이 있다(Fant, 1960). 네안데르탈인의 척추는 현대인간의 척추보다 더 짧다(Boule 와 Vallois, 1957). 우리가 한 때 제안되었던 것처럼 전형적인 네안데르탈인이 뉴욕 지하철을 타고 있는 승객들과 전혀 다를 바가 없다고 우긴다면, 이 모든 요소들은 후두를 네안데르텔인의 가슴 내부에 더 낮게 위치시킬 것이다.

인간이 아닌 다른 동물의 구강구조에서 알 수 있듯이 기다란 입 구조가 네안데르탈인으로 하여금 인간과 동일한 혀를 가질 수 없게 하기 때문에 네안데르탈인은 현대인의 성도를 가질 수가 없었다. 빅터 네거스(Victor Negus, 1949, p. 26)는 이 사실을 인지하고는 인간의 후두가 목 아래쪽으로 움직이는 강하(降下)이동을 '턱의 후퇴(두개골의 기부(基部)를 따른 구개와 하악골 뒷부분의 이동)' 탓으로 돌렸다. 그러나 다른 인류학자들은 이와 같은 해부학상의 제약을 고려하지 않은 채 인류의 화석을 복원하려고 계속해서 시도하였다. 바루크 아렌스버그(Baruch Arensburg, 1989)를 앞세운 연구팀은 긴 하악골을 가진 케바라 네안데르탈인 화석이 완전한 현대식의 성도를 가졌다고 주장하였다. 자신이 주장하는 바를 현대인류와 유사하다고 주장한 화석의 설골(舌骨)뼈에 초점을 두었다. 그러나 설골 뼈는 신체의 다른 어떠한 뼈나 후두에도 단단하게 붙여지지 않아서 해당하는 뼈구조가 어떻게 홀로 성도의 형상을 나타내는지를 보는 것은 어려운 일이다(Lieberman et al., 1989). 또한 케바라의 (네안데르탈인) 설골이 현대인의 설골과 실제로 유사한지는 명확하지 않다. 아렌스버그와 동료들의 주장은 통계적 비교에 기초하고 있지만, 그들 자신들의 분석은 케바라의 설골을 인간영역 외부로 돌리는 우를 범하게 된다. 연구자들이 제시한 다섯 가지의 측정 중 세 가지에 대한 인간설골 범주의 표준편차가 2 내에 속해야 하지만, 케바라의 설골은 그 영역에 속하지 못하였다. 더욱이 만약 우리들이 똑같은 기준을 사용하여 동물의 설골 구조를 비교해 보면, 돼지의 설골이 인간의 구조와 더 가깝다는 결과가 도출되기도 한다. 따라서 이 측정 기준들의 중요성에 의구심을 가질 수밖에 달리 생각할 여지가 없으며, 따라서 수치로만 확인된 사실에만 근거하여 언어수행 능력을 주장하게 된다면, 본 결과를 얻은 사람들은 자신 있게 돼지가 말을 할 수 있다고 강력히 주장할지도 모르겠다.

## 성도복원하기를 위한 양적 방법

위에서 논의했듯이 네안데르탈인의 두개골을 현대인류의 초후두부에 연관시키려는 질적인 규명을 위한 시도들이 네안데르탈인의 화석 분석으로는 현대인의 성도가 형성된 과정을 충분하게 지원하지는 못하지만, 또한 질적인 설명을 위한 시도 자체가 화석기록에서 찾을 수 있는 변화를 총망라한 범위의 모든 내용을 확실하게 밝히는 데에는 충분하지 않다. 다만 조금 안심할 수 있는 일이 있다면 다행히도 많은 양적 방법들이 개발되었다는 사실이다. 양적 방법들을 바탕으로 우리는 많은 호미니드(사람과科 동물)에 해당하는 화석들로부터 말하기 능력에 대한 타당한 추론을 시도할 수 있게 되었다. 이 방법들은 멸종된 동물의 연조직(부드러운 조직)의 복원이라는 공통된 절차를 이용하고 있다. 일단 멸종된 종들에 대한 추측은 화석 중 두개골 구조와 형태적으로 유사하고 지금도 생존하고 있는 동물들의 두개골의 비교를 통하여 확인해 보고, 화석 외부를 형성하고 있었으리라고 추정되는 연조직을 추론하는 과정을 거치게 된다.

이런 방법의 적용방식은 성도복원뿐만 아니라 공룡들이 걸었던 방법을 복원하는 데 그대로 사용되었다. 결국 살아 있는 동물들의 구조를 통하여 과거에 멸종된 동물의 구조를 다시 복원하는 방법이 과거 인류의 언어 생성구조를 재생하는 역할을 담당한다. 근육은 언제나 뼈 위에 흔적을 남기며, 생존하는 동물들 사이에서 멸종된 종의 화석과 닮은 존재를 발견할 수 있다. 도마뱀의 다리뼈와 근육 사이의 관계들은 공룡의 다리근육 복원의 지표가 될 수 있다. 오늘날의 유인원, 인간 중 성인과 신생아들의 두개골과 성도 사이의 관계를 관찰함으로써 두개골 구조와 연조직의 구조적인 관련성을 충분하게 이해할 수 있다. 그림 2-9는 이 연구에 사용되었던 두개골 형상들을 보여 주며, 이와 대응되는 치수를 침팬지의 해골에서도 찾을 수 있다(Laitman, Heimbuch and Crelin, 1979; Laitman and Heimbuch, 1982). 통계적인 분석을 보면 입 내부의 경구개와 척추 사이의 거리(B 지점과 E 지점사이의 거리), 두개골 기부의 굴곡이 후두의 위치와 혀의 형상에 관련되어 있음을 알 수 있다. 또한 두개골 기부의 굴곡(두개저)은 후두골의 기부와 비강으로 가는 입구 사이에 형성된 각에 의해 규정되어 진다(선 BC와 CE 사이의 각도).

구개 끝 부분과 척추 사이의 거리는 인간에 속하지 않는 영장류와 인간 신생아의 성도 내의 후두가 호흡위치로 올라갔을 때 상황에 적응시키기 위해 길이가 길어야 한다. 이와 대조적으로 꽤 성장한(대략 10세부터) 현대인간들에서는 B지점과 E 지점 사이의 거리가 짧으며, 선 BC 와 선 CE 사이의 각도가 크다. 이와 같은 현대인의 특징을 지닌 화석 두개골에 인간 존재 이외의 성도를 부여하는 것은 불가능하다. 간단히 말하자면 후두 뒤에 있는 인두와 함께 후두를 기부에 가깝게 위치시키기 위한 충분한 공간이 없다.

## 현대인들과 현대 발화의 기원

인간의 말이 가능하도록 구성된 신체 구조학적인 특수화조건들은 현대인류를 고대 어떤 다른 원인류와 확실하게 구분지울 수 있는 중요한 기준이 된다. 지금까지 발견되었던 초기 현대 호모 사피엔스들의 모든 화석유골은 현대식 초후두부성도를 지원했음직한 두개골을 지니고 있다. 인간진화의 초기과정은 인간 행동양상들(씹기·직립 자세·양족동물의 운동·손을 목적에 맞게 움직이는 손 기동 연습 등)을 강화했던 신체 구조학적인 적응과정을 분명히 포함하고 있었다. 그러나 여러 행동양상들 중에서 인간언어가 호미니드 진화의 마지막 단계를 이루고 있는 것 같다. 그러므로 우리는 화석기록에서 인간의 말을 발생시켰던 두개골의

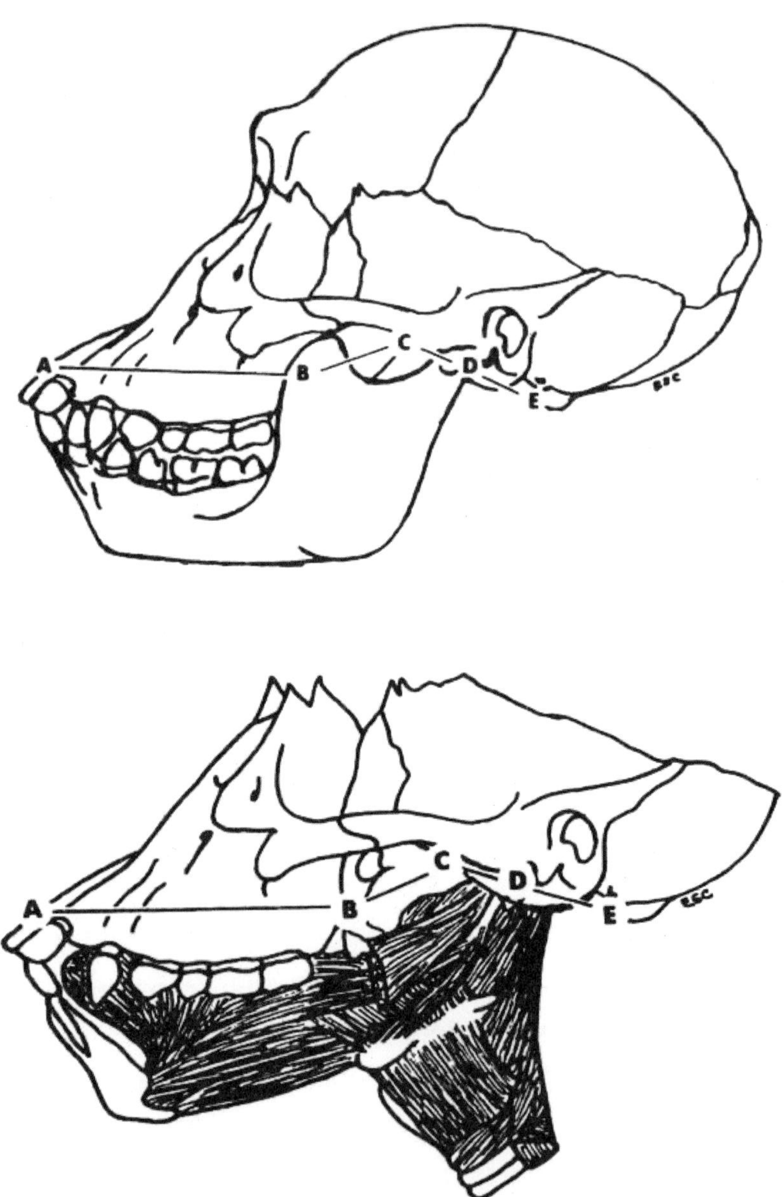


[그림 2-9]
다 성장한 침팬지의 두개골 구조로서 인후와 혀를 표시한 것과 그렇지 않은 것을 보이고 있다. 그림에서는 두개골 하부와 초후두부 음성기관 사이의 길이에서의 차이를 비교하기 위하여 이용되는 두개측정학적 위치들이 표기되어 있다(Laitman, Heimbuch and crelin, 1978). A-치조점(prosthion); B-구개점(staphylion); C-호르미온(hormion); D-쐐기기저(sphenobasion); E-내기저(endobasion)

특징들을 통하여 현대인류의 진화를 거슬러 올라갈 수 있다. 또한 이 특징들 역시 말을 수행하기 위해 요구되는 두뇌장치의 존재에 대한 지표로서 적절할 뿐만 아니라, 이어지는 장에서 논의하는 것처럼 인간의 언어와 인식력 그리고 문화의 진화에 매우 중요한 핵심 구성요소들이다.

그림 2-10에 제시된 화석인류의 일반적인 진화순서는 여러 측면에서나 많은 점에서 살아 있는 영장류를 닮은 오스트랄로피테쿠스 아파렌시스와 다른 오스트랄로피테쿠스계의 존재들과 함께 시작한다. 다만 이들 두 초기 인류들은 다소 더 큰 두뇌, 현대식 손과 골반 부분, 다리, 그리고 직립 양족동물 이동에 적응된 발에서는 차이를 보이기는 한다. 그러나 오스트랄로피테쿠스 아파렌시스와 다른 오스트랄로피테쿠스계의 존재들은 현대인간처럼 오로지 직립 양족동물 이동을 위해서만 적응된 것은 아니었다(Stern and Susman, 1983). 오스트랄로피테쿠스계는 그들 삶의 많은 부분을 나무를 오르는 데 썼을 것이다. 이들이 영장류와 동일한 성도들을 지녔다는 것을 나타내는 오스트랄로피테쿠스계의 두개골 기부는 오늘날 영장류들의 두개골 기부와 거의 같은 모양을 보여준다. 이점에 대하여 만약 그들이 인간의 말을 위해 필요한 복잡한 운동 제어가 자동으로 작동하는 제어과정을 이룰 수 있었다면, 현재 생존하는 인간 이외의 영장류의 음성 해부학적 구조는 아마 복잡한 음성의사소통을 위해 충분한 조건이라 말할 수 있다. 음의 고저 그리고 어떤 포르만트 변화와 패턴의 조절 등이 침팬지의 외침에 반영되어 있는 것 같다(Goodall, 1986). 그러나 음성의사소통의 자발적인 제어를 용이하게 하는 두뇌장치의 진화가 인간의 말 진화의 해답 중에 하나인 것은 분명한 사실이다. 오스트랄로피테쿠스 계열은 아마도 이점에 있어서 오늘날의 침팬지들을 닮았을지도 모른다. 그들은 아마도 몸짓으로 의사를 표시했으며, 발성을 이용하더라도 주어진 정황에서 벗어난 발성을 만들어낼 수는 없었을 것이다. 따라서 몸짓이 오스트랄로피테쿠스계의 관련 있는 의사소통을 위한 일차적 방법이었을 것이다. 그러나 우리는 오직 오스트랄로피테쿠스계의 존재가 말 행위를 위하여

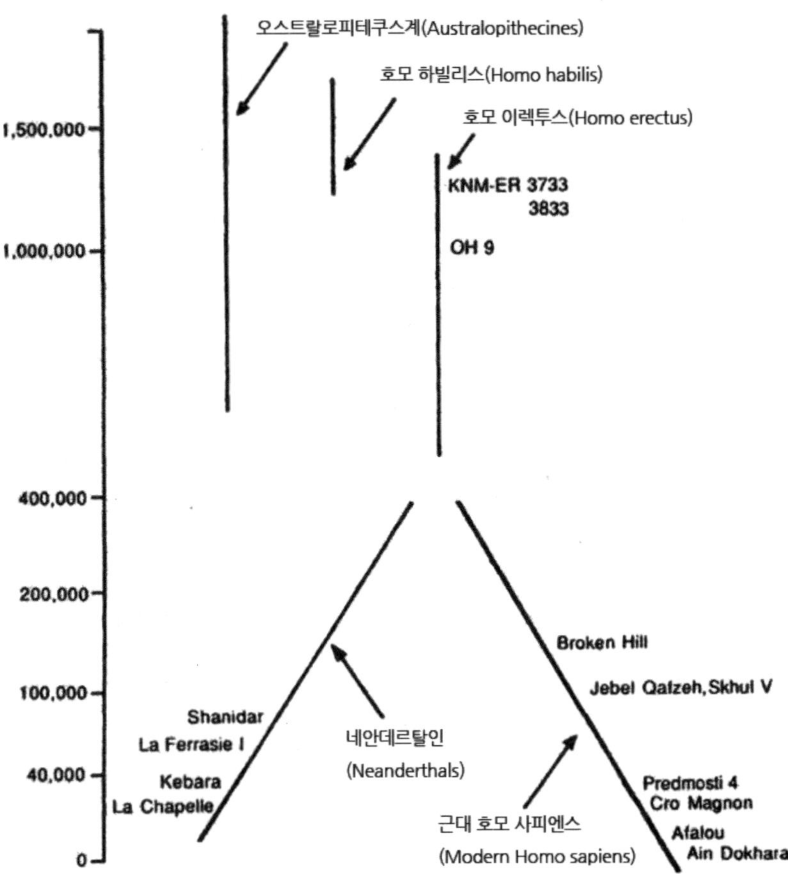


[그림 2-10]
유인원 화석의 진화 순서로서 해부학적으로 현대인으로 분류되고 있는 Homo sapiens의 기원을 비교하고 있다. 카프제와 스쿨 V 화석들은 해부적으로 볼 때 시대의 수치를 기반으로 하면 비교적 현대인에 가장 가깝다고 할 수 있다. 발화를 우선시 하는 경향은 음식물을 씹거나 삼키는 소화 수단을 희생하면서 선택하였으며, 두뇌의 구조 또한 발화에 수반되는 복잡한 조음 과정을 가능하게 하도록 발달하였고, 네안데르탈인은 현대인의 진화흐름에서 옆으로 빗겨 위치하고 있다.

자발적인 제어를 허용하는 두뇌들을 가지고 있었는지 아닌지를 추측할 수 있을 뿐이다.note 3

살아 있는 다른 모든 육상 포유동물의 성도구조의 특성의 첫 번째 주요한 변화는 직립원인(호모 에렉투스)에게서 일어난다. 호모 에렉투스를 대표하는 화석들은 오스트랄로피테쿠스계보다 더 큰 두뇌를 지녔다.

에렉투스화석에 있는 KNM-ER-3733과 같은 두개저의 굴곡부 또한 살아 있는 영장류나 오스트랄로피테쿠스계의 굴곡부위보다 더 크다. 이런 사실은 목 안에 낮게 위치된 후두를 지니고 있었다는 것을 가리킨다. 후두와 두개저의 굴곡부 사이의 연결성에 관하여 실험을 직접 시행한 결과들은 두 부분이 단단히 연결되어 있다는 것을 보여준다. 유아 구강의 두개골 기부의 각진 부분이 세부수술로 증가되면 후두는 더 낮은 부분으로 내려간다. 가상의 호모 에렉투스 초후두부의 기도는 사람이 만들어 낼 수 있는 유용한 비연속적인 말음성을 만들어내기에 충분하지 않지만, 현대인간의 초후두부기도의 형상과는 달리 많은 음식물을 삼키는 것을 방해하지는 않았을 것이다. 긴 하악골과 해당 구조에 상응하는 얼굴의 구조는 씹기에 충분히 적합했을 것이다. 아래쪽 후두의 위치는 아마도 호기성 활동을 용이하게 하는 구강 호흡을 수월하게 하도록 진화했을 것이다.

호흡을 조절하는 두뇌장치들은 후두 위치에 있어서의 변화를 이용하기 위해 자발적인 구강 호흡을 허용해야만 했을 것이다. Table 2-1은 앞서 언급한 가능성을 정리해놓은 것이다.

Table 2-1 발화를 위한 두개골과 신경조직의 적응과정들

**오스트랄로피테쿠스**

유인원에 가까운 성도

인간이 아닌 영장류와 비교하여 발육에서 무결함

**호모 에렉투스**

*KNM-ER 3733*

후두가 조금 하향

자발적인 구강호흡

인간이 아닌 영장류가 발성하는 소리에 국한된 발성

인간이 아닌 영장류에 비하여 삼키고 씹는 기능에 무결함

자발적인 구강호흡을 허용하는 하는 두뇌구조

자동발화조절을 위한 두뇌구조

**해부학적인 근대 호모 사피엔스**

*Broken Hill*

긴 구개구조이나 고정된 두개저(頭蓋低) 구조

인간 발화의 모든 소리 생성이 가능하지만, 안정성이 부족

삼키는 기능에 결함(목이 멤)

자발적 구강호흡을 허용하는 두뇌구조

자동발화조절을 위한 두뇌구조

*Jebel Qafzeh VI and Skhul V*

현대적 두개저

현대적 성도, 인간의 모든 소리 생성

삼키는 기능에 결함(목이 멤)

감염성의 매복치아 구조의 결함

자발적 구강호흡을 허용하는 두뇌구조

자동발화조절을 위한 두뇌구조

**네안데르탈**

*La Chapelle-aux-Saint*

긴 구개구조, 두개저에 연관된 각도로의 삼킴

비음 발성, 비음화 모음 무존재

삼키는 기능 무결점

감염성의 매복치아 구조의 무결함

훨씬 용이하게 씹기

자동발화조절을 위한 두뇌구조

다음 장에서 논의된 많은 연구들이 (Kimura, 1979; Lieberman, 1984; MacNeilage, 1987) 인간의 말생산을 조절하는 두뇌장치들은 아마 원래 주로 연장들을 가지고 수행하는 숙련된 한손 작업을 용이하게 하기 위해 진화했던 것으로부터 유래했을거라 추정하였다. 호모 에렉투스 호미니드(사람과(科)의 동물)가 연장을 사용했고 만들었기 때문에 그들은 아마 최소한 기본적인 자발적 말 제어능력을 소유했을 것이다.

고대 호모 사피엔스의 표본으로 생각되어지는 아프리카의 브로큰 힐 화석은 현대식 두개골의 각도를 지니고 있었다. 그러나 구개가 현대 인간들의 구개길이보다 더 길어서 씹기가 현대인간에게 있어서 보다 더 효율적이었을 것이다. 반면에 화석을 좀 더 살펴보면 전체 구조 측면에서 KNM-ER-3733과 같은 초기의 호모 에렉투스 화석·오스트랄로피테쿠스계·유인원보다 음식을 삼키면서 발생했을 사망의 가능성이 더 높았을 것 같다. 화석의 초후두부성도가 완전히 현대화 된 성도보다 안정성에서는 좀 수준이 낮았고, 여전히 비연속적이지만 일련의 소리들을 생성하였고, 나아가서는 네안데르탈인과 달리 비음화되지 않은 말도 만들어 낼 수 있었을 것이다. 만약 브로큰 힐 호모 사피엔스가 말을 만들어내기 위해 자신의 성도구조를 사용할 수 없었더라면, 상대적으로 훨씬 낮은 수준의 하급생물과 같은 적응과정을 보였을 것이다. 그러므로 브로큰 힐 호모 사피엔스 역시 말과 관련된 자발적인 제어를 허용했던 두뇌도 지니고 있었다고 결론내릴 수 있을 것이다. 자동적으로 말생산의 제어를 허용하는 두뇌장치는 아마 어느 정도까지 존재했을 것이다.

완전히 현대식의 초후두부성도는 대략 100,000년 이전 이스라엘로부터 발견된 예벨 카프제(Jebel Qafzeh) VI과 스쿨(Skhul) V 화석에 존재한다. 이들 화석의 구개길이는 오늘날 인간들과 유사하며, 성도는 안정적으로 비연속적인 말음성을 만들어냈을 것이다. 최근의 이론들은 해부학상 현대의 호모 사피엔스가 100,000년과 40,000년 전 사이에 아프리카의 한 특정한 지역에서 기원했고, 그 후에 중동을 통해서 유럽과 아시아로 흩어졌다고 보고 있다(Stringer and Andrews, 1988). 125,000년 이전 아프리카의 브로큰 힐 화석 내의 현대성도와 기능상 유사한 성도구조의 존재와 100,000년 이전 카프제 VI와 스쿨 V에 있어서 성도구조의 유지와 동화는 이 이론과 상당히 일맥상통 한다고 할 수 있다.[note 4]

반대로 네안데르탈 호미니드가 지구상에서 멸종한 원인은 인간의 말이 결핍되었던 것에 원인을 둘 수 있다. 최소한 네안데르탈인은 효율성이 매우 떨어지는 음성적 의사교류가 상호소통의 전부였다. 말의 음성구조는 더 혼동을 일으키기 쉬웠고, 음성의 전달속도 또한 매우 느렸을 것이다. 이런 언어적 결함은 네안데르탈인이 사라지고 진정한 인류의 조상이 지구를 지배하는 종의 교환에 충분한 이유가 될 수 있을 것이다. 다윈이 제안한 바처럼 "특정한 종이 다른 유기적인 종들과 더불어 외부의 자연과 무한히 복잡한 관계를 맺고 있는 상황에서 변이는 생존을 위한 경쟁이다. 아무리 미비한 것이든 변화를 일으키는 원인이 어떤 것이든 만약 그 변이가 특정한 종들의 객체에 대해 일정한 정도까지 유익한 부분이 있다면, 해당 객체의 보존에 이바지 할 것이다. 또한 이런 변이는 일반적으로 자손들에게 유전되어질 것이다"(1859, p. 61)라는 사실에 유의해야 할 필요가 있다.

결론적으로 말하자면 화석인류(호미니드) 내부에 있는 인간 초후두성도의 존재는 인간의 말을 위해 필수적이며, 말의 자발적인 제어를 허용하고 빠른 운동명령을 수행하는 두뇌장치에 대한 지표라고 할 수 있다. 만약 발성의 자발적 신경제어가 적절한 것이라면, 인간의 말을 위한 특수화가 형성되기 시작한 가장 초기의 단계는 일반적으로 영장류의 초기모습에서 볼 수 있었다. 침팬지를 이용한 연구들은 포르만트 변화와 기본적인 주파수 윤곽선을 사용함으로써 그들이 인간의 말을 인식할 수 있다는 것을 보여 준다(Savage- Rumbaugh et al., 1986). 그러므로 인간 초후두부성도의 생물학적 적응은 주파수 암호화라는 과정에서 데이터가 가중되어 소리가 불분명해지는 상황이 발생하지 않도록 하고, 더 분명하고 비음화되지 않으면서 불연속적인 음성을 만들어낼 수 있게 하였다. 그러나 최소한 말을 마치는 종료지점 표식의 기능을 보더라도 인간의 말이 데이터전달을 빠르게 수행하기 위해서 암호화되었다는 점을 잘 알고 있다. 125,000년 이전에 존재하였던 현대인의 성도와 기능적으로 유사한 성도가 있었다는 사실이 있었다. 그리고 이어서 진행되는 초기 성도구조의 유지와 동화는 자동적이면서 말의 운동에 관련된 활동에 대한 성도표준화 과정과 암호화된 말의 이해를 가능하게 해 주는 두뇌장치의 존재와 일치한다는 사실을 알아야 한다.

# 3장 최신화된 인간 두뇌

UNIQUELY HUMAN

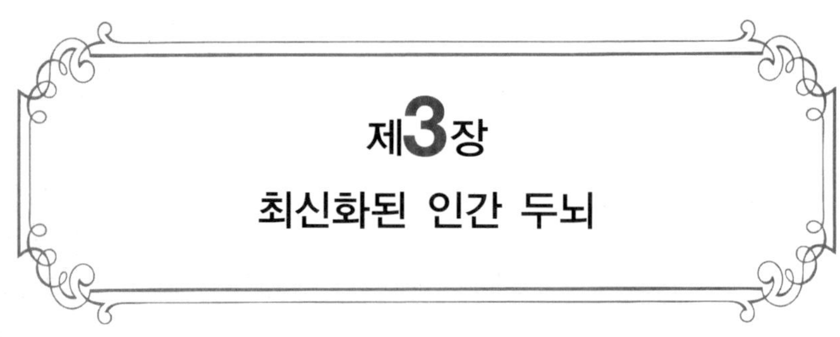

# 제3장 최신화된 인간 두뇌

언어의 진화와 관련한 이론은 어떤 것이든 인간언어능력의 기초가 되는 두뇌장치에 대해 설명할 수 있어야 한다. 여기서 제안된 이론은 두 단계의 진화과정을 포함한다. 첫째로는 인간의 오랜 선조인 고대 호미니드(유원인)의 측면화된 두뇌장치의 진화과정이며, 둘째로는 인지의 측면뿐만 아니라 빠르게 코드화된 인간의 말과 통사론(구문법)을 가능하게 해 주는 두뇌장치의 진화과정을 가리킨다.

이 이론은 제1장에서 논의한 두뇌회로 모형을 따르고 있다. 인간 두뇌는 다양한 활동을 완수하기 위해 서로 다른 회로에서 협동하면서 작동하는 여러 특수목적을 수행하는 장치들로 구성되어 있다. 하나의 특정 장치가 두뇌의 서로 다른 부분들과 관련된 복잡하고도 다양한 연결회로를 통하여 논리상으로는 관련성이 없어 보일 것 같은 다른 측면의 행동에 참여할 수도 있다. 예를 들어, 노먼 게쉰드(Norman Geschwind)는 1965년에 특정한 '운동조절' 영역이 감정적인 반응들 중 특히 두려움이나 분노에 연관된 기능을 조절한다는 사실을 증명하였다. 여러 종류의 행위역할은 두뇌가 진화한 발달과정을 반영하기도 한다(MacLean, 1985). 즉 하나의 특정기능에 알맞게 진화되었던 두뇌장치들은 때로는 다른 목적들에도 적합하도록 발달하였다.

필자가 제안하는 진화 시나리오는 다윈의 모형을 기초로 하고 있다. 노암 촘스키 같은 저명 언어학자들이 언어학 분야인 통사론 분야의 진화가 다윈식의 발전과정(Chomsky, 1972, p. 97; 1980a, p. 3; 1980b, p. 182)으로는 결코 이행되지 못할 것이라고 확신하는 부분만 제외한다면 다윈이론 내용이 그렇게 새로운 내용이 아니라는 점을 알아둘 필요가 있다.

## 1 단계: 두뇌 측면화

인간언어의 신경기저 부분의 진화과정과 관련하여 초기단계를 보면 손 운동을 조절하기 위한 측면화된 장치가 발달과정에 포함되어 있는 것 같다. 대략 인구의 90퍼센트를 차지하는 오른손잡이들은 정확한 조작을 수행하는 것에 오른손을 일관성 있게 사용한다. 오른손을 조절하는 이들의 좌반구는 말을 산출하는 기능도 조절한다. 이런 상황은 왼손잡이들에겐 반대로 나타나며, 왼손잡이의 경우에는 뇌의 우반구가 언어작용을 조절한다.

손의 사용과 언어수행 사이의 연관성은 여러 해 동안 과학자들을 혼동하게 만들었다. 그러나 말의 생성을 연구하는 신경학자 도린 키무라(Doreen Kimura)가 말의 산출을 조절하는 측면화된 두뇌장치가 초기상태에서는 능숙한 손 운동을 촉진하는 장치로부터 진화되었다는 주장을 제기하면서 많은 의문점들이 풀리기 시작하였다. 키무라는 다음과 같은 내용을 주장하였다.

> 도구들을 사용하고 만드는 데 필요한 능숙한 손 운동은 두 팔의 비대칭적인 사용을 요구하며, 현대인에게 이 비대칭성은 체계적으로 나타나는

현상이라고 보았다. 두 손 중 하나인 왼손은 대체로 안정된 균형을 잡는 기능을 하며, 다른 한 손인 오른손은 장작패기처럼 대체로 운동을 주관하는 손동작 역할을 맡고 있다. 다만 동작의 특성상 한 손만 사용하는 경우에는 보통은 오른손이 사용된다. 두뇌기능의 비대칭성이 도구를 사용하는 동안 두 팔의 비대칭적 행위와 함께 발달했으며, 어떤 이유이든 아직 불확실한 것이기는 하지만 뇌의 좌반구가 정확한 손 위치에 전문화되었다고 주장하는 가정은 아주 틀린 것만은 아닌 듯하다. 따라서 [소리 언어를 대신하여] 제스처 체계가 사용될 때를 상기해 보면 의사소통을 위한 동작은 주로 좌반구의 통제를 받게 될 것이다. 만일 말이 실제로 최근에 발달한 것이라고 한다면 이미 정확한 운동조절을 하기 위해 발달된 대뇌반구, 즉 좌반구의 지배 아래 언어의 발달이 이루어졌다고 보는 가정은 꽤 높은 타당성이 있다고 할 수 있을 것이다(1979, p. 203).

키무라의 주장(1979)은 20세기 초에 이루어진 관찰에 근거를 두고 있다(Liepmann, 1908). 주장한 내용에 따르면 좌반구 뇌손상을 겪는 피험자들에게는 한 손의 손가락들과 엄지손가락이 공동으로 작용할 수 있는 새로운 동작을 포함하는 과제가 주어졌을 때, 해당 동작들을 수월하게 수행하기에 어려움이 있다는 사실을 밝혀주었다. 이와는 대조적으로 단순하거나 일상적인 손동작에 대한 과제에는 앞서 언급한 과제에서와 달리 손가락을 움직이는 기능이 전혀 감소하지 않았다.

에릭 레너버그(Eric Lenneberg, 1967) 등의 이론 같은 인간언어의 신경학적 기초에 대한 예전의 이론들은 측면화된 인간 두뇌의 독특함을 강조한다. 그러나 최근자료는 손사용과 관련된 뇌의 측면화가 인간에게만 한정되는 것이 아님을 보여준다. 다른 영장류도 자연적인 조건하에서 손을 사용하는 것과 유사한 선호도를 보여준다(재확인을 위해서 Lieberman, 1984, pp. 66~70; MacNeilage, Studdert-Kennedy and Lindblom, 1987). 한 손만을 사용하는 경향은 동물들 사이에서도 일정 수준의 정확성을 요구하는 작업을 수행할 때 나타나기도 한다. 비록 비인간 영장류의 두뇌가 현대인류의 뇌의 정도만큼 측면화된 것은 아니었지만, 고대인류와 현대인류의 측면화 결과 차이는 시간에 따른 정도로만 보아도 괜찮을 것이다. 또한 인간 두뇌 측면화에 별도의 '특별한' 진화적 과정들이 수반된 것도 아니었다. 이전부터 존재하였던 두뇌의 측면화를 점진적으로 촉진시키는 진화론적 과정에 나타났던 자연선택이라는 현상이 인류의 조건을 생성하였고, 더불어 자발적 음성의사소통을 가능하게 해준 측면화된 대뇌신피질 장치를 발생시켰을 것이다.

## 2 단계: 발화·통사론·사고의 일부 측면들

인간의 통사적 능력은 궁극적으로 단순한 동물의 운동조절과 관련이 있다고 한다. 그 이유는 운동조절을 위한 신경장치의 진화에 연속성이 있기 때문이다(Brooks, 1986). 그러나 인간의 능력은 침팬지처럼 인간과 아주 가깝고 영리한 동물의 능력보다 훨씬 우수하다. 다른 동물들과는 매우 다른 현대인간의 진화에는 도대체 어떤 요인 또는 요인들의 역할이 포함된 것이었나? 분명히 직립자세·도구제작·사회조직 등이 호미니드(유원인) 진화의 특별한 과정을 형성하고는 있지만, (직립자세로 걷고, 도구를 만들고, 아주 복잡한 사회 구조를 가지고 있었을)[note1] 오스트랄로피테쿠스와 같은 초기 호미니드와 현대인에 속하는 호모 사피엔스 사이에 해부학적인 부분은 물론 문화적 차이가 있다면, 현대인간의 언어와 사고의 기저를 이루는 두뇌장치의 진화와 관련하여 분명히 또 다른 요인들이 더 있어야만 할 것이다.

나의 학문적 입장에서는 빠르고 신뢰할만한 의사소통을 촉진시키기 위한 진화의 자연선택 작용이 두뇌장치의 진화(현대인간 두뇌의 진화)의 두 번째 단계를 설명한다고 주장하고자 한다. 의사소통은 기능적 비중을 전기장치들과 두뇌 양쪽 모두를 위한 '회로'에 두고 있다. 디지털컴퓨터를 유용한 도구로 만든 트랜지스터와 반도체장치는 처음에는 의사소통 체제를 위해 개발되었다. 사실 의사소통의 필요 사항은 요구되는 수단이 말을 탄 특사든, 레이저와 광섬유 다발이든 어떤 것이라도 최고 수준의 기술과 문화적 구조를 우선적으로 선점유한다고 주장할 수도 있다. 간단히 말해 효율적이고 신속한 의사소통을 하기 위한 진화과정을 통해 우리의 두뇌는 인간의 통사론 사용능력을 촉진하는 매우 효율적인 정보처리 장치를 갖게 되었다고 할 수 있다. 이 두뇌장치는 인간의 인지능력의 열쇠일 수도 있다. 많은 학자들이 언급했듯이 인간언어는 창조적이다. 언어 중 규칙 지배적인 통사론과 형태론은 새로운 상황을 기술하거나 새로운 사고를 전달하는 '새로운' 문장들을 표현할 수 있도록 도움을 준다. 이처럼 기준의 지식, '규칙' 및 원리를 새로운 문제에 적용하는 능력이 바로 인지능력을 강화시킨 중요한 관건이었다.

## 통사론·부호화·속도

인간언어는 의미 차이를 전달하기 위해 언제나 한 문장에서 단어의 순서를 정하는 통사적 규칙을 사용한다. 단어의 의미도 의미를 전달하는 소리모임인 형태소들에 의해 체계적으로 수정될 수 있다. 예를 들어, 표준영어 동사의 과거시제는 *walked*·*laughed*의 예들처럼 철자 'ed'로 표기되는 형태소로 표현된다. 단어들을 수정하는 과정을 통해 의미를 전달하기 위해 우리가 따르는 규칙들이 '형태론'을 구성한다. 그러나 통사론과 형태론 사이의 경계가 엄격한 것은 아니다. 예를 들어, 영어 화자는 *The boy is here*와 *The boys are here*처럼 동사와 명사의 단수/복수를 나타내는 형태소들을 문장 전체에 작용하는 통사규칙처럼 사용하여 전체 의미를 조정해야만 한다. 이 통사규칙은 언어마다 다르다. 영어에서는 *the blue house*처럼 형용사가 명사 앞에 오고 프랑스어에서는 *la maison bleu*처럼 형용사가 명사 뒤에 온다. 그러나 사실 모든 인간언어는 통사론으로써 의미의 차이를 나타낸다.[note 2] 새로운 문장을 사용함으로써 의사소통을 수행하는 능력은 인간언어의 가장 강력한 측면들 중의 하나이다. 통사론은 명백히 인간 특유의 소유물이다. 언어훈련을 받은 원숭이를 포함하여 어떤 살아 있는 동물도 가장 간단한 통사규칙조차도 완전히 습득하지 못하였다. 수화표식인 ASL를 매우 능숙하게 사용하는 침팬지의 통사적 능력보다 세 살 정도의 아이가 보여 주는 인간의 통사 능력이 훨씬 우수하다. 네 살 또는 다섯 살 무렵이면 인간은 무한수의 새로운 문장들을 생성할 수 있게 된다.

또한 통사론은 한 가지 단순한 생각만을 전송할 수 있는 시간의 틀 속에 여러 가지 생각을 '코드화'함으로써 음성의사소통의 속도를 증가시켜준다. 예들 들면 *The boy is small; the boy has a hat; the hat is red*처럼 여러 문장을 사용하여 의사소통할 수도 있지만, 이들 세 문장을 하나로 합하여 동일한 생각들을 *The small boy has a red hat*이라는 문장으로 부호화할 수 있기 때문이다. 발화수행과 마찬가지로 통사론도 주어진 시간에 더 많은 정보를 전달하게 해 줄 뿐만 아니라 단기기억의 한계도 벗어나게 해준다. 세 개의 단문에서 공통으로 지시하는 대상을 우리의 단기기억 장치에 저장하며 계속 추적할 필요가 없다. 소년이 작고, 모자를 가졌으며, 그 모자가 빨간색이라는 사실을 전달하려는 의도라면, *The small boy has a red hat*라는 문장을 사용할 때 오히려 혼란이 줄어들게 된다.

따라서 포유류 청각체계의 시간해상도(우리가 1초당 식별할 수 있는 소리의 수)를 극복하게 하는 인간언어의 포르만트주파수의 코드화와 기억의 한계를 극복하는 통사론의 코드화를 대조하여 비교할 수 있다. 두 가지 부호화장치는 영장류에게 유전되는 생물학적 제약에도 불구하고 인간이 복잡한 사고를 신속하게 전달할 수 있도록 해준다. 간단히 말하자면, 신속하고 정확한 음성의사소통이 바로 현대인간 두뇌를 만들어낸 엔진이었다고 주장할 수 있을 것이다.

## 발화 운동 조절

인간의 통사능력의 기저가 되는 두뇌장치가 진화된 것도 신속한 음성의사소통 때문인 것으로 여길 수 있다. 말 생성을 위해 극도로 정확하고 복잡한 근육의 조작의 산출을 가능하게 하는 두뇌장치가 규칙지배를 받는 통사론의 전적응적 기초를 제공하였던 것 같다 (Lieberman, 1984, 1985). 운동조절은 항상 어려운 과제이다. 예를 들어, 산업로봇을 조종하는 데 요구되는 회로와 컴퓨터프로그램은 매우 복잡하다. 로봇에게 명령하는 데 필요한 명시적 지시는 인간언어의 문법규칙과 형식이 유사한 복잡한 규칙으로 표현되어야 한다. 만일 범퍼를 차체에 부착시키는 '똑똑한' 로봇을 디자인하려면, 각기 다른 범퍼가 달린 여러 차체의 유형을 우선 인식하게 하는 지시 사항을 로봇에게 제공해야만 한다. 그리고 나면 로봇은 적합한 범퍼를 선택하여 적합한 위치에 부착하게 해야 한다. 로봇이 지켜야 하는 규칙은 우리가 *The boys are playing*이라는 문장에서 복수주어와 '일치'하는 복수 be동사인 'are'를 사용할 때 쓰는 통사규칙과 개념상 다르지 않다. 즉 전후좌우를 살피는 맥락의존적 규칙인 것이다. 맥락의존적 규칙은 인간의 삶 대부분의 측면을 규제한다. 예를 들어, 여러분들이 보통 자정부터 오전 7시 사이에는 이웃에게 전화를 하진 않지만, 만일 이웃집에 화재가 발생한 상황에 직면하게 되면 기존의 규칙의 틀을 깨고 급히 전화를 하는 것처럼 말이다.

말의 생성은 인간이 수행하는 운동조절 과제 중 가장 어려운 과제인 것 같다. 두뇌가 혀와 더불어 기타의 주변 발성기관 근육에 전송해야 하는 지시사항은 인간언어 통사규칙의 복잡성과 규칙지배적인 논리를 포함하고 있다. *two*와 같은 단어의 산출에서 자동적으로 입술을 둥글게 하는 효과를 고려해 보자! 당신이 *two*라고 말할 때 입술을 앞으로 내미는 동시에 *two*에 포함된 원순화 모음 [u]를 발화하기 0.1초전에 입술을 오므린다. 대조적으로, *tea*의 모음 [i]는 원순음이 아니며 당신은 입술을 전혀 둥글게 만들지 않는다. 다음과 같은 맥락의존적인 규칙을 자동적으로 실행한다.

$\alpha$ round lips / [t] $\alpha$ vowel

$\alpha$라는 상징은 원순화 상태를 나타낸다. 모음이 원순음이면(+rounded), $\alpha$는 자음에 대해 + rounded 값을 갖는다. 모음이 원순음이 아니면, $\alpha$는 자음에 대해 - 값을 갖는다. 그러므로 이 규칙은 뒤따르는 모음과 원순화가 일치하도록 자음을 원순화시키라는 것으로 '해석된다.' 이 규칙은 촘스키와 할레(1968)가 제시한 언어학적 규칙과 형태상 유사하다. 이러한 형태의 규칙들은 충분한 기억력과 어우러져 영어와 같은 언어의 풍부한 복잡성을 설명하기에 충분하다(Gazdar, 1981).

## 연관되는 신경생리학적 자료와 이론들

불행히도 우리는 해부학적으로 볼 때 현대 호모 사피엔스 인류의 중간 진화단계를 대표하는 화석 호미니드(원인)의 두뇌에 대해 어떤 직접적인 지식도 갖고 있지 못하다. 그러나 우리는 인간의 두뇌와 행동을 살아 있는 다른 동물들의 두뇌와 비교하면서 연구를 수행할 수 있을 것이다. 두뇌와 인간언어와 인지 사이의 관련성에 접근함에 있어서 인간과 동등한 범위의 언어와 인지능력을 보여 주는 동물들이 없기 때문에 반드시 필연적으로 인간에 초점을 맞추어야만 한다. 그러나 언어의 두뇌기저에는 언어 이외의 다른 행위에 작용하는 장치들의 상호작용도 포함되므로, 이러한 인간—동물 비교연구는 아주 유용할 수도 있다. 어떤 경우 비교연구는 두뇌의 특정부분이 작용하는 방식에서 인간과 동물 사이의 분명한 유사성을 보여 주기도

한다. 어떤 연구들은 우리의 두뇌들이 밀접하게 관련된 종들의 두뇌와 다른 부분을 찾아내어 지적하기도 한다. 바로 이러한 인간 두뇌의 독특한 측면이 바로 우리가 설명해야 하는 진화의 측면이다.

## 브로커실어증

반세기에 걸쳐 축적된 지식은 제1장에서 간단히 언급한 '자연에 있어서의 실험들'에 근거한 자료에서부터 현재에 이르기까지 축적되어 온 것이다. 상당한 정도의 대뇌반구의 광범위한 손상이 브로커영역 및 그 근처에서 발생하면 말과 언어결손의 복합체, 즉 실어증이 발생한다. 이와 대조적으로 원숭이는 인간의 브로커영역 또는 대뇌신피질의 다른 부분에 해당하는 부위 및 해당부분 주변에 큰 손상이 발생해도 음성화에 아무런 영향을 받지 않는다. 대신 원숭이의 음성화는 초기 포유류와 함께 진화한 '오래 된' 운동 대뇌피질인 대상엽(cingulate cortex)과 기저핵과 중뇌구조 등의 통제를 받는다.[note 3] 마찬가지로 대뇌신피질의 음성조절 기능이 없는 원숭이와 영장류는 인간의 말을 산출하는 데 필요한 근육운동조작을 만들어 낼 수 없다. 브로커영역과 이 브로커영역을 두뇌의 다른 영역과 연결하는 회로들은 인간 두뇌의 독특한 특성 중의 하나인 듯하다.

브로커실어증에 대한 전통적인 견해는 다른 영역의 두뇌손상과는 달리 브로커영역에 국지화된 손상의 결과 해당결함으로 이어진다. 이러한 믿음은 인간의 두뇌가 어떻게 작용하는가에 대한 보편화된 설명과 인간이 특정하고 국지화된 '언어기관(Chomsky, 1975, 1976, 1980a, 1980b, 1986)'을 갖는다는 많은 언어학자들의 가정에 반영되어 있다.[note 4] 그러나 이것은 잘못된 가정이다. 도널드 스투스(Donald Stuss)와 프랭크 벤슨(D. Frank Benson)은 인간의 신 대뇌피질 전두엽의 기능과 분석에 대한 포괄적인 연구에서 다음과 같이 말한다. "브로커영역 자체만의 손상 또는 그 주변의 손상('꼬마 브로커'라고 불리는 손상)만으로는 브로커실어증의 완전한 증후군을 발생시키는 데 충분하지 않다. 적어도 영속적인 것은 아니다 …… 완전하고 영속적인 증후군(큰 브로커)은 반드시 …… 브로커영역을 포함하지만 그 외 섬상세포군과 인접백질 속에 깊이 퍼지며 아마도 기저핵을 포함하는 등 …… 더욱 큰 상당 부분의 대뇌반구 파괴가 증상으로 나타난다"(1986, p. 161). 브로커실어증을 산출하는 손상 패턴은 브로커영역과 두뇌의 다른 부분간의 회로들을 차단한다. 직접 근육을 통제하는 뇌의 여러 영역과 전두엽에 브로커영역을 연결시키는 대뇌피질 및 피질하 경로는 거대 조직파괴로 차단되면 영속적인 실어증을 야기할 수 있다. 사실 피질하의 손상도 브로커영역을 손상시키지 않은 채 연결경로를 중단시키며 실어증을 유발할 수 있다(Naeser et al,, 1982; Benson and Geschwind, 1985, pp. 206~207; Alexander, Naeser and Palumbo, 1987; Metter et al,, 1989)

브로커실어증은 또한 다른 운동결함을 낳기도 한다. 브로커환자의 약 80%는 오른손·오른팔·오른쪽 다리가 약화된다. 보통의 경우에 얼굴과 팔 등이 다리보다 더 영향을 받는다. 이 결과는 브로커영역의 계통발생 역사와 키무라(1979)의 측면화이론과 일치한다.

브로커실어증의 가장 두드러진 언어결함인 '발화장애'는 운동근육의 결함이기도 하다. 이들의 자발적 발화는 말수가 적으며 발화를 할 때 주저하며 많이 힘들어 하고 발음이 비틀려져 있다. 말소리를 산출하는 데 필요한 운동조정 행위의 시간조절이 상당히 늦추어진다. 말소리를 구별해 주는 많은 음향적 신호에는 여러 근육 간의 매우 정확한 시간조절 통제가 포함된다. 예를 들어, 영어의 무성파열자음([p]·[t]·[k])과 유성파열자음([b]·[d]·[g])사이의 구별은 입술이나 혀로 초후두부(상위 후두부) 성도를 차단하고 열어주는 과정에 관련되어 음성화의 시간조절을 조정함으로써 확실해질 수 있다. 이처럼 차단의 수행과 중단에 연관되어 나타나는 음성시작시간(Voice Onset Time, VOT)의 차이 정도는 앞서 예시한 유성파열자음과 무성파열자음의 소리 부류들을 구별 짓는 주요 지각신호 중의 하나를 구성한다. 음성화는 유성 자음을 위한 초후두부(상위후두) 수축을 풀자마자 시작된다. 정상적인 화자는 두 종류의 자음들이 보여 주는 VOT를 지속적으로 구분할 수 있다. 브로커실어증과 관련된 언어결손 중의 하나는 VOT 시간조절 통제의 상실을 수반한다. 즉 두 자음군 소리의 VOT가 융합되어 더 이상 구분되지 못하게 된다(Blumstein et al., 1980). 브로커실어증환자는 코와 입을 동시에 여는 [m]과 [n]같은 비음 자음에도 장애가 있다(실어증 발화 연구에 대한 재확인을 위해서는 Blumstein, 1981과 Caplan, 1987을 참고).

브로커영역에 한정된 손상이 영구적인 언어결함을 야기하지는 않지만, aphemia(글로서는 가능하나 말로서는 표현이 안 되는 발음장애)를 일으킬 수는 있다.[note 5] 환자는 초기에는 말을 못하지만 나중에는 말을 회복한다. 키무라의 전적응 이론(말 운동 조절을 관장하는 두뇌장치가 정확한 손 행위에 적응된 두뇌장치로부터 진화했다는 이론)의 관점에서 볼 때 중요한 흥미로운 운동결함은 브로커영역에 국지화된 손상이 종종 '잔류성의 서투름과 지속 가능성이 있는 오른손 감각 장애, 특히 엄지와 집게손가락을 포함하는 장애'로 이어진다는 사실이다(Stuss and Benson, 1986, p. 164).

전방 대상엽과 뇌의 보충운동 영역에 집중된 손상(그림 1-3)은 인간이나 원숭이에게 일어난 효과와 유사한 무언증을 발생시킬 수도 있다(Sutton and Jurgens, 1988). 살아 있는 환자의 두뇌손상을 정밀하게 X-ray 영상으로 보여 주는 컴퓨터 단층촬영(CT) 스캔자료를 사용하는 최근 연구는 피질하 두뇌장치를 포함하는 회로가 발화와 언어에 중요한 역할을 한다는 것을 보여준다. 내피막(대뇌신피질을 중뇌와 연결시키는 신경섬유의 다발)과 난각막(뇌저신경절 중의 하나, 그림 3-1) 같은 피질하 구조의 손상은 다른 인지적 결손뿐만 아니라, 전형적인 실어증과 유사한 실문법증(통사 관련 결손)과 말 생성장애를 일으킨다(Naeser et al., 1982; Alexander, Naeser and Palumbo, 1987; Katz, Alexander and

Mandell, 1987; Metter et al., 1987, 1989). 이제 이에 대한 자연실험과 신경해부 이야기로 되돌아가겠다. 그러나 그전에 두뇌손상이 실문법증을 원인이 무엇인지를 설명하는 것이 바른 순서일 것이다.

비록 모든 브로커환자가 실문법증인 것은 아니며 또 모든 실문법적 실어증환자가 반드시 말 산출결손이 있는 것은 아니지만, 실문법증은 브로커실어증을 특징짓는 자질 중의 하나이다.

브로커실어증환자는 말을 듬성듬성 하고 어떤 경우엔 단순히 한 단어나 구를 반복하는 것에 제한되기도 한다. 또한 영어의 과거시제와 복수를 나타내는 형태소뿐 아니라 *the·is·by·under*처럼 통사관계를 나타내는 '작은' 기능어와 형태소가 생략되기도 한다. Stuss와 Benson은 말 생성이 실문법증과 관련된 가장 두드러진 문제이기도 하지만 그것만이 문제가 되는 것은 아니라고 하였다. "실문법증환자도 …… 통사구조를 …… 이해하는 데에 똑같은 정도의, 똑같은 장애를 갖는다."(1986, p. 169) 브로커실어증의 통사적인 결함이 말에 한정되지는 않는다. "브로커실어증환자 대부분은 글을 이해하는 데 …… 특히 통사관계에 중요한 단어를 이해하는데 …… 장애가 있다 …… 말 이해와 글 이해가 서로 유사한 결손을 보인다. 따라서 대부분의 브로커환자들은 글의 일부, 대개 명사나 행위동사만을 이해한다(예를 들어, 그들은 신문의 표제는 정확하게 해석할 수 있지만, 자세한 기사는 이해하지 못한다, Stuss and Benson, 1896, p. 162)."

브로커실어증환자에 대한 공식적인 검사는 오직 통사적 정보만이 제시되는 경우에 이들의 이해력이 취약해짐을 보여준다(Zurif와 Caramazza, 1976; Zurif and Blumstein, 1978). 실문법증환자에게 두 장의 그림들 중에서 녹음된 문장의 의미를 정확하게 포착하는 그림 하나를 선택하도록 하는 실험에서 이들은 The boy that the girl is chasing is tall 같은 문장을 이해하지 못했다. 이와는 반대로 The apple that the boy is eating is red라는 문장은 이해할 수 있었다. 의미를 결정하는 데 화용론적 신호와 실세계 지식에 포함되는 '사과는 대개 빨갛고',

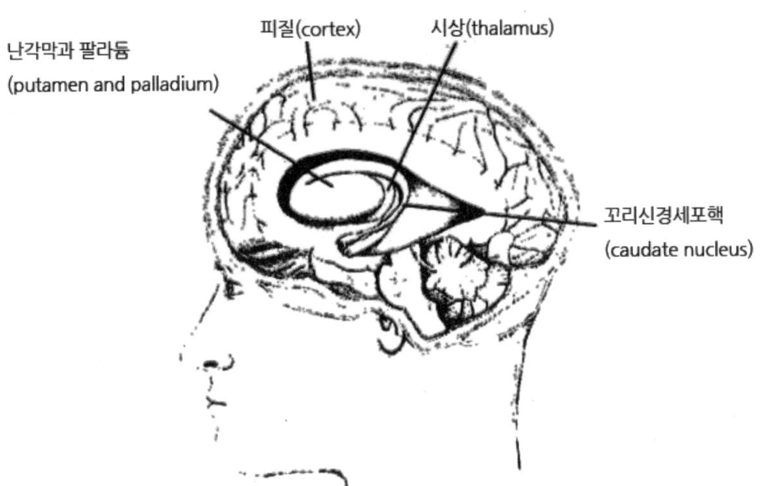


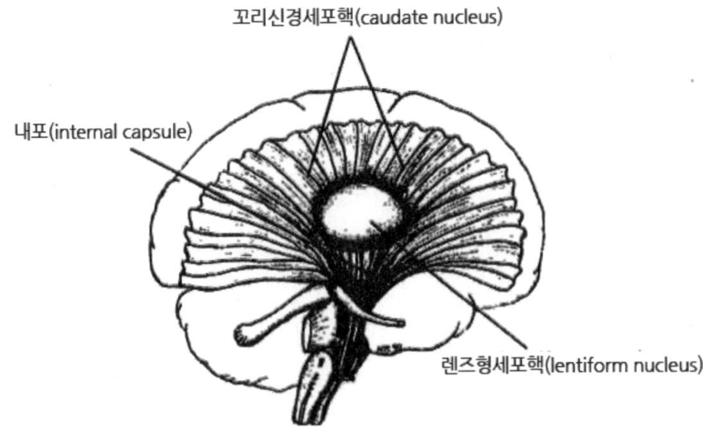


[그림 3-1]
기저핵은 대뇌의 가장 깊은 곳에 위치하고 있다. 렌즈모양의 신경세포는 두 개의 주 기저핵 구조로 구성되어 있고, 난각막과 팔라듐이라고 한다. 이 구조는 한 묶음의 하향신경세포로 되어 있으며, 내부의 내피질을 형성하면서 기저핵까지 역할을 연결시키도록 상호 연합구조로 되어 있다. 꼬리모양의 신경세포는 또 다른 기저핵을 형성하는 주된 구조이다. 난각막, 팔라듐, 꼬리신경세포는 복잡한 회로를 거쳐 시상에 연결된다.

'사과는 사람을 먹을 수 없다' 등을 문장 이해과정에 응용할 수 있었던 것이다. 또한 브로커실어증환자의 문법적인 능력은 장애가 있어서 문장의 단어들을 통사적인 구조로 묶는 것에 있어서 어려움을 보이고 있다(Zurif, Caramazza and Myerson, 1972). The dog chases a cat이라는 문장의 통사구조는 아래의 수형도처럼 예시할 수 있다. 정상적인 피실험자는 아래처럼 문장의 통사구조에 따라 단어들을 대개 다음과 같이 묶는다.

(The dog) (chases) (a cat)

반대로, 브로커실어증환자는 단어들을 통사적인 구조와는 상관없이 다음과 같이 묶는다.

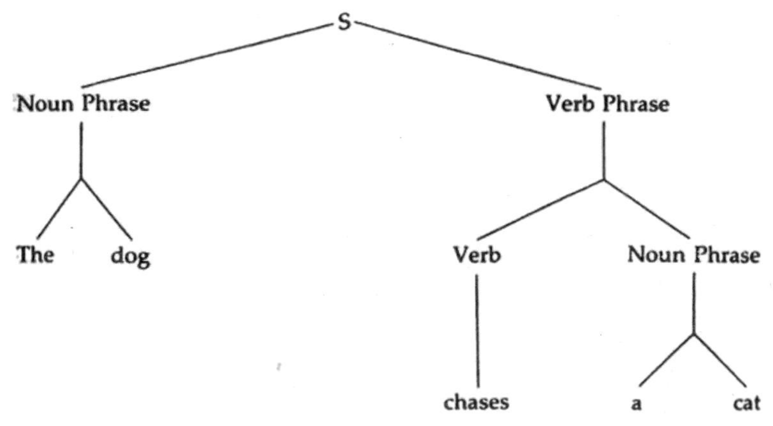


(The) (dog chases) (a) (cat)

브로커실어증환자는 문장이 문법적인가 아닌가를 결정하도록 요구 받을 때 높은 오류를 범했다. 비록 실문법증 브로커실어증환자가 문장을 이해하지는 못하더라도 문장이 문법적인지는 판단할 수 있다고 주장하는 연구가 있긴 하지만(Linebarger, Schwartz and Saffran, 1983), 사실 그 실험 자료를 정상인의 통제집단과 비교해 볼 때 실어증환자의 문법적인 결정에는 심한 결함이 있음을 알 수 있다. 실문법적 실어증환자를 연구한 베벌리 울펙(Beverly Wulfeck, 1988)과 샤리

바움(Shari Baum, 1988)의 자료에도 이와 비슷한 효과가 나타난다.[note 6] Baum의 자료와 별도의 서너 편의 실험자료(Milberg, Blumstein and Dworetzky, 1985; Tyler, 1985, 1986)는 브로커실어증환자의 이해능력 결함이 말의 흐름을 들으면서 자동적으로 통사규칙을 적용하는 능력에 나타나는 장애에 원인이 있음을 보여준다. 즉, 규칙들이 저장된 것으로 보이기는 하지만, 실제로 해당 규칙들에게 신속히 접근하거나 자동적 방식으로 응용하는 것이 수월하지 못함을 보여준다.

### 베르니케실어증

베르니케실어증은 두뇌의 후방영역(그림 1-3)과 그 장소로 들어가고 나오는 회로의 손상에 원인이 있다. 베르니케실어증환자는 말을 이해하는 것을 어려워하며, 사물들이나 그림들의 이름을 말하는 데 어려움이 있으며, 대체적으로 부적절한 단어로 사용하거나 무의미한 새로운 단어를 만들어 낸다. 말이 유창한 듯 들리지만 내용에 별로 의미가 없다. 베르니케실어증은 말을 지각하는 데 사용하는 음향신호를 언어의 다른 측면에 통합시키는 두뇌능력의 손상을 수반한다(Blumstein, 1981). 베르니케 실어증환자는 브로커실어증에서 관찰된 '자동적인' 통사론(구문법)의 이해능력에 결함을 보이지는 않는다. 대신 이 실어증 현상에서 환자들은 통사구조에 대한 On-Line 현상과도 같은 즉각적 이해를 검사하는 검증과정에서 정상적인 통제능력을 보여준다(Milberg, Blumstein and Dworetzky, 1985, 1986).

### 수화실어증

미국수화(American Sign Language, ASL)가 모국어인 청각장애인들도 역시도 실어증을 겪을 수 있다. ASL 실어증은 음성언어 화자의 실어증처럼 대개 좌반구 손상에서 비롯된다. 우술라 벨루지(Ursula Bellugi),

하워드 포이즈너(Howard Poizner)와 에드워드 클리마(Edward Klima, 1983)는 여러 손상 패턴을 갖는 좌반구 뇌졸증을 겪었던 세 명의 수화 청각장애인과 연령이 유사한 좌반구 뇌졸증을 겪지 않은 수화 청각장애인 통제집단을 연구하였다.note 7

연구에서 피실험자 집단에게 ASL의 형태론적 및 통사론적 규칙 테스트, 피실험자의 손과 팔 동작 수행능력 테스트, 비언어적인 시각 신호의 지각능력 테스트를 포함하는 공식 언어검사 도구를 사용하였다. 세 명의 실어증 피험자 모두 비언어적 시공간 관계처리 능력은 비교적 손상되지 않았다.

이 청각장애 실어증 피실험자들 중 두 명은 통사론(구문법)에 있어서 결함을 지니고 있었다. ASL에서 통사론은 어순이 아니라, 얼굴과 몸에 대한 손의 위치와 동작으로 표현된다. 예를 들어, 동사를 표현하는 손은 동사의 부류에 따라 주어를 표시한 위치에서 목적어를 표시한 위치로 움직이거나 반대방향으로 움직여야 한다. 비록 ASL과 음성언어 사이의 통사적인 관계를 전달하는 수단이 매우 다름에도 불구하고, 유사한 결과들이 발생하였다. 브로커영역 가까이와 뒤쪽에 좌반구 피질하 손상을 보였던 피실험자 P.와 D.는 실문법증이었다. 그리고 브로커영역과 전방 전두엽 대부분에 커다란 손상을 겪었던, 피험자 G.와 D.는 유창한 수화를 만들어내지 못했다. 그들의 수화하기(signing)는 실문법증을 보였지만 개별적인 신호(수화의 신호)를 이해하는 능력은 양호하였다. 이 환자의 결함형태는 브로커 실문법적 실어증환자의 듣기 결함과 유사했다. 반대로 피실험자 K.와 L.은 피질하에 두뇌의 후방영역까지 퍼져 있는 왼쪽 측두엽에 손상이 있었다. 즉 두뇌손상과 언어결함의 경향이 베르니케실어증과 여러 면에서 유사하였다. 그들의 수화는 유창했지만 어휘대체에서 내용상 오류가 있었다.

## 실어증의 인지적 결함

50년을 넘는 기간 동안 실어증을 연구한 쿠르트 골드쉬타인(Kurt Goldstein, 1948)은 실어증의 특정한 언어적인 결함에 수반되어 발생하는 일반적인 인지적 결함에 주목하였다. 골드쉬타인은 두 가지 '태도'인 '구체적인 태도'와 '추상적인 태도' 사이의 차이를 분명히 하였다.

> 구체적인 태도에서 볼 때 독특한 사물이나 상황의 즉각적 경험은 우리를 인도하거나 구속한다. 예를 들어, 어두운 방에 들어가 전등 스위치를 누를 때 구체적으로 행동한다. 그러나 만약 불을 켜면 방에서 자고 있는 사람을 깨울지 모른다고 생각하며 스위치 누르는 것을 단념한다면 추상적으로 행동하는 것이다. 즉각적으로 주어진 감각인상의 특정측면을 초월하여 …… 개념적 관점에서 상황을 고려하고 여기에 따라 반응한다. 우리의 행동은 우리 주변의 사물에 의해 결정되는 것이 아니라 주변사물에 대한 우리의 사고방식에 의해 결정된다. 개별사물은 한 '범주'의 우연한 '예' 또는 '대표'에 지나지 않는다. 그러므로 이 태도를 범주적 또는 개념적 태도라고 부르기도 한다. 추상적 태도는 다음과 같은 여러 가능성에 대한 기초가 된다.
>
> 1. 자발적으로 한 묶음으로 정신을 지체화하는 것을 가정하기, 주도권을 갖기, 때로는 요구에 대하여 행동을 시작하기, 선택을 결정해가기
> 2. 상황의 한 측면에서 다른 측면으로 자발적으로 이동하기
> 3. 한 상황의 여러 측면에 동시에 관심을 갖기, 내재적으로도 서로 다른 두 개의 자극에 반응하기
> 4. 전체로부터 본질을 파악하기, 전체를 부분으로 나누기, 분할된 것들을 자발적으로 독립화하기, 분류된 것을 하나로 묶기
> 5. 공통적 속성 추출하기, 개념에 의지하여 미리 계획하기, '오로지 가능한 것', 많이 생각하는 태도를 취하기, 상징성에 의지하여 사고하고 시행하기

6. 외부 세계로부터 자아를 분리하기(1948, p. 6)

최근의 연구는 실어증을 일으키는 두뇌손상이 인지적 결함의 원인이 된다는 골드쉬타인의 견해를 확실하게 뒷받침한다. 표준 지능검사에서 실어증환자는 전반적인 지능의 감소를 보이지 않지만, 좀 더 전문화된 검사를 통해 실어증환자가 여러 추상개념에 지속적으로 주의를 기울이며 적용하기, 특정사실을 적절한 행동으로 변형하기, 동시적인 정보의 근원을 처리하기, 분리된 세부사항 관련짓기, 문제의 주요요소 파악하기 등의 과제들을 수행하는 데 어려움이 많다는 사실이 증명된다(Stuss and Benson, 1986, pp.194~203).

## 피질하 두뇌손상 및 질병

지난 20년 동안 CT 스캔은 살아 있는 개별 환자들의 두뇌손상의 위치와 범위를 결정하는 중요한 역할을 했다. 근자에 들어서 연구자들은 양전자 방사단층촬영(PET) 스캔장치를 이용하여 환자가 서로 다른 언어적 과제 및 인지적 과제를 수행하는 과정 동안 두뇌의 여러 영역에 발생하는 신진대사 활동 모두를 관찰할 수 있다. 이러한 기술을 사용하는 연구를 통해서 실어증에 있어서 피질하 구조의 역할을 확실하게 확인하였다. 이런 일련의 연구방식은 반세기 훨씬 전부터 연구자들이 추측은 했지만 실험적으로 증명할 수 없었던 실어증현상에 대하여 확실한 증거를 제시하였다(Marie, 1926~1928).

마이클 알렉산더, 마가렛 내서와 캐롤 팔럼보(Michael Alexander, Margaret Naeser and Carol Palumbo, 1987)는 아주 경미한 단어 회상능력 장애에서부터 환자가 알아들을 수 없는 아주 제한된 말을 산출하고 동사론 이해능력이 없으며 쉰 목소리의 dysarthric(관절장애 화자의) 발화나 산출하는 '전역적 실어증'에 이르기까지, 19개의 실어증사례에서 나타난 언어장애를 검토하였다. dysarthric 발화는 호흡기와 후두의 운동조절력이 상실된 것에서 비롯된다. 발화의 음질이 거칠고 '기식음'이 난다. 대뇌 신피질에서 내려오는 신경 연결회로와 기저핵내의 손상이 19개의 사례 모두에서 나타났다. 일반적으로 심한 언어결함은 가장 광범위한 피질하 두뇌손상을 겪은 환자들에게서 발생한다. 이들은 또한 오른손의 마비를 겪는다.

알렉산더와 그의 동료들은 피질하 손상에서 기인하는 말과 언어 결손이 "브로카영역과 하위운동 대뇌피질(말 산출에 관여하는 근육을 직접 조절하는 대뇌피질영역)로부터 내려오는 모든 출력이 붕괴되기 때문"이라고 한다(1987, p. 985). 이 연구에서는 아마도 피질하 회로들이 중복적이므로 약간의 손상은 거의 영향을 주지 않는다고 언급한다. 많은 회로가 폐쇄될수록 말 산출의 결함은 증가한다. 그러나 이러한 설명은 피질하 손상을 특징짓는 실어증 결함 전부를 설명하지는 못한다. 전형적인 브로카실어증과 유사한 실문법증이 연구 대상인 19명의 환자 중 5명에게도 발생하였으므로, 상승회로인 대뇌 신피질로 돌아가는 연결회로도 피질하 손상으로 붕괴되는 것 같다. 통사론(구문법)의 이해는 분명히 운동행위가 아니다. 그러므로 피질하 손상으로 인한 실어증은 대뇌 신피질로 돌아 올라가는 피질하 두뇌회로가 인간언어능력에 관련된다는 것을 증명해 준다.

동일한 실어증환자들의 CT와 PET스캔을 사용하는 최근 연구들이 바로 이 문제와 관련이 있다. 제프리 메터(Jeffrey Metter)와 그의 동료들(1989)은 행동의 증상들이 브로카·베르니케·전도성 실어증의 범주에 해당하는 28명의 실어증환자를 검사했다(전도성 실어증은 베르니케 영역과 브로카영역사이의 대뇌피질 경로에 손상이 있다고 한다; Caplan, 1987, p.56). 브로카환자의 CT스캔에서 내피막과 기저핵의 부분을 포함하는 심각한 피질하 손상을 발견했고, PET스캔에서는 브로카환자가 좌반구의 전방부 전두엽대뇌피질과 브로카영역에서 신진대사기능이 상당히 수축되어 있음을 발견했다. 베르니케 환자는 경미한 수준부터 그리 심각하지 않은 보통 정도의 손실을 보였다. 전도성 실어증환자는 정상인 통제집단과 다르지 않았다. 브로커환자 중의 하나는 브로커영역 자체에는 아무런 손상이 없었지만, 그럼에도 불구하고 브로커영역과 좌측 전방부 전두엽대뇌피질에서의 신진대사는 저조했다. 메터와 그의 동료들(1987)의 이전 연구를 통해 전두엽 전방부 및 브로커영역 신진대사 행위와 '일반적인 피실험자에 있어서의 자발적 발화 및 쓰기뿐만 아니라 팔·다리의 기능적 운동의 손실' 사이의 확실한 상관성 및 '전두엽 전방부의 대뇌피질과 의사결정 간의 확실한 상관관계'를 밝혔다(1989, p. 31). 이 연구자들은 브로커 실어증의 행위적인 결함, 즉 '운동순서 짓기 및 실행운동 발화과제'에 있어서의 일반적인 어려움과 '언어 이해력 기형들의 존재'가 전방부 전두엽대뇌피질로 연결된 회로들에 대한 손상으로부터 기인한다고 결론짓는다.note 8

파킨슨병(PD)과 같은 질병과 진행성 초핵 마비(PSP) 등의 병들은 인지와 언어에 대한 피질하의 활동효과를 보여준다. 이 병들은 대뇌피질을 사용치 않지만, therapsid 선조들로부터 유래하는 두뇌의 피질하 영역인 기저핵에 주된 손상을 일으킨다. 피질하 질병의 주요 결함은 떨림·경직·운동패턴의 반복 등의 운동적인 결함이다. 성격의 변화도 일어나는데 기분이 우울함에서부터 조병적 도취증에 이르기까지 양상이 아주 다양하다. 피질하 질병은 인지적 결함도 야기한다. 이 피질하 질병과 관련있는 결손의 최악의 상황은 다른 사람과 일하고 상호작용하는 능력을 손상시키는 '치매'를 일으킬 수 있다(Albert, Feldman and Willis, 1974; Pirozzolo et al., 1982; Cummings and Benson, 1984; D'Antonia et al., 1985).note 9

진행성 초핵마비는 심한 피질하 치매에 대한 가장 확실한 사례이다. 이 질병은 '기저핵에서 뉴런이 다량 퇴화되는 것(Pilon et al., 1986)'으로 특징지을 수 있다. 환자의 말은 점진적으로 느려지고 불분명해지며, 발을 질질 끌며 걷고, 산술적 계산이 점진적으로 어려워진다. 단어와 생각을 기억하는 데 정상인보다 더 오랜 시간이 걸리고 '습득한 지식을 조작하는' 능력이 퇴보된다(Albert, Feldman and Willis, 1974).

1974년 보스톤 퇴역군인행정병원 실어증연구부의 신경학자 마틴 앨버트(Martin Albert)는 PSP 관련 인지결손이 대뇌 신피질의 전두엽영역이 손상될 때 발생하는 인지결손과 유사하다고 언급했다(Benson and Geschwind, 1972). 앨버트와 동료들(Albert, Feldman and Willis, 1974)은 두뇌 해부를 관찰하고, 이 결손이 대뇌피질의 여러 부분을 전두엽 대뇌 신피질에 연결시키는 피질하 회로의 손상으로부터 비롯된다고 주장했다. (후에 우리가 이 장에서 살펴보겠지만) 두뇌진화는 진화의 전형적인 우연 '논리'를 따른다. 새로운 대뇌피질이 옛 파충류적 두뇌에 첨가되었을 때 기저핵은 새로운 기능을 선택하게 된다. 신호를 단순히 척주로 내려 보내는 대신 대뇌 신피질의 다양한 영역과 그 외 두뇌의 여러 영역들을 연결하도록 수정된 것이다.

최근 연구는 이 분석을 뒷받침한다. 정상인 피실험자와 PSP환자를 비교하는 PET스캔이 후자의 경우 전두엽대뇌피질에서 신진대사 행위가 저하되었다. 전두엽대뇌피질의 뉴런은 정보를 전송해 주는 두뇌의 다른 부분들과 연결이 차단되어 그다지 활동적이지 못하다. 전두엽대뇌피질을 자극하는 기저핵을 통과하는 회로들이 PSP에 의해 파괴되는 것은 행위축소와 이에 동반되는 인지결함의 원인이 된다(D'Antonia 등, 1985).

파킨슨병(PD)도 피질하 기저핵 경로에 영향을 끼친다. 흑질, 즉 도파민 호르몬을 생산하는 중뇌의 한 부분에 영향을 준다. 흑질은 기저핵의 나머지 부분과 두뇌의 다른 부분을 연결하는데, 기저핵은 도파민 산출이 부족할 때는 정상적인 기능을 하지 못한다. 두뇌에 도파민을 공급하는 L-DOPA가 종종 PD 증상을 완화시키는 데 투여된다. 파킨슨병의 주요 증상은 심한 운동체계의 결손으로 피험자들은 자발적인 움직임을 제대로 하지 못한다. 예를 들어, '내 손들은 내가 하라고 한 명령들을 시행하지 않을 것'이라고 주장하기도 한다. 그러나 PD는 낮은 수준 정도의 손상뿐 아니라 의사결정 또는 기술 수준을 기획하는 등의 높은 수준의 행동들을 조직화하는 능력에도 손상을 줄 수 있다(Flowers와 Robertson, 1985, p. 527).

보통 수준의 인지결손이 있는 파킨슨병 환자는 다소 복잡한 통사구조를 지닌 문장을 이해하는 데 어려움이 있다. 경미한 수준에서 보통 수준의 비언어운동 조절문제가 있는 44명의 PD 피험자들을 대상으로 시행된 연구에서 실어증환자가 '추상적 태도'에 대한 수용능력을 상실하는 것에 대해 골드쉬타인(1948)이 언급한 것과 유사한 통사론(구문법) 이해 결함과 인지적 결함을 피험자들이 보여 주었다(Lieberman 등, 1990). 이 연구에서 인지적 수용 능력이 표준 신경검사 수단으로서 측정되었다. 피험자들이 모두 치매로 판정되지 않았지만, 이 중 8명의 인지능력은 3~4년에 걸쳐 축소되어온 것 같았다. 44명의 피험자 모두 Rhode Island Test of Language Structure(RITLS)를 받았는데, 이 테스트는 원래 청각장애 아동의 언어적 능력을 검사하기 위해 트뤼그 엔겐과 엘리자베스 엔겐(1983)이 개발한 것으로, 피험자들이 문장을 이해하는 것에 있어서 통사속성(어순과 복잡한 문장에 있어서의 절 사이의 관계 표시어)을 사용하는 능력의 범위를 측정한다. 테스트는 영어의 통사 구조와 단문(*The man is old. The cat chased the dog.* 과 같은) 그리고 좀더 복잡한 문장(*The boy is small but strong. The dog was chased by the cat.* 과 같은)의 대표적 샘플을 제공한다. 테스트의 중점이 통사론이므로 어휘와 형태론이 엄격히 통제되며, 어린 아동들이 이해할 수 있다고 판단되는 적은 수의 어휘가 반복적으로 사용된다.

RITLS에서 문장들은 천천히 그리고 분명하게 읽혀졌고, 청각 및 기억손실이 이해에 미치는 효과를 줄이기 위해 원하는 만큼 문장을 반복해 줄 것을 피실험자들이 요청할 수 있도록 하였다. 각 문장을 듣고 난 뒤 그림을 3장씩 보여 주고 방금 들은 문장을 가장 잘 특징화하는 그림을 선택하도록 했다. 예를 들어, *Before the man washed the car, he put on boots*라는 문장에 대해 주어진 선택은 (1) 그의 집밖에서 부츠를 신고 있는 남자 그림, (2) 부츠를 신고 차를 닦고 있는 남자 그림, (3) 자동차·양동이·물이 흘러나오는 호스를 옆에 두고 부츠를 신고 있는 남자 그림이었다. 약간의 인지능력 상실이 있는 8명 중 6명이 적당히 복잡한 통사론적 법칙의 이해에 체계적 결함이 있었다. 이들이 어려워한 통사론적 범주의 일례는 *The boy was hugged by the girl*처럼 '전환가능 수동태' 문장이었다. 인지적 능력상실의 표시가 전혀 없는 36명의 피실험자 중 단지 2명만이 유사한 오류를 범하였다. 6살 난 정상아동이 RITLS의 문장을 이해하는 것에 있어서 어려움이 거의 없기 때문에, 이러한 결함은 아주 유의미한 결과로 받아들일 수 있다. 또 다른 한 연구(Illes et al., 1988)에서 PD 환자들은 자발적 발화에서 통사적 복잡성에 대해 이와 유사한 인지 결손을 보였다. 이들은 명사와 동사를 더 많이 사용하고 (전치사와 같은) 문법적 기능어를 더 적게 사용하는 경향이 있었다.

최근 연구는 PD의 말 산출 및 통사론(구문법) 이해결함의 성격과 패턴이 브로커실어증의 경우와 아주 유사하다고 밝혔다(Lieberman 등, 준비중). 40명의 PD외래환자들이 연구대상이었으며 이중 20명은 경미한 운동장애 그리고 나머지 20명은 중간 정도의 운동장애로 분류했다. 이들 모두에게 치매는 없었다. 피실험자들의 반응은 인지적 검사도구에서 정상범주에 속했다. 게다가 이 환자들과 유의미한 시간들을 보낸 신경학자들과 환자의 가족 모두 해당 환자들이 인지적 감퇴는 없었다고 확신하고 있었다. 모든 PD환자들은 파열음으로 시작하는 1음절 영어단어 목록을 암기하였다. 각 환자가 각각의 문장에 반응하는 데 걸리는 시간의 양을 실험자가 판단할 수 있는 기술을 사용하여 RITLS를 모든 피실험자들에게 실시하였다.

정상인화자는 유성음([b]]·[d]·[g])과 무성음([p]·[t]·[k]) 파열음사이에 VOT구분을 유지한다. PD환자 중 10명은 분명하게 VOT 시간조절에 결함이 있었으며, 무성음과 유성음의 VOT를 구분하지 않았다. 같은 실험조건에서 (PD 가 아닌) 정상인화자들 중 4% 정도가 VOT

중복율과 비교할 때, 환자들의 VOT의 18% 정도가 중복되었다(Miller, Green and Reeves, 1986). PD환자 중 30명은 VOT구분을 유지하였다. 이들은 4% 오류발생률을 가지며 이는 정상인 통제집단의 경우와 통계학적으로 유사하였다. VOT 시간조절 오류가 있는 일부 피실험자들은 문장이해 오류가 거의 없었으며, 반대로 문장이해 오류를 보이는 일부 피실험자들은 VOT 시간조절 오류가 거의 없었다. 그러나 VOT 시간조절 결손이 있는 환자들의 평균 통사이해 오류발생률은 VOT구별을 보유하는 피실험자들의 오류발생율보다 시차적(示差的)으로 더 높았다 (VOT 결손환자 10명의 평균 오류발생률은 11.4개의 오류(SD = 8.96)였고, 다른 30명의 평균은 4.56개의 오류(SD = 4.14)였다). 또한 VOT 결손환자는 RITLS 문장이해에 걸린 시간이 시차적(示差的)으로 더 길었다(이들의 평균 반응 시간은 2.73초(SD = 1.12초)인 반면 나머지 피험자들의 평균 반응 시간은 1.96초(SD = 1.03초)였다).

브로커실어증에 대한 최근 연구가 VOT 시간 조절 결함이 피질하구조(내피막·난각막·꼬리 신경핵)와 브로커영역의 손상환자에 한정된다는 것을 나타내므로(Baum 등, 인쇄 중) VOT 시간조절 결함과 통사론 이해결함의 연관성은 주목할 가치가 있다. VOT결함이 있는 10명의 PD 피실험자들의 반응시간이 더 길다는 것은 통사론적 지식을 문장이해에 적용하기 위한 처리시간 증가를 반영한다. 이 결과 역시도 시간이 좀 더 주어질 때 수행이 향상되는 브로커실어증환자들의 행위와 유사하다. 이들의 말과 통사결손이 대뇌피질 손상이 전혀 없는 PD에서 발생하므로, 인간언어의 신경 기초에 기저핵이 분명히 포함되어야만 한다.

PD환자에게서 많은 인지적 결함이 관찰되었다. 제프리 커밍스(Jeffrey Cummings)와 프랭크 벤슨(Frank Benson, 1984)이 언급하듯이, "대다수의 PD환자들은 기억·추상화·시공간 통합·중앙 처리 시간 등의 결함 등을 포함하는 신경심리학적 결함이 있으며, 이 결함들은 측정이 가능하다"(p. 874). 다른 연구자들은 다양한 인지적 과제(Benson and

Geschwind, 1972) 그리고 계획하기 등의 분류하기 과제(Flowers and Robertson, 1985)에서 전두엽 손상 관련 결손과 유사한 결손을 발견하였다. 양적인 연구에서 심지어 PD환자에게 분명한 치매표시는 없었지만 인지적 결함이 있었다. 앤 테일러(Ann Taylor), J. A. 세인트-루크(J. A. Saint-Cyr)와 A. E. 랭(A. E. Lang, 1986)은 100명의 PD 환자집단에서 치매·약물에 의한 혼란·정서적 문제·통제 불가능한 운동의 문제 등의 증상을 보이는 환자 40명을 선정하여 이들을 연령·성별·교육·IQ를 기준으로 40명의 정상인 통제집단과 짝지었다. 종합검사 도구는 연속적 기억회상 과제에 대한 한 가지 효과를 제외하면 기억이나 시각과제에서는 PD와 정상인 피험자들 간에 유의미한 차이가 없으나, '맥락 의존적 부대조건에 있는 의미'를 끌어내는 인지과제에서 PD와 통제 집단 간에 주목할 만한 차이가 있었다. PD피험자들은 '계획하기 능력이 없었고'(p. 871), 더욱이 운동기능 장애와 정신기능 장애의 심각성에 상관관계가 있었다.

## 발화·통사구조·인지의 몇 가지 측면에 대한 신경생리학

위에서 논의된 자료를 통해 말 산출·통사론·특정한 인지적 결함이 동시에 발생한다는 것을 알 수 있다. 인지적 결함은 기존에 학습된 지식을 기계적으로 적용하는 것으로는 해결할 수 없는 '창조적' 과제에서 지식과 절차를 통합하는 능력이 포함된다. 전방부 전두엽대뇌피질과 두뇌의 다른 부분들을 연결하는 피질하 경로의 손상이 이러한 결손에 가장 유력한 원인이다. 앞에서 검토한 CT스캔 연구는 이러한 가설과 일치한다.[note 10] 더욱이 PET스캔 자료는 브로커실어증에서 전방부 전두엽대뇌피질의 활동이 축소되며 기저핵 질병인, 즉 PSP(D'Antonia et al., 1985)와 파킨슨병(Metter 등, 1984)에서도 이와 유사한 효과들을 보인다. 이들 자료는 이후 언급한 신경생리학이론과도 일치한다.

## 전방부 전두엽대뇌피질

도날드 스투스(Donald Stuss)와 프랭크 벤슨(Frank Benson)에 의하면, '전방부 전두엽대뇌피질은 조절 기능의 해부학적 기초이다 …… 전두엽은 새로운 활동이 학습되고 행동조절이 요구될 때 절대적으로 필요한 것이다. 그러나 그 활동이 일상화된 후에는 이러한 활동은 두뇌의 다른 부분들의 통제를 받게 되며 전두엽의 관여는 더 이상 필요로 하지 않는다(1986, p. 244).' Stuss와 Benson은 지난 100년에 걸친 신경해부학적 자료와 행동자료의 관점에서 그들의 이론을 발전시킨다. 그들의 이론은 다른 신경생리학자들과 신경학자들이 발전시킨 이론들과 효과에 있어서 상호 일치하며, 나아가 그 이론들에 근거를 두고 있기도 하다(예를 들어, Milner, 1964; Teuber, 1964; Luria, 1973; Shallice, 1978; Fuster, 1980). 이들 연구에서 결론이 언급되기도 한다.

> 전방부 전두엽대뇌피질의 조절 기능은 …… 언어·기억·인지영역에서 더 분명해지며, 기능들의 더 큰 복잡성들을 반영한다.
> 다른 상위 두뇌체계로부터 추출된 언어 및 비언어적 정보를 취하는 능력, 새로운 반응을 산출하기 위해 예측, 목표선정, 실험, 수정하거나 그 정보에 따라 행동하는 능력은 궁극적 정신행위를 나타낸다. 모든 가능한 자료에 따르면 이 실행 기능이 전두엽 전방부의 행위이다(1986, p. 246).

전방부 전두엽대뇌피질의 기능은 인간 이외의 다른 영장류의 기능과 유사하다. 500개의 연구자료를 검토한 한스 마르코비치(Hans Markowitsch, 1988)는 전방부 전두엽대뇌피질이 "혈압·심장박동 수·기질조절에서부터 성격요인·사회적 상호작용·기억성취에 이르기까지 많은 행위적 행동과 관련 있다고 언급한다. 이 행위현상의 토대는 영장류의 전방부 전두엽대뇌피질과 연상 및 보조감각 대뇌피질영역·기저핵 …… 많은 뇌간구조 사이의 밀접한 해부학적 연결회로들에서 발견된다"(1988, p. 135). 인간 이외의 영장류를 대상으로 수행할 수 있는 장애·전기·생리·해부학 연구는 전방부 전두엽대뇌피질이 사실상 뇌의 모든 부분과 직·간접적으로 연결되어 있음을 보여준다. 인간 이외의 영장류의 전방부 전두엽대뇌피질 장애는 "복잡한 상호작용 변인들을 동시에 유의하거나 아니면 행위책략 및 경향의 전환·재계획 ·재구성을 요구하는 과제들을 처리하는 능력이 제한되는 증상을 초래한다"(1988, p. 100).

전방부 전두엽대뇌피질은 더 진화된 영장류에서 비례적으로 더욱 커지게 되었다. 제1장에서 보았듯이, 전체 대뇌피질의 표면에 대한 전두엽 영역의 증가된 비율이 브로드만의 두뇌지도(1908, 1909, 1912)에서 분명히 나타난다. 인간의 전방부 전두엽대뇌피질의 크기는 만약 우리 인간이 단순히 커다란 원숭이의 뇌를 가지고 있다고 하더라도 예상치보다 2배나 더 크다(Deacon, 1984, 1988b).

### 기저핵

우리가 보통 호모 사피엔스의 '최고' 인지 및 언어 기능을 대뇌신피질과 관련짓는 이유 중 하나는 기저핵이 지난 몇 십만 년에 걸친 진화의 산물이기 때문일 것이다. 이와 대조적으로, 기저핵은 파충류적 유산의 일부이다. 그러나 인간의 기저핵 또한 수백만 년에 걸친 진화의 표시이다. 앞에서 언급하였듯이 그것들은 우리가 커다란 식충의 뇌를 가지고 있을 경우보다 크기가 약 14배 더 크다. 더욱이 포유류들의 기저핵구조는 파충류와는 매우 다르다. 유사함이나 상응구조는 있지만, 크기·조직·연결회로는 파충류와는 아주 다르다. 사실 원숭이 같은 '진화된' 포유류의 기저핵은 설치류 같은

'단순한' 포유류와는 차이가 있다. 그러나 진화과정에서 두뇌의 옛 파충류적 부분인 기저핵은 사라지지 않았으며, 이 기저핵은 우리를 다른 동물과 구별 짓는 활동 즉 언어와 사고 활동에 직접적인 역할을 하게 되었다.[note 11]

그림 3-1의 윗부분에서 보듯이, 인간의 기저핵은 소뇌 깊숙이 묻힌 해부학적 구조들의 한 집합체이다. 기저핵의 주요구조들은 꼬리 신경핵·난각막·팔라듐 그리고 소뇌를 아래쪽 두뇌 및 척주와 연결하는 중뇌영역에 위치하며 긴밀한 관계를 맺고 있는 두 구조 즉 하부시상 핵과 흑질이다.[note 12] 이 중뇌구조는 소뇌 속에 위치한 기저핵의 여러 부분들과 긴밀하게 상호 연결되어 있다. 난각막과 팔라듐은 함께 수정체 핵이라고 불리는 구조를 함께 구성한다. 그림 3-1의 아래 그림은 *corona radiata*, 즉 대뇌피질의 내부로부터 나와 척주와 연결되는 거대한 부채꼴의 신경집합(대뇌피질에서 중뇌와 척주를 연결하는 '선')이다. 이 신경을 따라 신호가 뉴런으로 전송되고 뉴런은 다시 신체의 각 부분에 신호를 전송하여 활동을 시작되도록 명령한다. 신호는 이 신경을 타고 대뇌피질로 올라가 대뇌피질이 운동활동을 모니터하고 열·촉감·통증 등을 느끼도록 해준다. 섬유다발이 기저핵을 타고 내려가는 내피막을 형성하면서 모아지며, 수정체 핵은 이 신경섬유 집합 속에 들어 있다. 내피막 주변의 광범위한 손상은 난각막과 꼬리 신경핵의 여러 부분도 손상시키게 된다.

지난 몇십 년 동안 신경생리학자들은 두뇌의 배선체계를 측정할 수 있는 추적기술을 개발하였다. 추적체는 신경경로를 따라 흘러들어가며 연결회로의 특정패턴을 볼 수 있게 해 주는 화학물질이다. 어떤 추적체들은 특정 신경 전송자에 대해서만 국한되어 영향을 주고, 또 어떤 것은 특정 투입위치에 연결된 모든 뉴런들에 침투한다. 추적체는 살아 있는 동물두뇌의 한 부분에 주사된다. 추적체가 경로를 따라 번져나갈 수 있도록 3~4일이 지난 후에 동물의 뇌를 제거한 뒤 염색하고 절개한 다음 현미경으로 관찰한다. 이 기술의 사용은 멸종위기에 있지 않은 종에 제한되며 인간 피실험자에 대한 연구는 제외한다. 추적체 연구는 파충류와 포유류 모두 기저핵에서부터 운동활동을 촉발하는 척주까지 쭉 연결되어 내려가는 회로를 가지고 있다. 그러나 포유류에서 연결회로의 절반은 두뇌의 다른 구조로 올라가며 운동활동을 직접 개시하지 않는다. 또한 포유류의 기저핵은(최소량인 시각 대뇌피질 입력을 제외하고) 사실상 대뇌피질의 모든 부분들과 다른 피질하 구조들로부터 입력을 제공받는다(Parent, 1986). 다시 말해, 포유류의 기저핵은 대뇌피질의 한 부분에서 나오는 정보를 다른 입력과 통합하고 대뇌피질의 여러 부분들까지 신호를 전송할 수 있다.[note 13]

추적체연구는 설치류 같은 단순 포유류의 기저핵과 원숭이의 기저핵 사이에 중요한 차이가 있음을 보여준다. 설치류에 있어서 난각막과 꼬리 신경핵은 구별되지 않는다. 그런데 이 구별은 중요하다. 최근 연구에 의하면 원숭이의 경우(운동 활동을 지각하고 직접 조절하는) 운동 대뇌피질이 신호를 오로지 난각막으로만 보낸다. 원숭이의 다리·팔·얼굴이 운동 대뇌피질(팔·혀 등 특정위치의 자극이 특정 운동활동에 영향을 주는 곳)에 표시되는 것과 유사한 방식으로 난각막에 표시된다. 대조적으로 전두엽 전방부·측두부·체강벽·대상엽의 연상영역들은 꼬리 신경핵으로만 연결된다. 별개의 회로들이 꼬리 신경핵과 난각막을 흑질과 연결시키며, 이곳으로부터 여러 연결회로가 대뇌피질로 올라간다. 그림 3-2는 기저핵의 두 가지 순환회로 즉 연상 및 운동순환 회로이다. PD와 실어증에서 종종 관찰되는 말 결함과 통사론 결함이 분리되는 현상은 이 해부구조를 반영한다. 꼬리 신경핵과 난각막으로부터 각각 흑질을 통하는 기저핵이 서로 독립되어 있기 때문에, 말 산출 결함을 보이는 개별 환자가 반드시 통사적 결손 또는 인지적인 결손을 지니는 것은 아니다.

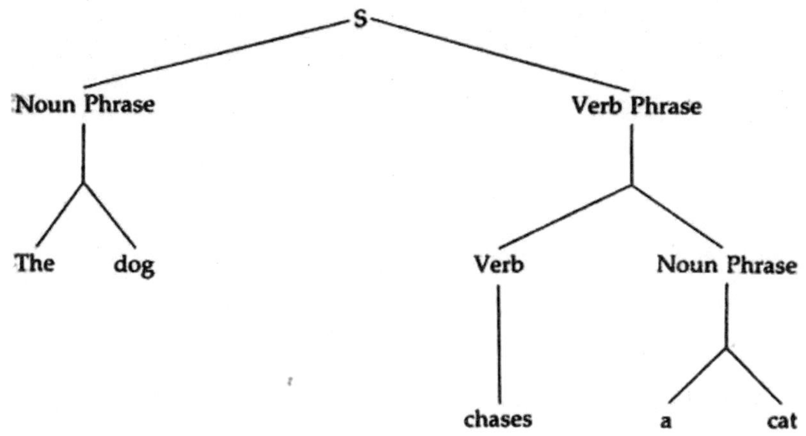


[그림 3-2]
영장류 기저핵의 두 가지 신경연결고리이다. 꼬리신경세포는 여러 가지 연쇄활동에 연관된다. 그리고 난간막은 운동활동과 관련되어 있다. 두 가지로 분리된 회로구조는 흑질의 구조들과 다른 부위 사이에서 발생하는 것을 표시하는 것이다(Delong, Crucher and Georopopoulos, 1983).

## 브로커영역

브로커영역은 분명 유일한 인간언어기관은 아니다. 그보다는 특정 연속 작용을 하기 위해 서브루틴으로 접근하기 위해 전문화된 다목적 상위 연상영역으로 보아야 할 것이다. 브로커영역은 서로 다른 회로들을 통해 서로 다른 행위의 측면들에 관여하는 것처럼 보이며, 능숙한 손—팔 동작을 촉진한다(Kimura, 1979). 폴 브로커(Paul Broca)가 1861년 처음 언급하였듯이 해당 영역은 말 영역에서 작용하며 또한 통사규칙에도 접근하는 것 같다. 전방부 전두엽대뇌피질까지 연결된 회로를 통해 이 자동화된 서브루틴이 새로운 손동작을 수행하고 음절을 발화하거나 문장의미를 이해하는 데 적용된다. 이러한 관점에서 볼 때 실어증의 결함은 언어적인 측면만의 결함만은 아니며, 좀 더 일반적인 문제의 일부분인 것이다.

두뇌의 신경생리학에 대한 우리의 지식이 아직 초기단계에 머무르고 있으므로, 자동화된 운동 서브루틴 또는 통사적 규칙이 정확히 어디에서 어떻게 저장되고 접근되는지에 대해 확신할 수 없다. 기억은 통사적 규칙에 대한 기억도 포함하여, 특정형태의 분산신경네트워크(들)와 관련된다(제4장을 보시오). 그러나 비록 분산신경네트워크가 이 정보를 저장한다 할지라도, 기억의 흔적은 어느 곳에서나 접근이 가능해야만 한다. 위에서 논의된 신경학적 자료는 브로커영역이 이 흔적에 접근하는 가장 유력한 후보임을 암시한다.

## 통사론과 사고의 진화에서의 단계들

자료와 이론들이 주어졌다고 본다면, 우리는 인간언어·통사론·사고의 진화연대기와 진화과정에 대해서 무엇을 말할 수 있는가?

### 1 단계: 초기 호미니드들의 두뇌 측면화

도구사용이 인간의 독특한 속성은 아니기 때문에(침팬치는 한 손 용도의 도구를 통상 사용한다: Boesch and Boesch, 1981, 1984; Goodall, 1986) 정확한 한 손 도구사용을 강화한 두뇌속의 변화는 유원인의 선조인 영장류가 적응하는 데에 기여했을 것이다. 비록 어떤 인류학자들은 오스트랄로피테쿠스가 석기를 만들지 않았다고 주장하지만(Day, 1986), 심지어 오늘날의 침팬지조차도 호두를 까기 위해 나무 모루와 돌망치를 사용한다는 사실을 고려해 보면(제6장을 보시오), 아마도 이들은 석기와 목기 정도는 사용했을 것이다. 호모 에렉투스과 그 이후의 모든 원인들의 화석은 석기 제작의 증거와 관련되어 있다. 손 행위를 위한 인간의 측면화 경향은 호모 에렉투스 시기에서 성립되었을 것이다. 일단 그런 성향이 성립된 후 도구제작 그 자체가 좀 더 정확한 손 기술을 가능하게 해 주는 두뇌장치의 생물학적 적응을 촉진시켰을 것이다.

## 측면화와 말지각

두뇌 측면화는 인간의 말지각과도 관련 있다(Lieberman et al., 1967). 인간의 좌반구는 시간 순서 결정(어떤 소리가 다른 소리 앞에 발생하는가 뒤에 발생하는가를 결정)을 포함하는 언어 및 비언어적 소리 연속들의 처리와도 관련성이 있다(Bradshaw and Nettleton, 1981). 일부 비인간 영장류들도 종에 특화된 목소리를 지각하는 데에 두뇌 측면화 효과를 보인다(Peterson 등, 1978; Heffner and Heffner, 1984; Newman, 1988). 여기에 '오른쪽 귀' 이점이 존재한다. 즉 인간의 말소리와 비인간 영장류의 목소리 중 일부는 좌반구에 더 직접 연결된 오른쪽 귀에 제시될 때보다 쉽고 정확하게 지각된다. 비인간 영장류는 인간언어에서 의미를 전달하는 소리의 일부를 지각할 수 있지만, 인간의 모든 말소리를 식별하고 구별할 수 있는지는 분명하지 않다(Kuhl, 1988). 우리는 인간의 모든 말소리를 다른 동물들이 어떻게 해석하는지 보여 주는 자료가 필요하다. 이와 관련된 자료가 없다면, 말지각을 위한 측면화된 두뇌장치의 진화는 결국 추측에 지나지 않게 된다.[note 14]

## 2a 단계: 말의 자발적 통제

생물학적 적응에 끼친 음성의사소통의 초기 공헌은 손을 해방시켰다는 사실에서 비롯될 것이다. 최초 원인들은 직립하여 걸을 수 있었으므로, 손은 자유로이 도구를 사용하고 짐을 나를 수 있었다. 수화는 효과적인 의사소통 수단이긴 하지만 반드시 손을 사용해야만 한다. 도구를 사용하는 원인들이 음성의사소통을 사용할 수 있었다면 대부분의 상황에서 자유로워진 손의 이점을 누렸을 것이다. 음성의사소통은 보는 사람이 가까이 있지 않고 채광조건이 열악할 때 더욱 효과적이다. 수신호가 특별한 유용성을 갖는 유일한 상황은 침묵이 꼭 필요한 경우뿐이다. 그러므로 수신호가 원인 진화의 초기

단계에서 중요한 역할을 했었다는 고든 휴즈(Gorden Hewes, 1973) 같은 학자들의 주장이 옳을지도 모르지만, 수화가 인간언어를 위한 유일한 연결 수단은 절대 아니었다.

음성화의 자발적 통제를 허락한 두뇌조직의 변화가 음성의사소통을 위한 최소한의 필요조건이었다. 브로커영역과 그 연결회로가 인간의 말 산출을 통제하는 자동화된 운동 서브루틴의 사용을 가능하게 해 주었다. 비영장류에서 브로커영역에 해당하는 부분은 얼굴 근육조직을 위한 주요 운동영역인 하위중추전방(precentral) 대뇌피질의 일부이다. 드위트 서튼(Dwight Sutton)과 우웨 유르겐(Uwe Jurgens, 1988)은 다람쥐원숭이에게서(자세히 연구해 본 결과) 이 영역의 전기자극은 원숭이의 입술과 혀의 독립된 움직임과 일부 후두운동을 산출시키지만 완전한 음성화를 산출시키지는 못한다는 사실을 알게 되었다. 다람쥐원숭이와 붉은털짧은꼬리 원숭이는 이 부분의 두뇌가 파괴되어도 외침소리나 심지어 음성화를 포함하는 과제수행에 아무런 영향을 받지 않는다. 대조적으로 전방 대상엽의 자극은 붉은털짧은꼬리 원숭이에게 입술움직임·발성·여러 외침소리를 유도한다. 동일한 대상엽에 있어서의 손상들은 외침소리를 방해한다. 전방 대상엽이 먼저 자극을 받았다면, 원숭이의 대뇌 신피질에서 보충운동연상영역(SMA)의 자극은 발성을 유도한다. 그러나 이 원숭이들에게서 브로커영역 해당부분과 연결된 부분들은 음성화에 영향을 끼치지만, 브로커영역 해당 부분은 음성화과정에 관여하지 않는다.

인간의 경우 대뇌피질의 말 조절은 새로운 부분들의 첨가와 옛 회로의 재배선 둘 다를 포함하였음이 분명하다. 전방부 전두엽대뇌피질의 증가는 말 산출에서의 역할을 일부 반영하고 있으며, 옛 회로의 재배선은 기저핵과 관련이 있는 것 같다. 최근 비교 연구들은 기저핵 회로들이 인간의 말과 통사론을 가능하게 하는 독특한 두뇌 기초의 실마리임을 암시한다. 인간 피험자에 대한 전기자극 연구에서 협조하는 환자의 두뇌가 외과수술 준비로 노출되면 실험자는 낮은 진폭 전기신호를 노출된 대뇌피질에 적용한다. 조지 오예만(George Ojemann, 1983)은 브로커영역과 그 근처에 원호를 따라 자극을 주면 말과 언어의 다양한 측면이 억제됨을 발견했다. 테렌스 디컨(Terrence Deacon, 1988a)은 추적체기술을 사용하여 붉은털짧은꼬리원숭이의 대뇌피질 상응부위에서 유사한 경로를 발견했다. 이 자료들은 추론적이긴 하지만, 인간과 비인간 영장류 대뇌피질의 배선에는 실질적으로 차이가 없음을 잘 암시해 주고 있다. 그러나 신경생리학적 자료와 행동 자료들은 말의 자발적 통제라는 측면에서 인간과 비인간 영장류의 두뇌 회로 설계에 틀림없이 차이가 있음을 보여준다. 피질하 손상 및 질병 그리고 언어 및 발화 결함에 관련된 '자연실험'은 인간과 비인간 영장류 사이의 잃어버린 고리로서 '기저핵'을 지목한다.

새로운 피질하 재배선은 전방부 전두엽대뇌피질을 대상엽과 같은 더 오래된 두뇌 영역들뿐만 아니라 다른 대뇌 신피질구조와도 연결시킨다. 이런 더 오래된 두뇌장치들이 계속적으로 인간의 말에 작용하고 있다. 원숭이도 기저핵의 진화가 중단되지 않은 것 같지만, 발화와 언어에 관여하는 기저핵 회로가 바로 인간 두뇌를 다른 영장류 두뇌와 구별시켜주는 것 같다. 즉 다른 전문화된 피질하구조들도 말 산출에 관여하게 되면서 말 산출을 촉진하는 데 적응되어왔을 것이다. 이 과정에 적용된 규칙이 두뇌회로의 다중 중복이다. 중복은 두뇌이건 보잉 747 항공기이건 작동해야 하는 기계 설계에 장점으로 작용한다. 그리고 그 과정은 전형적인 진화의 근사 논리(새 장치가 첨가되었고 낡은 장치는 최소 비용으로 수정한 논리)의 또 다른 예가 된다(Mayr, 1982).

## 2b 단계: 통사론

말 산출에 필요한 복잡한 연속적 작동처리에 적응된 두뇌장치들은 비교적 단순한 통사론(구문법)의 문제를 처리하는 데 전혀 어려움이 없을 것이다. 말 운동조절은 이전 또는 미래 사건을 조건으로 신속히 발동하는 근육 협동활동 패턴을 포함한다. 인간언어의 통사론을 기술하기 위해 언어학자들이 고안한 규칙들은 아무리 복잡하다고 해도, 상징들의 연속체에서 하나의 상징을 다른 상징들로 치환하는 것으로 단순화시킬 수 있는 단순한 상징적 조작과정으로 볼 수 있다(Bunge, 1984; Chomsky, 1986). 문장을 정의하는 상징들의 연속체는 한 상징이 다른 상징으로 치환될 수 있는 맥락을 결정한다. 이와 유사한 규칙들이 말하는 동안 충분한 산소공급량 제공하기와 같은 심지어 단순하기까지 한 과제들을 수행하기 위한 말 운동조절을 기술하게 된다.

발화를 수행하기 위해 폐에 공기를 채울 때의 근육 조작방법은 문장 전체길이에 걸친 복잡한 계획을 포함한다. 인간화자는 대개 말하기 전에 숨을 들이마시면서 의도한 문장의 단어들을 모두 산출하는 데 걸리는 시간의 길이를 측정한다. 들숨으로 확보한 공기의 양은 의도한 문장의 길이에 비례한다(Lieberman and Lieberman, 1973). 그러기 위해선 우선 각 단어의 길이가 계산되어야 한다. 그런 뒤 문장을 구성하는 모든 단어의 길이가 추가되어야 한다. 만일 전체 지속시간이 너무 길면, 문장은 통사 구조의 주요 휴지(breaks)에 일치하는 부분으로 쪼개어진다(Armstrong and Ward, 1926; Lieberman, 1967). 따라서 공기를 폐 속으로 집어넣는 규칙 또는 연산법은 (1) 문장 전체의 틀에 걸쳐 작동하고 (2) 통사관계를 고려해야 한다. 문장의 멜로디나 억양을 결정하는 공기흐름과 공기압력을 규제하는 근육조절에 필요한 '미리 프로그래밍하기'도 우리가 똑바로 있든 기대어 있든, 친구와 조깅을 하며 대화를 하는 등의 상황들과, 위속에 있는 유동체의 양 및 언어적인 요소들(예/아니오 질문을 할 것인지 아니면 우리가 의도한 문장의 일부를 강조할 것인지의 문제들)을 모두 고려 대상에 넣어야 한다(Atkinson, 1973; Bouhuys, 1974).

## 전적응과 보편문법

여기에서 제시된 진화모형은 통사론에 전문화된 두뇌장치들의 존재를 부인하는 것은 아니다. 이 모형에서 주장하는 것은 말 운동조절이 전적응의 기초 즉 출발점이라는 것이다. 일단 통사론이 인간 의사소통의 한 요인이 된 뒤, 그것이 주는 선택적 이점(부호화를 통한 의사소통 속도 증가와 단기 기억 한계 극복하기)은 말 운동 조절과는 무관하게 이 능력들을 독립적으로 촉진하는 자연도태의 장을 마련했을 것이다. 그러므로 현대인간에게서 통사론을 규제하는 두뇌장치들의 일부 측면은 운동조절과는 아무런 관련이 없다. 지난 150,000년 내지 200,000년에 걸친 자연적 선택은 통사론을 전담하는 신경구조를 산출했을 것이다. 이러한 관점에서 노암 촘스키(1986)의 직관(인간은 의심할 여지없이 모든 인간언어의 가능한 통사 규칙들의 특정측면을 유전적으로 부호화하는 두뇌장치를 갖는다는 직관)은 일부분에 있어서는 정확하다고 할 수 있다. 그러나 그의 직관이 맞는다고 해도, 생물학적 '언어기관'은 생물학적 기관들의 일반적인 속성들(변이·성숙·진화역사)에 일치해야 한다. 이 문제는 두뇌생리학과 실제 일상적인 언어사용에서 일어나는 통사변이의 실제패턴 등과 같은 평범한 문제들에 대해 더 많이 알아야만 해결될 수 있을 것이다.

## 현대인간 두뇌의 진화 시기

말의 자발적 통제를 가능하게 하는 두뇌 재조직은 현대인간 두뇌를 정의하는 특징 중 하나이다. 이는 분명히 100,000년전 현대인간의 성도(vocal tract)를 지닌 카프제와 스쿨 V 등의 해부학적 현대화석원인에게 발생했었다. 125,000년 전에 살았었고 이들 화석에 선조가 되며 거의 완전히 현대인과 같은 성도를 가지고 있는 Broken Hill과 같은 화석 원인에게도 이 재조직은 이미 발생했었을 것이다.

그리고 해부학적으로 현대인 호모 사피엔스의 초기 표본에 선조가 되는 (이제 발굴해야 하는) 아프리카 화석 원인에게 발생했을지도 모른다(Stringer and Andrews, 1988). 통사론과 추상적 인지과정의 적응 시기를 결정하는 일은 좀 더 어렵다. 카프제와 스쿨 V에 관련된 고고학적 증거(제6장을 보시오)는 이들이 완전한 현대인의 두뇌(복잡한 통사론과 논리에 적응된 두뇌)를 소유했었다는 사실과 일치하지만, 그 이전부터의 기원을 배제할 수는 없다. 비록 전방부 전두엽대뇌피질의 상당한 증가현상이 생물학적 적응을 위한 발화와 언어에서만 독특하게 이루어졌는지 모르지만, 이 부분의 두뇌는 사실상 모든 측면의 행위에 참여한다. 그러므로 생물학적 적응을 촉진한 그 어떤 인지적 활동도 이 영역의 발달에 기여해 왔을 것이다.

## 네안데르탈인의 두뇌

현대인간의 성도의 존재가 성도를 작동하는 데 필요한 두뇌장치들이 함께 존재했다는 표시이긴 하지만, 약 35,000년 전까지 살았던 전형적인 네안데르탈인의 화석에서 현대인간의 성도가 존재하지 않는다는 사실이 네안데르탈인에게 그런 두뇌장치가 없었음을 증명하는 것은 아니다. 말 산출의 기저가 되는 두뇌장치가 손 운동 조절에 적응되었던 두뇌장치로부터 진화된 듯 보이기 때문에, 해부학적으로 현대인 호모 사피엔스보다 앞선 고대 유원인들에게 일정 수준의 말생산 능력이 아마 존재했을 것이다. 사실 말 의사소통이 이미 자리 잡지 않았다면 인간성도의 진화에 선택적 이점이 전혀 없었을 것이기 때문에, 일정 수준의 말 산출능력이 초기 유인원들에게 틀림없이 있었다고 주장할 수 있다. 그러나 해부학적 현대인이 출현한 후 적어도 7,000년 동안 네안데르탈인이 기능적으로 비인간 성도를 보유했다는 점은 여러 선택적 압력(네안데르탈인의 말이 최소한 인간의 말보다 덜 명확하여 아마도 말에 대한 의존이 더 적었을 것임)이 있었음을 증명한다. 그러므로 네안데르탈인의 두뇌는 말(혹은 통사론과 '추상적 태도'의 다른 측면들)에 잘 적응되어 있지 않았었을 것이다. 네안데르탈인의 두뇌가 우리의 두뇌와 동일하다고 많은 학자들(예를 들어, Terrence Deacon, 1990)이 주장했지만, 그들의 주장은 항상 인간의 범위에 속하는 네안데르탈인의 두뇌 전체의 크기에 대한 주장에 지나지 않는다. 그러나 두뇌의 크기 그 자체가 중요한 것은 아니다. 현재로서는 두개골 관찰만으로는 두뇌화석의 구조나 연결회로를 측정하는 것은 불가능하며, 따라서 네안데르탈인의 두뇌가 우리의 두뇌와 동등한 수준의 발화와 언어 회로들을 가지고 있었는지 알 수 없다.[note 15]

## 전문화와 일반화

인간 두뇌의 두 체계인 (1) 브로커영역과 그 연결 회로들 (2) 전방부 전두엽대뇌피질들이 지금까지 이 장에서 논의되었다. 기능적 브로커영역은 (연결 회로를 반드시 포함하여) 종(인간)—특유의 것이다. 이것은 말 산출과 통사론을 위해 필수적인 것이다. 진화 과정에는 선조들이 있게 마련이지만, 오로지 현대인간만이 말 산출을 위해 저장된 운동조절 프로그램에 자발적으로 접근할 수 있다. 오로지 현대인간만이 복잡한 통사구조를 갖는 문장을 생성해내고 해석하는 능력을 가지고 있는 것 같다. 또한 인간은 복잡한 논리적 명제를 처리할 수 있는 유일한 동물인 듯하다(제6장을 보시오). 그러나 브로커영역은 분명히 언어 이론이 가정하는 '언어기관' 모듈은 아니다. 그 기능회로는 계통 발생적으로 '오래된' 두뇌장치를 포함하며, 정확한 한손 사용기술과 함께 '더 오래된' 운동조절 능력을 갖고 있다.

더욱이, 전방부 전두엽대뇌피질은 인간의 언어와 사고 둘 다에 관련된다. 이 영역을 브로커영역과 연결하는 회로가 언어를 가능하게 한다. 사실 전통적으로 브로커영역에 속하는 많은 활동에는 전방부 전두엽대뇌피질과 여기에 연결된 피질하 회로의 활동이 많이 포함된다. 인간의 전방부 전두엽대뇌피질의 증가와 복잡성이 부분적으로 생물학적 적응에 대한 언어의 독특한 공헌에서 비롯됨은 분명하다. 그러나 전방부 전두엽대뇌피질은 새롭고 창조적인 모든 활동에도 관여하고 있다. 이곳은 정보와 적절한 운동반응을 통합하고, 새로운 반응을 학습하고, 일반적 추상 원리를 이끌어 낸다. 이곳은 두뇌의 '생각하는 저장창고(think tank)'이다. 만사가 원활하고 관례적으로 돌아갈 때는 이 영역을 필요로 하지 않지만, 문제를 해결하고 새로운 반응을 학습해야 할 경우에는 해당 과정에 참여하는 경향이 있다.

따라서 인간의 말·통사론·사고의 두뇌기초는 두뇌의 많은 옛 부분과 새 부분을 연결하는 회로들의 집합으로 구성된다. 이 연결회로와 장치들의 진화는 다른 동물들의 복잡한 해부학과 두뇌에 대한 일반적인 설명을 제공하는 다윈의 주장을 기반으로 형성된다고 보아야 한다.

# 4장

# 두뇌사전

UNIQUELY HUMAN

# 제4장 두뇌사전

1960년대까지 언어학자들과 철학자들은 단어들을 사용하는 능력이 인간언어의 열쇠라고 믿었다. 예를 들어, 1964년 노먼 게쉰드는 다른 동물들에게는 단어들의 의미들을 학습하기 위해 필요하다고 가정되는 대뇌 신피질 회로가 없다고 주장했다. 20세기의 선두적 신경학자였던 게쉰드는 당시로서는 합당한 목표를 계속 추구하였다. 즉 다른 동물들에게는 인간의 언어가 결핍해 있기 때문에, 그가 확인하고자 하는 신경학적 능력도 반드시 결핍할 것이다.

그 이후 다양한 실험과 관찰이 다른 동물들도 단어를 습득하고 사용할 수 있음을 증명하였다. 1960년대 후반 침팬지를 대상으로 한 실험들이 원숭이들에 대해서 처음으로 이를 증명하였다(Gardner and Gardner, 1969). 정식 테스트에서 캘리포니아 바다사자와 다른 해양 포유류들이 제한된 수의 단어를 습득할 수 있음이 밝혀졌다(Herman and Tavolga, 1980; Schusterman and Krieger, 1984). 앵무새도 제한된 수의 단어에 반응하고 산출하도록 가르쳐질 수 있으며(Pepperberg, 1981)[note 1], 일반적으로 개와 같은 많은 다른 동물들은 소수의 단어들에 반응하며 훈련받은 개는 상당한 수의 어휘를 가지고 있다(Warden

과 Warner, 1928). 그러나 많은 동물들이 어휘적 능력을 가지고 있다고 해도 단어는 언어의 본질적인 특징이다. 단어들이 없이 언어가 존재할 수 없다. 그러므로 언어에 대한 진화이론은 단어를 습득하고 해석하는 두뇌장치들을 설명해야 한다. 이어지는 다음 내용들을 바탕으로, 나는 유사한 두뇌장치, 즉 분산신경네트워크가 인간과 그 외에 다른 동물의 어휘적 능력을 결정한다는 것을 주장할 것이다. 어휘부에서 인간과 다른 동물들 사이의 주된 구별은 양적인 면에서인 것 같다. 침팬지와 고릴라는 동물 가운데 가장 많은 어휘를 소유하고 있다. 그들이 마치 미국 수화(American Sign Language, ASL)를 사용하는 아이들처럼 양육된 침팬지는 최대 약 200개의 단어를 습득한다(Gardner와 Gardner, 1969). 대조적으로 두 살 반 이후의 아동은 '이름짓기 폭발'시기를 거치며 학습하게 되는 어휘의 수가 아동의 어휘부 전체의 단어 수 확인이 불가능할 정도로 많다(L. Bloom, 1973; R. W. Brown, 1973). 이는 그 자체적으로 중요한 차이를 보여 주는 현상이다. 양적 '연산작용' 구별들은 컴퓨터나 생물 모두에게 질적으로 기능상의 차이점들로 이어진다. 예를 들어, 10달러짜리 계산기와 *Cray* 초대형컴퓨터는 유사한 계산체계를 사용하지만 각자가 해결할 수 있는 문제의 본질은 질적으로 다르다. 사람이 습득하는 엄청난 수의 단어는 그에 상당하는 정도의 수 개념을 사고하고 소통할 수 있게 해준다. 다시 말해 인간이 알고 있는 엄청난 수의 단어가 인간언어와 사고의 독특한 측면을 구성한다.

## 단어는 무엇을 의미하는가?

단어들이 개별 사물이나 행동 보다는 개념을 전달하는 것은 분명하다. 이는 인간들에게만이 아니라 ASL을 훈련받은 침팬지들의 경우에 있어서도 마찬가지이다. 비록 침팬지들의 어휘가 매우 제한적이긴 하지만, 그들의 단어가 개별 사물을 지시하는 상징들인 것은 분명히 아니다. 지식이 있는 인간에게 미국수화의 단어 *tree*는 특정 나무를 지시하지 않는다. ASL을 사용하는 침팬지에게 처음 보는 사물의 칼라 슬라이드를 보여 주는 정식 테스트는 침팬지에게 *tree*는 우리에게 있어서와 마찬가지로 특정한 나무를 지시하는 것이 아니라 한 부류의 나무나 그와 유사한 식물을 지시한다(Gardner and Gardner, 1984). 단어의 이러한 측면은 모든 인간언어에 해당된다. 걸리버 여행기(1726)에서 조나단 스위프트(Jonathan Swift)는 '모든 단어를 그 무엇이건 간에 다 없애버리려는' *Academy of Laputa*의 '계획'에 대한 대목에서 단어의 부정확함에 대한 철학적 논쟁을 풍자 하고 있다. "모든 단어는 단지 물건의 이름에 불과하므로 모든 인간이 전달하고픈 특정 용건을 표현하는데 필요한 물건들을 아예 다 가지고 다니는 것이 더 편리하며 …… 그렇게 하면 자신의 용건에 신경쓰는 불편함만 감수하면 될 것이다. 만일 어떤 사람의 용건이 아주 대단하고 종류가 다양한 경우에는 그 대단하고 다양한 만큼 물건의 꾸러미를 잔뜩 직접 등에 지고 다녀야 한다. 건장한 하인이 없다면 말이다"(1970 [1726], p. 158). 간단한 단어 shoe조차도 자동차 수리공이나 패션 디자이너 각자에게 아주 다른 의미를 가질 수 있다. 18세기 편자공이나 마리 앙투아네트에게도 전혀 다른 의미를 지녔을 것이다. 단어들은 특정한 사물들을 지시하지 않으며 그 대신 개념을 부호화하고 개념적 지식을 반영하기 때문에 의사소통과 사고를 강화한다.

## 형식 논리 그리고 의미

언어학의 미해결 문제 중 하나는 어떻게 개별문장에 포함된 단어들의 의미들을 알아내는 것이 가능한지를 설명하는 일이다. 예를 들어, *The merchant deposited his money in the bank*라는 문장에서 *bank*의 의미는 *He fished all day on the side of the bank*라는 문장에서 갖는 의미와는 아주 다르다. 가장 일반적인 단어들이 가장 많은 의미들을 갖는다. 그러나 인간이 한 문장의 단어 의미를 이해하는 데 아무런 어려움이 없는 반면, 문장을 이해하도록 고안된 컴퓨터시스템에게는 만만치 않은 과제가 된다.

많은 언어학자들이 이 문제를 해결하기 위해 형식적 논리의 수학적 절차들을 사용하고자 시도하였으나, 형식적 논리가 본래 명확한 범주적 구분에 관한 것이기 때문에 이러한 시도는 그리 성공적이지 못했다. 특정한 속성이 단어와 모호하지 않은 방식으로 관련되어야 하기 때문에 심지어 *table*과 같은 '단순한' 구체적인 단어조차도 정의를 내리는 것이 매우 어렵다. 논리학자들은 대개 세상을 사물/과정의 두 '집합'으로 이분하는 사고—훈련 방법으로 단어를 정의한다. 예를 들어, table의 의미를 정의하기 위해서 명확히 테이블인 사물의 집합과 절대로 테이블이 아닌 집합을 설정해야 한다. 또한 어떤 것을 테이블로 만들어 주는 물리적 기능적 속성의 집합을 구체적으로 명기해야 하는데 이것은 쉬운 일이 아니다. 우리는 심지어 '테이블은 다리가 네 개이다'라고 조차 주장할 수 없다. 어떤 테이블들은 다리가 하나인가 하면, 어떤 것들은 다리가 하나도 없이 벽에 접혀 있다가 펼쳐내는 것일 수도 있기 때문이다. 기능을 기준으로 정의하는 것도 더 나을 것은 없다. 테이블은 무언가를 받친다. 그러나 침대나 의자도 그렇지 않은가. 이렇게 단어는 형식적, 수학적 논리의 절차로는 특징지을 수 없는 모호한 지시대상을 갖는다. 제이콥 브로노우스키(Jacob Bronowski)가 말했듯이, "테이블이나 의자에 대해 그 어떤 이의를 제기 받을 여지를 남기지 않는 말을 할 수는 없다. '*Well I am using this chair as a table.*' 아이들은 항상 이렇게 한다. '*I am using this chair as a table, it is now a table or chair.*' …… 그리고 '*table*'에 대해서 이러하다면, '*honor*'에 대해서도, '*gravitation*' 도, 그리고 '*mass*', '*energy*'나 그밖에 다른 것들에 대해서도 마찬가지이다"(1978, p. 107). 브로노우스키는 단어의미 이해에 대한 형식논리의 관련성을 배격한다. 그리고 철학자 힐러리 푸트남(Hilary Putnam, 1981)도 형식적 논리절차를 이용해 단어를 정의하는 것은 논리적으로 불가능하다는 것을 증명하는 비평에서 비슷한 결론을 내리고 있다.

수십 개의 심리학적 실험들은 경험에서 파생된 의미와 음성적 '이름'을 결합시키고 의미와 의미를 서로 결합시키는 것이 바로 단어임을 보여준다(Lupker, 1984). 나는 bicycle이라는 단어를 2~3초 이상 의식적으로 생각할 때, 거의 항상 브룩클린에서의 한 장면(내가 처음 비틀거리며 자건거를 타던 날, 내 자전거를 꼭 잡은 채 Ocean Parkway 자전거 도로를 따라 내 옆에서 걸으시던 아버지의 모습)을 회상한다. 나에게 이 어릴적 경험은 *bicycle*이라는 단어와 지울 수 없을 정도로 결합되어 있다. 우리들이 한 단어를 생각할 때면 우리는 그 단어의 이름과 의미 둘 다에 접근한다. 단어의 의미가 그 단어와 결합된 경험에서 나오며, 단어의 기저를 이루는 특정 개인의 기억이 떠오르는 것이 비록 의미의 어떤 공통된 핵심이 존재하지 않는다면 의사소통이 전혀 불가능하겠지만, 도스토예프스키(Dostoevsky)·프로스트(Proust)·콘라드(Conrad) 등과 같이 많은 다른 이들이 증명하듯이 인간이 살아가는데 수반되는 많은 어려움들은 바로 우리가 제대로 전달하지 못하는 의미상의 차이들에서 비롯된다.

## 분산신경네트워크

아이들이 단어의미를 학습하는 데 나타나는 문제들 중의 하나는 한 단어가 삶의 어떤 측면을 결정하는가에 연관되어 있다. *doggy*라는 단어는 여러분을 혀로 핥아대는 털이 많은 동물을 지시하는가, 아니면 그렇게 움직이는 모든 동물을 지시하는가? 그렇다면 kitty는 무엇인가? 아동은 각 단어의 모호한 경계들을 인지할 수 있어야만 한다. 그들은 어떻게든 다소 다양한 수많은 경험으로부터 음의 연속체 즉 음성적 단어로 코드화되는 개념을 이끌어내어야만 한다. 인간과 그 이외의 다른 동물들이 어떻게 경험으로부터 학습하는가를 설명하기 위해 다양한 장치가 제안되어왔지만, 생물학적으로 타당한 장치 즉 분산신경네트워크가 제안된 것은 최근 10년 정도이다.

분산신경네트워크는 두뇌가 서로 다른 사건들이나 정보에 노출됨에 따라 본래 결합 패턴을 설정하는 두뇌의 미세한 가상 구조모형이다. 단어의 '의미'를 구성하는 실세계 경험에 노출될 때, 적절한 분산신경네트워크가 의미 집합과 해당 단어의 음성적 '이름'을 원래대로 결합하게 된다. 그러면 그 단어는 네트워크로부터 의미적 속성이나 음성적 속성을 통해 접근될 수 있다. 다시 말해 신경 네트워크는 단어의 음성 방식이나 단어의 관련 의미 및 사건을 통해서 단어를 '회상'한다. 예를 들어, *collie*는 분포된 망에 *poodles*·*sheep*·*Scotland*, C자로 시작하는 단어들, *Molly*와 리듬이 닮은 단어들을 '생각'하도록 명령함으로써 접근될 수 있다.

사고를 정의하는 특징을 결정하는 것은 항상 어려운 일이다. 사고가 경험으로부터 추상원리를 이끌어내는 능력이라면 분산신경네트워크의 컴퓨터 모형들은 사고를 한다. 테렌스 세이노우스키(Terrence Sejnowski), 크리스토프 코치(Christof Koch)와 페트리샤 처치랜드(Patricia Churchland, 1988)가 개발한 모형은 복잡한 형태의 굴곡과 방향성을 추상화할 수 있다. 동일한 네트워크가 정상적인 텍스트에서 영어단어를 발음하는 것을 학습할 수 있다. 또한 이와 유사한 네트워크가 영어 규칙동사의 ed 과거시제를 형성하는 언어규칙을 쉽게 끌어낼 수 있다(Rumelhart, McClelland and PDP Research Group, 1986). 이를 최근의 실험에서 흥미로운 점 하나는 컴퓨터 모형의 '행위'가 영어를 학습하는 아동의 행위와 유사하다는 것이다. 영어는 see나 eat와 같은 '불규칙'동사들뿐만 아니라 문자화된 ed 복수형을 취하는 '규칙'동사들의 집합도 지니고 있다. 아이들이 규칙적인 영어의 과거형변화를 학습할 때면 거의 대부분 일반화를 과하게 적용하면, *eated*처럼 그들이 전혀 들어본 적이 없는 단어들을 만든다. 언어학자들은 이 행위를 발화의 기저를 이루는 추상적 언어원리나 규칙을 아동이 학습하였다는 적절한 증거로서 해석한다. 이 실험에서 분산신경네트워크는 영어의 규칙 과거시제를 일반화하여 *seed*나 *eated*와 같은 단어들을 형성하였다.

## 기능적 대뇌피질의 지도

두뇌가 무형태의 하나의 커다란 분산신경네트워크일 뿐이라고 주장하는 사람은 거의 없을 것이다. 심지어 단순한 동물의 뇌조차도 전문화된 장치(예를 들어, 청각 또는 후각 입력보다 시각입력의 처리에 적합한 장치)들로 구성되어 있음이 분명하다. 또한 나무 한 그루 전체의 그림처럼 우리가 보통 총체적으로 생각하는 정보는 어떤 상위 수준에서 통합되는 기능적 지도의 집합체제 내에서 처리되고 저장된다는 것이 분명해 지고 있다.

가장 일반적인 종류의 지도는 다른 사물들에 대한 관계 속에서 사물들이 어디 있는가를 보여준다. 우리는 미국 지도에서 뉴욕시가 필라델피아의 북쪽에 있음을 알 수 있다. 그러나 지도는 다른 정보(예를 들어, 한 도시의 인구수)를 상징화된 표식을 사용하여 코드화할 수도 있다. 또한 우리는 이 도시에 사는 사람들이 1988년 대통령선거에서 투표한 경향을 코드화할 수도 있다. 대뇌피질에서 형성된 지도는 시각, 청각 및 그 외에 다른 감각의 여러 속성을 코드화한다. 최근의 연구는 각각의 감각 방식에 대해 많은 대뇌피질 지도가 존재함을 보여준다(재확인을 위해서는 Altman, 1987을 보시오). 예를 들어, 어떤 시각지도는 여러 물체의 색·크기·운동 방향을 코드화한다. 또 어떤 시각지도는 특정동물에게 필요한 좀 더 복잡한 형태정보를 코드화한다. 지도는 특정동물에게 필요한 신호의 속성을 코드화한다. 예를 들어, 알룬 앤더슨(Alun Anderson, 1988)이 Nature지 인터뷰에서 언급한 분산신경네트워크를 고양이의 시각 대뇌피질에서 발견된 기능적 지도 중의 하나를 시뮬레이션하는 데 사용했다. 영장류는 약 12개의 서로 다른 시각 대뇌피질 지도를 가지고 있으며 6개의 청각적 지도를 갖는다.

다양한 동물들이 어떻게 정보를 저장하는가에 대한 최근의 연구들은 두뇌사전이 아마도 실제로 실세계 지식의 서로 다른 측면들을 저장하는 사전(대뇌피질 지도)들의 집합일 것이라고 밝혔다. 예를 들어, 로잘린 맥커시(Rosaleen McCarthy)와 E. K. 워링톤(E. K. Warrington, 1988)은 생물의 구어체 이름들을 만들어 내거나 이해하지도 못하는 환자의 경우를 보고했는데, 환자 자신이 그림으로 묘사할 때는 무생물의 이름들이나 생물의 이름들에 있어서는 아무런 어려움도 없었다. 그가 두뇌사전에 접근할 때 있어서의 이런 특정양식 및 특정범주 결함은 분명히 두뇌 좌반구 내의 기형에서 기인한 것 같다. 좌반구가 손상된 다른 환자들은 지식의 특정속성들에서 손상을 보인다. 예를 들어, 카나리아가 새라는 것은 알지만 노란색이라는 것은 모를 수가 있다. 단어에 함축되어 있는 의미범주들이 두뇌사전을 형성하는 기능적 대뇌피질 지도들과 일치할 가능성은 있다. 따라서 인간언어의 의미구조를 이해하는 데에는 아마도 철학보다는 신경생리학이 궁극적인 실마리가 될 수 있다.

### 개별적 차이점들

두뇌와 분산신경네트워크의 신경생리학에 대한 최근의 연구들은 어떠한 두 개체도 동일한 두뇌를 가지지 않는다는 것을 보여준다. 살아 있는 두뇌에 대한 전기생리학적 연구는 대뇌피질 지도들이 가소성(可塑性)이란 것을 보여준다. 즉, 대뇌피질 지도는 동물이 세상과 상호 작용함에 따라 변화한다는 것이다. 예를 들어, 성인 owl monkey를 대상으로 한 실험은 원숭이의 손가락 끝이 강하게 자극될 때 대뇌피질의 손가락 끝 표시 부분이 팽창함을 보여준다. 대뇌피질 지도에서 손가락 끝 표시 부분이 손가락의 나머지 부분과 손의 일부를 표시하는 영역 속으로 1mm 정도가 확장된다(Merzenich, 1987b). 제랄드 에델만(Gerald Edelman, 1987)과 그의 동료들은 유전적으로 동일한 두뇌가 서로 다른 경험들에 노출됨에 따라 서로 다른 연결들을 형성함을 증명하였다. 에델만의 분산신경네트워크 컴퓨터 시뮬레이션은 두뇌의 미세구조가 자극에 반응하는 과정을 관찰한 것을 시뮬레이션으로 만든다. 자극받은 연결들은 더욱 강해지며 반대로 거의 또는 전혀 사용되지 않는 연결회로들은 약해진다. 에델만은 유전뿐만 아니라 삶의 경험을 반영하는 분산신경네트워크을 설정하여 선택 사용되는 이 과정을 기술하기 위해 신경 다윈주의라는 용어를 사용한다.

## 자연 속에서의 실험

인위적으로 조작하지 않은 많은 자연실험 자료들은 두뇌사전과 인간언어 및 사고의 다른 구성요소들 간의 어느 정도 수준의 연관성이 있음을 보여 준다.

### 정신지체

모든 인간은 지능에 상관없이 언어를 습득한다는 자주 반복되는 주장에도 불구하고 사실은 그렇지 않을 수도 있다. 제한적인 조건에서 보호시설에 수용된 지능이 심하게 뒤지는 성인들에게 언어는 존재하지 않는다(Willis, 1973). 언어가 결여되어 있는 개인은 기본 운동능력도 결여되어 있다. 지능이 덜 뒤지는 보모격의 사람이 신발 끈을 메주고 옷을 입힌다. 다운 증후군도 운동근육 조절, 통사적 능력 그리고 인지적 능력에 심한 결함을 가져온다(Hopmann, 준비 중). 정신 지체자들의 운동능력과 언어능력 간의 연관성에 대한 앞으로의 연구는 신경 및 진화적 연관성이라는 측면에서 그 정당성을 찾을 수 있다.

## 알츠하이머병

알츠하이머병의 신경학적 근거는 아직 분명하지 않지만, 두뇌에 대한 진행적·확산적·양측면적(bilateral) 손상을 포함하는 것으로 보인다. 정식 테스트에서 심지어는 경미한 알츠하이머를 가지는 사람조차도 단어목록을 산출하거나 단어를 이해하고 의미를 전달하는 형태소를 이해하는 데 장애를 겪었다(Bayles and Boone, 1982; Bayles and Tomoeda, 1983). 이들의 자발적 발화는 의미론적으로 무의미하다(Nicholas, Obler and Helms-Estabrook, 1985). 문제는 단어들의 '의미'에 접근하는 능력에 있는 것 같다. 다니엘 켐플러(Daniel Kempler, 1988)는 다양한 정도의 치매를 보이는 8명의 알츠하이머 피실험자들에게 20개의 물체를 '사용하는 법'이나 '용도'를 몸짓으로 표현하게 하였다. 명명하는 능력과 몸짓으로 표현하는 능력 양쪽 다 치매의 정도에 따라 손상의 정도를 보여 주었다. 알츠하이머 피실험자들은 언어영역에서나 다른 영역에서도 의미를 단어나 특정 물체와 관련지을 수 없었다. 켐플러는 어휘가 '비언어적인 인지적 기능'에 내재적으로 결합되어 있다고 결론짓는다(1988, p. 156).

이와는 대조적으로 병의 상황이 적당한 수준에 있는 알츠하이머 환자조차도 통사론(구문법)과 말은 보유하고 있다. 다니엘 켐프러(Daniel Kempler)·수잔 커티스(Susan Curtiss)·캐서린 잭슨(Catherine Jackson, 1987)은 세심하게 진단된 20명의 알츠하이머 환자들을 대상으로 한 연구에서 이들에게 자발적 발화를 유도하고 받아쓰기를 하게 했다.

모든 피실험자들이 영어 단일언어 화자였고, 연령별로 짝을 이루는 통제집단과 비교되었다. 자발적 발화와 쓰기에 있어서 통사적으로 복잡한 문장에서도 특별한 중요 차이들이 별견되지 않는다. 쓰기샘플에서 동음이의어 쌍(homophone pair)의 경우에는 두 단어 중에서 피실험자가 의도한 단어를 식별할 수 있는 의미적 또는 통사적 신호와 함께 단어를 전사하도록 하였다. 예를 들어, 동음이형 이의어 쌍 *see/sea*는 *look—see*와 *lake—sea*처럼 의미적 신호와 함께 그리고 I see와 the sea처럼 통사적 신호를 함께 제시했다. 샘플을 분석한 결과 알츠하이머환자는, *sea* 대신 *lak, day* 대신 *hour, look* 대신 *see* 등과 같이 의미론적 오류를 근거로 볼 때, 통제집단보다 7배 많은 오류를 범하였다.

## 윌리엄증후군

윌리엄증후군(특발증적 유아 고칼슘혈증(hypercalcaemia))은 비슷한 제한적 조건을 나타낸다. 윌리엄증후군 환자는 두뇌사전에 제한된 언어결함을 갖는 듯하다. 이 증후군은 병을 앓는 아이의 어머니가 (언어와 통사론을 본질적으로 동일하게 간주하는) 촘스키에게 자기 아들은 거의 '완벽한' 언어를 가지고 있지만 심한 지체를 보인다고 편지를 써 보내면서, 언어학자들에게 알려지게 되었다.[note 2] 만일 인간언어가 단지 말과 통사론으로만 구성되어 있다면, 이 병의 희생자는 '완벽한 언어'를 가지고 있다고 말해져야만 할 것이다.

윌리엄증후군을 갖는 아동들은 독특한 '작은 요정같은' 얼굴과 많은 신체적 기형들을 지니고 있다. 그들의 유창하게 말을 생성하고, 통사적 능력들은 다소 조숙하다. 그들은 전형적으로 낯선이들에게 지나치게 친절하며 쉽게 대화를 나누지만 말의 내용은 무의미하다. 부모와 교사는 그들의 말을 "유창하고 발음이 정확하며 …… 피상적인 수준에서이지만 …… 어른들에게서 주워들은 고정된 구절과 억양을 사용하며 …… 단어·구절·이야기·노래가락을 잘 암기하는" 것과 같이 특징짓는다(Udwin, Yule and Martin, 1986, p. 306). 윌리엄증후군 아동은 분명히 정신적인 장애를 가진다. 우드윈(Udwin)과 동료들이 연구한 아동들은 표준테스트 점수대에서 평균IQ가 약 50이었다. 이들의 언어이해력은 매우 형편없었고, 언어와는 별도로 공간지향성 및 운동조절력도 낮았다.

윌리엄증후군 아동들의 특징인 양호한 말 운동조절과 통사론의 상관관계는 인간의 통사능력이 진화 초기에 일반 운동조절보다 말 촉진을 담당했던 두뇌장치와 관련이 있다는 사실과 일치한다. 이 환자들의 말의 내용이 무의미하다는 것은 이들이 두뇌사전의 단어들을 통해 반영되는 인지개념을 형성하지 못하거나 이 개념들에 접근하지 못함을 암시해준다. 윌리엄증후군의 언어 및 인지적 결손의 정확한 본질과 생물학적 근거는 앞으로의 연구에서 밝혀질 것이다.

## 베르니케실어증

베르니케실어증 연구에서 유래한 자료들도 인간언어가 여러 부문으로 되어 있다는 전제와 일치한다. 칼 베르니케(Carl Wernicke, 1874)는, 두 명의 환자에 대한 초기의 관찰에서, 그들의 발화 산출이 명료했으며 통사론은 정확하지만 부적절한 단어들과 신조어들을 사용한다는 것을 발견했다. 베르니케의 환자들은 음성적 주소 즉 단어들을 가리키는 소리에 약간의 문제가 있으며 또한 의미론적으로 관련된 단어들을 혼동하였다. 문제는 이들이 말하려고 했던 단어들과 음성적 또는 의미론적으로 관련 있는 단어들의 사용에 있다. 예를 들어, 베르니케환자는 *lock*대신에 *light* 또는 *key*로 바꾸어 쓰거나 *glip* 같은 신조어를 산출한다. 이러한 결손은 사전 접근 중 어느 하나에 있는 것 같다. 켐플러와 그의 동료들(1987)은 베르니케실어증과 알츠하이머병 사이에 발생하는 어휘—의미론적 결손이 유사하다는 점에 주목하면서, 이를 두 증상을 공통된 신경—언어적 문제로 제안한다.

베르니케실어증이 산출하는 오류는 경미하게 손상된 분산신경네트워크가 산출하는 오류에 대응해 생각할 수 있다. 분산신경네트워크는 사전을 실행하기 위해 사용될 때 음성적 주소나 의미론적 연상을 통해 단어에 접근할 수 있다. 신경 네트워크들의 사전찾기 책략은 사람들이 적절한 단어를 찾을 때 사용하는 책략과 일치한다. 의미를 알고 있는 단어의 소리를 몇 번이나 찾아 본 적이 있는가? 그것은 나에게 매우 흔히 일어나는 일이다. 나는 의미상 관련 있는 온갖 종류의 단어들을 모두 파헤쳐보지만 정작 맞는 단어는 찾지 못한다. 그러다가 마침내 적합한 단어가 의식 속으로 불쑥 떠오른다. 베르니케환자들은 이 점에서 침투성의 문제를 갖는다. 명명장애는 모든 경우의 실어증 중에서 가장 높은 침투성을 갖는 언어적 결손 중 하나이다. 브로커의 실어증도 종종 물체를 명명하고 단어에 접근하는 데에 어려움이 있지만, 앞에서 언급한 바와 같이, 브로커실어증환자들은 문법적 기능을 가지는 단어들에 더 큰 어려움을 갖는다(Goldstein, 1948; Stuss와 Benson, 1986; Caplan, 1987).

## 언어 사전과 일반 지능

세상지식과 일반지능은 기본적인 생물학적 수준에서 연관이 있는 것 같다. 심리학자들은 20세기 초 이래로 일반지능이 존재하는가 그리고 만일 존재한다면 보다 전문화된 지능의 측면과 어떻게 관련되는가에 대해 논쟁을 벌여왔다. 예를 들어, 에드워드 L. 손다이크(Edward L. Thorndike, 1913)는 다양한 형태의 정신작용 테스트를 고안하고 개인의 테스트 성적과 테스트 수행속도를 일반지능과 관련지었다. 데이비드 웨치슬러(David Wechsler, 1944)는 이 절차를 좀 더 개발하였으며, 그의 지능측정테스트는 지금도 일상적으로 사용된다. 인간지능의 본질과 발달에 대한 대부분의 이론은 비록 개인마다 서로 다른 능력과 기술을 보이기는 하지만, 어느 특정 능력의 결과에 영향을 주는 일반지능요인이 분명히 존재한다고 한다. 칼 스페어만(Carl Spearman, 1904)은 지능의 일반적(general), 즉 g요인이 과제—특정 능력과 결합하여 작용하며 이 요인은 특정 능력을 테스트하는 도구로부터 계산해낼 수 있고, 따라서 개인의 일반지능을 구체적으로 나타낼 수 있다고 처음으로 명시적으로 제안하였다. 이 이론은 인간지능의 본질을 설명하고자 하는 최근의 이론(Gardner, 1983; Sternberg, 1985)에서만이 아니라, 성인지능 웨치슬러(Wechsler) 테스트 및 다양한 아동용 수정판 테스트들(Wechsler, 1944, pp. 1~12)에서도 명백히 나타난다.

일반지능과 스페어만의 g는 특정두뇌장치, 다른 두뇌장치들, 또는 사람두뇌의 일반적 특성과 분명히 관련이 있다. 사람은 적어도 두 가지 과정(연상과 연역)을 통해 새로운 단어의 의미들을 학습한다. 어린 아동은 모르는 단어에 부딪칠 때마다 달려가 사전을 찾아보지는 않는데, 한 가지 이유에서 우선 그들은 읽을 줄 모르며, 모르는 단어의 형식적 정의를 그들의 보호자들에게 계속해서 물어보지도 않는다. 대신 아동은 듣고 관찰한다. 아동은 실세계 맥락과 이전에 습득했던 단어와 통사규칙을 사용하여 모르는 단어의 의미를 학습한다(Landau and Gleitman, 1985). 그러나 어떤 아동들이 다른 아동들 보다 더 많은 단어를 학습한다는 것은 분명하다. 로버트 스턴버그(Robert Sternberg, 1985)의 연구는 이에 대한 통찰력을 제공한다. 그는 학생들의 표준화된 지능검사 점수를 학생들의 단어수와 비교했으며, 아는 단어의 수가 검사점수와 상관관계를 갖는다는 결과를 얻었다. 더 똑똑한 사람들이 더 많은 단어들을 학습한다. 만일 신경네트워크들이 두뇌의 계산 장치에 대한 적절한 모형이라면, 아마도 똑똑한 자들은 더욱 우수하고 더욱 큰 분산신경네트워크들을 가지고 있을 것이다.

## 연체동물의 교육에 대하여

비록 Hebb식의 시냅스 수정을 자극하는 컴퓨터—실행 신경네트워크가 연상을 통해 학습할 수 있다고 해도, 살아 있는 동물에게서 유사한 현상을 증명해 낼 필요가 있다. 해양 연체동물인 군소(Aplysia)를 사용하는 학생들은 최근 도날드 헵(Donald Hebb, 1949) 이론의 세부사항들을 확증해 주었다. 이 단순한 동물들은 쉽게 모니터되어 질 수 있으며 연상들을 형성하고 그것들을 회상할 수 있는 시냅스를 가지고 있다. Aplysia는 '도망'가거나 추적자를 혼란에 빠뜨리기 위해 물관을 수축하여 잉크를 분출함으로써 위협적인 환경에 반응한다. Aplysia는 보통 즐기는 자극인 새우 추출물을 불쾌한 것인 전기충격과 연상 짓도록 훈련될 수 있다(Carew, Walters와 Kandel, 1981; Walters, Carew and Kandel, 1981). 사용된 절차는 전형적인 파블로식 방법이었는데 새우 추출물을 우선 연체동물의 머리에 90초 동안 가했다. 새우 추출물을 받은 후 불쾌한 전기 충격을 연체동물에 6초 동안 가했다. 20마리의 연체동물은 이렇게 짝지은 자극(새우 추출물과 전기 충격)을 6번 내지 9번 받았다. 또한 20마리의 다른 연체동물들이 통제집단으로서 전기충격이나 새우추출물 중 하나를 9분 간격으로 받았다.

모든 연체동물들이 무엇을 학습했는가를 알아보기 위해서 18시간 후 검사를 했다. 새우 추출물을 모든 *Aplysia*의 머리에 다시 가했다. 앞서 제시된 짝지은 자극으로 훈련받은 연체동물들은 아주 경미한 전기 충격이 꼬리에 가해졌을 때 강하게 반응했다. '도망'치거나 그들의 물관을 수축해 잉크를 분출했다. 전기생리학적 자료는 조건화 자극이(새우 추출물)이 운동반응을 촉발하는 시냅스의 전기신호전송을 촉진했음을 보여 주었다. 훈련받은 *Aplysia*는 그 전날의 불쾌한 경험을 분명히 기억하였다. 통제집단의 연체동물은 그리 강하게 반응하지 않았다. *Aplysia*는 대뇌피질과 아주 조금이라도 유사한 구조도 가지고 않기 때문에, 연상학습이 전적으로 대뇌피질과 관련 있다는 파블로프의 주장은 그릇된 것임이 분명하다.

비록 그들이 대뇌피질 또는 수형류(therapsid: 포유류의 원조로 지목됨)의 뇌조차도 가지고 있지 않지만, *Aplysia*는 불쾌한 경험이 연상되는 환경을 기억할 수 있다. 헵(1949)이 예측했듯이, 기억은 시냅스에 화학적으로 부호화되어 있다(Greenberg et al., 1987). 우선 동물이 꼬리에 가해지는 전기충격의 연속에 잠깐 노출되면 다른 위협에 반응하여 물관을 더욱 강하게 수축시킨다. 이렇게 학습된 반응은 하루가 지난 후에도 분명하고, 감각정보를 그 동물 물관의 운동조절 뉴런에 전송하는 시냅스 내에 화학변화가 생기며, 시냅스를 통한 감각장치의 전기신호전송을 촉진하는 단백질이 합성된다. *Aplysia*에게 기억과 연상학습은 시냅스 수정을 포함하는 서로 관련된 현상이다.

## 인간의 이성, 동물의 반응

인간과 동물의 행위에 서로 다른 용어를 부여하며, 따라서 인간사고와 동물 사고간의 연속성을 부인하는 편의주의는 오래된 전통이다. 파블로프(Pavlov)의 실험에서 개가 벨소리와 음식을 연상 짓는 학습으로 조건반사(conditioned reflex)를 습득한 반면, 식사하는 인간은 메뉴에서 *filet mignon*이라는 단어를 읽을 때 (아마도 약간 침이 고이며) 논리적 추론을 형성한다. 임의적 상징(개에게는 벨소리, 사람에게는 단어)과 음식 사이의 동일한 연상은 각각 다른 용어를 가지고 있으며, 따라서 이는 호모 사피엔스와 그 외에 다른 동물 간의 질적인 차이가 된다. 만일 생각이 학습된 추론에 따라 행동하는 능력을 포함하는 것이라면, 개를 키우는 사람은 누구든지 개가 생각한다는 것을 알 수 있다. 필자는 겁이 좀 많고 몸집이 큰 개 한 마리를 오랫동안 한 집에서 키웠는데 벌에게 한 번 쏘인 이후로 꽃밭에 가는 것을 꺼리는 것을 발견하였다. 이런 개의 행위는 1회 시도학습의 전형적인 사례이다. 개가 벌에게 쏘인 것은 6살 때 일어난 일이었지만, 이 개는 죽을 때까지 그 일을 기억했으며, 꽃밭으로 잠깐 한번 산책한 것 외에는 아무리 달래어도 가지 않으려고 했다.

개가 나만큼이나 사고할 수 있었다고 주장할 순 없지만, 개는 분명히 생각하고 있었다. 연체동물 실험은 연상학습에 관련된 신경장치가 이 단순한 연체동물에 약간이라도 존재하는 이상, 그들 역시 사고한다는 것을 보여준다. 또한 우리는 이 동물들이 어느 정도 '생각한다'는 명제를 받아들여야만 하거나, 연상학습은 인지적인 행위가 아니라고 결정해야만 할 것이다.

## 요약

이 장에서 논의된 실험들과 관찰들 그리고 컴퓨터 시뮬레이션들은 두뇌사전 또는 사전들이 통사론과 말 산출을 규제하는 신경장치들로부터 독립적임을 보여준다. 또한 이 자료들은 인간언어능력의 기저가 되는 두뇌장치가 인지적 행위의 다른 측면에서도 그 역할을 수행한다는 것을 보여준다. 두뇌 어휘사전의 의미론적 측면은 어떤 의미에서 이 사전을 구성하는 두뇌장치를 통해 습득한 실세계 지식의 저장소인 셈이라고 할 수 있다. 바로 이 점에서 인간과 동물 사이의 분명한 이분법은 존재하지 않는 것 같다. 이 연상적 사전을 가능하게 하는 신경분석에 관해 현재 가장 타당한 가상모형인 분산신경네트워크들은 사실상 모든 동물들에게 존재한다. 비록 지금까지 논의한 분산신경네트워크들이 단지 생물의 뉴런네트워크들을 엉성하게 흉내 낸 것에 불과하지만, 그것들은 인간이 자신의 독특한 행위인 언어를 학습하는 방식을 이해하는 데 출발점을 제공해준다.

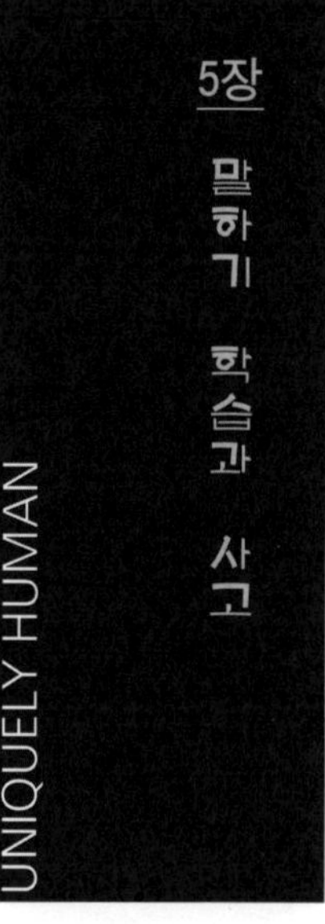

# 5장 말하기 학습과 사고

UNIQUELY HUMAN

# 제5장
# 말하기 학습과 사고

아동의 모국어습득은 인간의 삶의 수수께끼들 중 하나이다. 비록 아동들이 수학·기하학·역사를 학습하는 데는 수년간의 학교 교육이 필요하지만, 아직까지도 학자들이 제대로 서술하지 못하고 있는 의사소통체계를 익히는 데에는 그리 힘들이지 않는다. 더욱이 아동들은 사실상 어떤 환경에서든지 모국어를 습득한다. 아동들은 어떻게 언어를 학습하는 것일까? 그들이 언어 이외의 다른 문제해결에 적용하는 일반적인 인지적 전략을 사용하는 것인가 또는 언어습득과정에 관해서 어떤 특별한 것이 있는가? 인간언어의 진화가 다른 지능을 소유하는 다른 동물들도 가지고 있는 생물학적 장치와 호모사피엔스 언어 특유의 생물학적 장치들을 포함한다는 것은 분명하다. 나는 아동의 언어습득과정에 대해서도 이와 유사한 근거를 주장할 것이다. 인간은 분명 언어습득을 용이하게 해 주는 선천적 장치를 갖고 있지만, 아동들은 놀이나 모방과 같이 포유류와 더불어 진화된 인지적 전략들과 과정들을 사용할 뿐만 아니라 계통발생학적으로 더 오래된 연상학습과정도 사용한다.

## 보편적 문법

언어습득에 수반되는 어려움들은 말의 산출과 지각을 고려할 때 명백하지만, 현재 언어학 연구의 초점은 통사론이다. 통사론에 관해서는 그다지 신비로운 것은 없다. 몰리에르의 *Le bourgeois gentilhomme*에 나오는 교사가 학생들에게 말했던 것처럼, "당신은 이미 통사론에 관해서 알기 위한 모든 것을 알고 있다." 대부분의 언어는 한 문장에서 단어들이 일정한 순서와 구체적인 속성을 가지고 나타나야 한다. 예를 들어, 영어에는 많은 통사적 제약을 가지고 있다. 영어는 SVO 언어이다. 주어(S)는 대개 동사(V)와 목적어(O)를 선행한다. 영어문장의 동사와 주어는 '일치'해야 한다. 만약 주어가 복수라면 동사역시도 그래야만 한다. 더욱 복잡한 다른 제약들도 존재한다. 언어학자들이 고안한 통사 규칙들은 영어화자들이 이미 '무의식적으로 알고 있는' 이러한 관계를 코드화한다. 그러나 언어학적 사실을 기술하기는 아주 어렵다. 지금까지 아무도 심지어는 한 언어의 모든 통사 규칙들조차도 적절하게 기술하지 못했다. 또한 언어학자들은 모국어를 학습하려고 분투하는 어린 아동들이 통사적으로 올바른 발화와 그른 발화가 뒤섞인 말(학자들이 사용하는 종류의 말)을 듣는다고 그들 스스로를 확신시켜왔다. 그래서 어린 아동이 직면한 문제는 거의 극복할 수 없는 듯이 보인다. 즉 입력이 무질서하고 규칙이 너무 복잡해서 어떤 아동일지라도 아무리 조숙하고 명석하던 간에 언어에 연관된 규칙들을 학습할 수 없다는 것이다. 따라서 많은 언어학자들은 아동이 실제로 통사론의 규칙을 학습하는 것이 아니며 규칙이 두뇌에 미리 내장되어 있어야 한다고 주장하기에 이르렀다.

노암 촘스키에 따르면 아동이 통사론을 습득할 수 있게 해 주는 원리들은 '유전적으로 결정된 언어능력의 특징'이라고 가정하는 보편문법의 형태로 아동의 두뇌 속에 내장되어 있다.[note 1] "이러한 능력을 '언어습득장치', 즉 제공된 경험과의 상호작용을 통해 특정언어를 만들어내는 인간정신의 선천적 영역으로 생각할 수 있다"(1986, p. 3). 더욱이 보편적인 문법은 언어 이외의 다른 인지적 영역들로부터 독립하여 존재한다.

> 우리의 [언어학적] 지식을 유추·귀납·연상·믿을만한 절차·좋은 이유·정당화 등의 개념으로 또는 '일반화된 학습장치'로 설명할 수 있는 희망은 거의 없다. 우리는 언어지식을 정신/뇌의 어떤 상태, 특정 속성, 구조, 조직을 갖는 별개의 정신 능력, 정신의 한 '모듈'로 간주해야 한다(1986, p. 12).

촘스키에 따르면, "주어진 관련 정보는 언어 학습자에게 쓸모없는 것이므로, 언어는 대부분 또는 완전히 일반 원리들로부터 연역해 낼 수 있는 것이어야 한다"(1986, p. 105).[note 2]

아동의 모국어 통사론 습득방식에 대한 최근의 많은 언어학적 분석은 보편적 문법을 기정사실로 인정한다. 보편적 문법 UG는 형식적인 수학적 논리에서 파생된 기호로 표시할 수 있는 서로 단단하게 맞물려진 작용들로 구성된다는 특징을 갖는다. 촘스키는 보편문법을 '원리와 매개변수'의 집합으로 특징짓는다. '원리'에는 '구속이론·θ-이론·격이론' 등이 포함된다.

## 보행자를 위한 보편문법

보편문법의 속성을 기술하는 데 사용되는 복잡한 용어들에도 불구하고, 이 이론은 일상생활을 규정하는 많은 이론들과 원칙적으로 아주 다르지 않다. 가상적인 보편적 문법과 특정 언어 사이의 관계는 도로설계 및 교통규칙에 대한 사전지식과 도시를 산보하는 특정 행위 간의 관계와 많은 면에서 유사하다.

당신이 뉴욕의 3번가와 57번가의 남동쪽 모퉁이에서 친구와 함께서 있고 렉싱턴 가와 72번가의 모퉁이에 있는 휘트니박물관에 가기를 원한다고 가정해 보자. 72번가 쪽으로 북쪽으로 갈 수도 있고 렉싱턴 가 쪽으로 서쪽으로 갈 수도 있다. 그러나 신호등이 남—북 방향으로 녹색이면 당신들 두 명은 57번가 거리를 건널 것이다. 친구가 57번가에 있는 멋진 상점과 화랑의 진열창을 구경하고 싶어 한다면, 왼쪽으로 돌아 57번가를 따라 걸을 것이다. 시간이 없기 때문에 당신은 렉싱턴 가 모퉁이에서 오른쪽으로 돌아 곧장 박물관으로 향할 것이다. 다른 날 다른 친구와 함께라면 그리고 그 친구가 민속식당의 메뉴를 보고 싶어 한다면 아마도 다른 길을 택할 것이다. 같은 출발점에서 3번가를 따라 72번가까지 걸어 올라가 거기에서 왼쪽으로 돌아 곧장 박물관으로 걸어갈 것이다. 만일 여러분이 혼자이고 시간이 없다면 (더 빠르다고 생각하는) 길을 따라가며 신호등이 빨간불이면 시내횡단 도로로 가는 등 지그재그로 걸어갈 것이다. 여러분의 특정한 경로는, 두 가지 요인에 의해 결정된다. 그 날의 특정 상황(예를 들어, 같이 가는 친구의 관심사 그리고 특정 순간에 신호등의 신호가 녹색으로 변화하는 것)과 도로설계 및 교통규칙의 제약에 대한 사전 지식이 그 요인들이다. 건물을 뚫고 가거나 오가는 차량을 신경 쓰지 않고 마구 달려갈 수는 없다. 보행을 제약하는 일반원리들은 특정경우와 상호작용하여 특정보행을 가능하게 하는 것이다.

이와 비슷하게 보편문법 이론에서 촘스키의 '유표성체계'는 해당 개별언어를 처음으로 접하게 되는 습득초기에 판단한 결정에 따라 특정집합의 원리들을 자동적으로 선택한다. 예를 들어, 시간이 너무 없어 택시를 부르기로 결정했다면, 유표성체계는 택시에 적용하는 일방도로제약을 이용할 것이다. 센트럴 파크의 보기 좋은 푸른 경치들을 보고 싶다고 해도, 길이 반대방향으로 일방 도로이기 때문에, 57번가에서부터 5번가에 있는 72번가까지 북쪽 방향으로 운전해 갈 수는 없다.

## 현재 보편문법이 생물학적으로 수용되지 못하는 이유

앞의 장에서 논의된 많은 자료들은 인간이 언어습득을 촉진하고 구조화하는 선천적 두뇌장치를 가지고 있다는 가정과 일치한다. 그러므로 선천적인 보편문법이 통사론의 일부 측면들을 결정한다는 생각은 본질적으로 타당한 가설이며, 정확히 통사론의 어떤 측면이 선천적·유전적 근거를 갖는지를 결정하는 연구에 그 목표를 제공해 준다. 그러나 어떤 선천적인 보편문법도 유전적으로 자손에 전달되는 모든 생물학적 기관들의 속성을 결정하는 일반 제약들을 어겨서는 안 된다.

현재의 보편문법은 명백히 이러한 기준을 충족시키지 않는다. 보편문법은 모든 인간들은 주어진 언어가 어떤 것이든지 구성할 수 있도록 해 주는 원리와 제약이 포함된 동일한 '계획'을 지니고 태어난다고 가정한다. 뿐만 아니라 보편문법은 '원리'·'부문'·'규약' 등등이 서로 단단하게 맞물려져 있는 집합으로 구성된다. UG가 작동하기 위해서는 이러한 모든 것이 아동들 각자의 두뇌에 존재해야 한다. 완전한 체계가 갖추어지지 않고서는 아동이 특정언어를 학습할 수 없다. 이러한 논리는 아동이 실제로 보편문법을 통해 모국어를 습득한다고 가정할 때 다소 특이한 결과를 낳게 된다. 비록 선천주의적 언어이론이 생물학이라는 옷을 입고 있긴 하지만, 다윈시대 이후로부터 인정되어온 생물학의 기본원리인 유전변이를 간과하고 있는 것이다.

유전변이는 진화의 공급원료이다. 그 어떤 두 개체도 일란성 쌍둥이·세쌍둥이·유사한 것 등을 유전적으로 저장하지는 못한다. 다윈은 동물 사육자들과 농부들이 수천 년 동안 관찰하고 이용해왔던 변이에 주목했다. 예를 들어, 만일 농부가 가뭄에 저항력이 더 높은 다양한 곡물을 재배하기를 원한다면, 물을 덜 주어도 잘 자라는 곡물을 골라 그 씨앗을 심을 것이다. 곡물의 개체군에서 가뭄의 저항력에 대한 유전변이는 항상 존재한다. 동일한 원리가 동물에게도 적용된다. 만약 농부가 우유를 더 많이 생산하는 소를 기르기를 원한다면, 그는 관련된 특정 환경조건 하에서 더 많은 우유를 생산하는 소의 종자를 선택한다. 진화에 대한 보편적인 설명과는 반대로 농부는 돌연변이가 나타나기를 기다리거나 조장할 필요가 없다. 즉 유전변이는 항상 존재한다. 현대 분자 생물학은 살아 있는 유기체의 특징인 변이에 대한 (즉 포유류 구조의 특정측면을 결정하는 염색체에 있는 유전자가 약 10퍼센트는 변이한다는)다윈의 관찰을 확증지어 준다(Mayr, 1982).

선천주의적 이론이 옳았고, 모든 아동이 어떤 언어든지 모국어를 습득하는 데 필요한 세부에 걸친 유전적으로 코드화된 '언어능력'을 지니고 있었다고 가정해 보자. 그렇다면 어떤 아동에게는 유전적으로 코드화된 언어능력의 구성요소 중 하나 또는 그 이상이 부족할 수도 있다는 결론이 나오게 된다. 일부 '일반원리'나 '유표성체계'의 일부 구성요소는 그것이 유전적으로 물려지는 것이기 때문에 (유전변이를 통해) 어떤 아동에게는 필연적으로 존재하지 않을 수 있는 것이다. 인간의 형태론이건 그 외에 다른 기관이건 유전적으로 코드화된 모든 측면들에 마찬가지로 유전변이가 존재한다. 예를 들어, 색맹이나 색약들은 유전변이의 한 측면을 나타낸다. 사실 시각은 선천적이고, 유전적으로 물려진 색수용체에 의해서 결정되기 때문에 시각의 유전변이의 결과로서 색맹이 발생한다. 적절한 유전적으로 물려진 색수용체가 부족한 사람은 색맹이 된다. 만약 언어습득이 시각처럼 유전적 코드에 의해 엄격히 제약받는다면 우리는 이와 유사한 변이형을 발견할 수 있을 것이다.

사실 촘스키는 "영어의 수동화가(독일어 같은 다른 일부 언어들은 아니고) 일반적으로 타동사에 국한되며 따라서 *ask*는 수동화가 되지만 *wonder*나 *care*는 되지 않는다"(1986, p. 88)는 것을 언급했을 때 사실상 본의 아니게, 그 자신 이론의 실험을 스스로 지적한 샘이다. 예를 들어, 수동태문장 *John was wondered by Susan*이 문법적으로 옳지 않은 반면에 *John was hit by Susan*은 문법적으로 옳다. 영어를 배우는 아동의 수동태문장의 습득은 추측컨대 다양한 예의 수동태 문장들을 주목하여 듣고 문법 '규칙'을 연역해낸 결과 얻어지는 것이 아니다. 촘스키에 따르면 그들의 영어수동태의 정확한 형태습득은 유전되어진 '격'원리가 영어에서 발동되어 얻어진 결과라고 한다. 이것이 사실이라면, 이 특정원리가 결손 된 아동은 영어환경에서 자란다 해도 정확한 수동태문장을 형성하는 것을 학습할 수 없을 것이다. 독일어의 수동태는 유전되어진 '격이론(Chomsky, 1986, pp. 84~105)'이 상실되어 이를 발동시키지 않기 때문에 이론상 쉽게 학습할 수 있을 것이다. 따라서 촘스키의 보편문법을 지지하는 실험을 하려면 영어사용 환경에서 자랐지만 문법적인 수동태를 만들지 못하는 아동들을 우선 찾아야 할 것이다. 그리고 만약 그 아동들이 독일어에 접하고 올바른 독일어 수동태를 쉽게 습득한다면, 우리는 유전적으로 전달된 격 원리에 대한 간접 증거를 얻게 될 것이다. 만일 격 원리가 강한 유전적 요소를 가지고 있다면, 아동의 부모들 중 일부도 이러한 효과들을 보여야만 할 것이다.

생물학적으로 타당한 보편문법은 선천적인 지식인 원리나 매개변수들이 서로 너무나도 단단하게 맞물린 나머지 이 지식 중 약간만 부족해도 특정언어의 습득을 불가능하게 만드는 그런 규칙들이나 매개변수들을 지녀서는 안 된다. 다시 말하자면, 우리는 언어가 존재하는 것과 관련되는 선천적 언어습득원리들이 (a) 언어습득을 위해서 절대적으로 필요하면서 (b) 모든 인간에게 있어서 동일하다는 것 등을 주장할 수 없다. 주장 B(유전적 획일성)에 대해서 언어학자들은 "모든 인간은 하나의 뇌·하나의 심장·하나의 코·두 팔·두 다리·두 눈 등등을 가진다"라는 식의 변론을 주장한다. 그러나 모든 코가 각기 다르고 모든 눈이 각기 다르다는 것은 얼굴에 붙어 있는 코만큼이나 분명하며, 심장·폐·눈의 경우도 마찬가지이다. 언어의 일부에 고도의 '완충장치'가 되어 있다 하더라도, 즉 유전변이의 효과를 최소화하여 다수의 유전자에 의해 선천적 언어지식이 유전된다고 하더라도, 그것의 본질이 무엇인가를 결정하는 것이 중요한 문제이다. 생물학적 변이를 무시한 채 대신 서로 단단하게 맞물려 있어 그 중 하나라도 빠져서는 안 되는 원리들과 절차들의 집합으로 구성된 보편문법을 형식화하는 연구를 계속하는 것으로는 그 문제를 해결하지 못한다.[note 3]

현재의 선천주의적 언어이론이 생물학적으로 타당하지 않음은, 이와 유사한 자동차운전학습이론을 제안하는 경우, 보다 쉽게 이해될 수 있다. 현재 가정된 보편문법과 유사한 자동차운전학습의 선천주의적 이론은 서로 단단하게 맞물린 '원리'·'부문'·'규약' 등의 집합으로 이루어진 '보편운전능력'이 존재한다고 주장할 것이다. 보편운전능력은 빨간불에 멈추기 원리, 빨간불에 우회전하기 원리, 사거리에서 멈추기 원리, 최대속도 원리 등 모든 가능한 운전방식들을 설명할 수 있는 유전적으로 코드화된 원리들을 포함할 것이다. 선택적 원리들과 규약들은 운전학습자가 옳은 '규칙들'의 집합을 선택하여 관찰된 특정운전방법으로 적절하게 운전하도록 보장해 줄 것이다. 비록 다른 운전방법이 존재하겠지만, 운전학습자가 성인운전자의 행위를 관찰하고 유전적으로 코드화된 보편운전능력의 다양한 요소들을 활성화함으로써 특정운전방법을 습득할 수 있다고 가정할 수 있다. 그러나 유전적으로 코드화된 보편운전능력의 일부 요소, 예로서 빨간불에 멈추기 원리가 어떤 운전학습자에게 존재하지 않는다고 가정해 보자. 그렇다면 그 불행한 운전학습자는 운전하는 것이 절대 허용되지 않을지도 모른다. 마찬가지로 빨간불에 우회전하기 원리가 부족한 운전학습자는 이 원리를 발동하는 운전방법을 습득할 수 없을 것이다. 그러나 이 유전적 결함은 그렇게 치명적이지 않을 수도 있다.

## 아동이 언어를 학습하는 방법

### 입력화

어린 아동에게 건네어지는 말에 대한 연구는 1930년대까지 거슬러 올라가지만, 일부 아동들이 문법적으로 정확한 말을 많이 듣는다는 사실이 명백해진지는 겨우 최근 10여년정도이다. 예를 들어, 엘리사 뉴포트(Elisa Newport), 릴라 글라이트만(Lila Gleitman)과 헨리 글라이트만(Henry Gleitman, 1977)은 대졸 학력의 중산층의 미국인 어머니가 어린아이에게 하는 말을 연구했는데 그 말의 약 90%가 문법적이었다. 캐서린 스노우(Catherine Snow, 1977)도 '어머니 말씨'를 자세하게 연구했는데 비슷한 결과들을 언급했다. 부모는 아이들에게 말할 때 음향도구분석을 통해서만 알아차릴 수 있을 만큼의 미묘한 정도로 말을 조절한다. 예를 들어, 앤 퍼날드(Ann Fernald, 1982)는 어머니가 갓난아기에게 말할 때 목소리의 높낮이를 변화시킨다는 사실을 밝혔다. 즉 발성의 기본주파수가 더 높고 음역이 거의 두 옥타브에 이른다는 것이다. 과장된 억양은 아동에게 건네는 말을 강조하는 '지도하기'신호의 역할을 한다. 많은 어머니들이 아이가 두세 살에 이를 때까지 계속 그렇게 한다. 유사한 패턴이 중국어 화자들 중에서도 존재하는데, 이 경우 어머니는 중국어의 '성조(각기 다른 단어를 명시하는 기본주파수)'도 정확하게 산출해야 한다. 이러한 현상은 인류 '보편적' 특성이다(Grieser and Kuhl, 1988).

그러나 우리는 여전히 다른 문화적 환경에서 자란 아동의 어머니 말씨와 아동의 언어습득에 관한 그 외 다른 모든 측면들에 대한 포괄적인 자료가 부족하다. 예를 들어, 미크로네시아에서 자란 아이의 부모는 생후 몇 년 동안 아이에게 거의 말을 하지 않는다(Schieffelin, 1982). 심지어 미국의 중산층사회 내에서조차 부모—자식 간의 상호작용의 차이가 존재한다. 예를 들어, 스노우(1977)는 연구대상 아동들이 부모로부터 매우 단순화된 문장들을 들었음을 알아냈으며, 이렇게 단순화된 입력이 아이들에게 통사론 기본원리 학습하기를 촉진했을 것이라고 결론지었다. 다른 연구들은 더욱 다양한 또 문장들을 찾아내었고 아동에게 건네는 말의 통사론적 복잡성은 아동의 언어습득에 거의 영향을 끼치지 않는다고 결론지었다(Newport, Gleitman and Gleitman, 1977). 아동마다 다양한 변화 요소들이 언어습득에 영향을 끼치는 것 같다. 일부 연구들은 모자의 합동주의(joint attention)를 포함하는 '대화'에 참여하는 것에 의존한다고 주장한다. 즉 아동과 부모 간에 어떤 공통의 구체적 대상이나 활동이 반드시 논의되어야 한다는 것이다(Tomasello and Farrar, 1986). 예를 들어, 어머니가 *Look at the dog*라고 말할 때 둘 다 개를 보고 있어야 한다. 이것은 연상학습의 분명한 예이다.

어머니가 아이에게 주의를 기울이는 정도에도 차이가 있음이 분명하며, 적어도 언어습득의 초기단계에서는 별도의 주의와 '더 나은' 언어입력이 제공될 가능성이 있다. 예를 들어, 마이클 토마셀로(Michael Tomasello)와 그의 동료들은 어머니가 한두 살 난 쌍둥이 아이들에 대하여 한 명의 아이에게 제공하는 만큼의 합동주의를 제공할 수 없음을 발견했다. 그 결과로서 21개월 시기 정도에 쌍둥이들은 쌍둥이가 아닌 아이보다 언어발달의 모든 척도에서 더 낮은 것 같다(Tomasello, Mannle and Kruger, 1986). 그러나 쌍둥이가 어떠한 지속적인 언어장애를 겪는다는 것은 의심의 여지가 있다. 제임스 캐건(James Kagan)이나 멜리사 바우어만(Melissa Bowerman)같은 심리학자들은 수십 년 동안 여러 문화의 아동들의 성장을 연구했는데 아동의 언어습득속도나 궁극적인 능숙도에서 명백한 차이를 발견하지 못했다. 멜리사 바우어만(1987, 1988)은 독일어·영어·네덜란드어·스페인어·한국어 등 많은 언어를 습득하는 아동들을 연구했다. 그녀는 1987년 서평 논문에서 사실상 아동이 지난 20년간의 언어학습에 대한 연구에서 제안된 인지적 전략들을 모두 사용할 수 있다고 주장하였다. 서로 다른 전략들이 서로 다른 상황에서 서로 다른 아동에 의해 분명히 사용되어지긴 하지만, 그것들 모두가 다 작용하는 듯하다.[Note 4]

## 개념형성

그러한 인지 책략중 하나가 개념형성 또는 규칙학습이다. 아동이 듣는 모든 발화가 문법적으로 정확한 '완벽한' 입력으로 제공될 필요는 없다. 앞에서 논의된 분산신경네트워크처럼 아동에게 입력으로 제공되는 대부분의 예들이 정확하면 된다. 아동은 이러한 예들로부터 일반화하여 규칙적인 패턴을 보이는 한 무리의 발화에 기초가 되는 통사 규칙을 유도할 수 있고 때로 오류를 수정할 수도 있다. 제니 싱글레톤(Jenny Singleton)과 엘리사 뉴포트(1989)는 한 청각장애아동이 빈약한 입력으로부터 자신의 모국어로서 미국수화를 습득하는 것을 연구했다. 청각장애아동들은 때때로 부모들에게 노출되는 것으로부터 언어를 습득한다. 연구대상 아동의 부모는 청각장애였지만 ASL에 능숙하지 못했다. ASL은 영어와 매우 다른 통사론을 갖는다. ASL은 동사가 특히 복잡하며 영어의 동사로는 표현되지 않는 구분에 대해서 유표적이다. 다양하고 복잡한 손짓이·계속/중단 행위·행위가 가해지는 대상의 모양 등을 표시하는 형태소의 역할을 한다.

이 부모는 다양한 ASL동사들을 형성할 때 약 40% 정도 오류를 범했다. 아동은 부모보다 훨씬 더 능숙했는데 거의 오류를 범하지 않는 능숙한 성인 ASL사용자로부터 ASL을 학습하는 청각장애 아동들과 동일한 정도(20%)의 오류를 범했다. 그의 부모는 종종 부적절한 형태소를 사용했지만, 아이는 동사를 수식하는 규칙형태소를 대부분 정확하게 사용했다. 이와 동일한 예를 정상인영어화자의 경우에서 찾아본다면 때로는 *look*에 *ed*를 첨가하여 정확하게 *looked*를 만들지만 때로는 *looked*를 말하고자 할 때 *looking*을 말하는 부모가 그 예에 해당될 것이다. 이러한 부모에게서 자란 아이는 일관성 있게 *looked*로 말하는 것을 학습할 것이라고 가정할 수 있다.

그 아동의 행위는 보기엔 발화입력의 역할이 단지 선천적 보편문법을 '활성화'시키는 것이라는 선천주의적 언어이론의 주장을 지지하는 것 같다(Pinker, 1984, Chomsky 1986). 보편문법은 아동이 듣는 빈약한 입력보다 우선한다. 청각장애아동은 보편문법에 저장된 원리들이 그를 정확한 문법 규칙으로 인도하기 때문에, 부모의 잘못된 형태의 ASL에 주의를 기울이지 않는다고 가정할 수 있다. 그러나 싱글레톤과 뉴포트는 보편문법의 활성화와 유사한 그 어떤 것도 발견하지 못했다. 대신 아이는 부모의 ASL동사를 모니터하면서 부모가 가장 빈번하게 사용한 형태소를 일관성 있게 채택한 것이라고 여겨진다. 부모가 대개 60% 정도의 정확성을 보였기 때문에, 아동은 부모보다 더 정확한 언어를 습득하기 위해 부모가 가장 빈번하게 사용했던 형태소를 일반화했다. 부모가 정확한 형태소를 50%이상 사용하지 못한 결과 아동이 부정확한 형태소를 습득하거나 형태소를 아예 생략해버린 사례들이 결정적인 증거 자료이다. 분명히 그 아동은 인지적 전략을 사용하여 언어가 논리적 구조를 갖는다는 기대 위에 '원형', 즉 일반화를 형성하였다. 유아의 모음습득에 대한 최근의 자료도 일반인지책략들과의 연계성을 지지한다. 6개월 된 유아는 그들이 소리를 올바른 형태의 원형과 비교할 수 있게 될 때 모음식별을 더 잘 하게 된다(Grieser and Kuhl, 1989).

## 결정적 시기

언어습득에서 선천적 생물학적 근거를 분명하게 대변하는 것이 바로 결정적 시기라고 할 수 있다. 결정적 시기란 주어진 시기를 지나면 모국어 수준의 능숙도에 도달하는 것이 거의 불가능하게 된다는 나이를 가리킨다. 사실상 언어를 연구하는 모든 사람들(예를 들어, Lenneberg, 1967)이 결정적 시기가 존재한다는 것에 동의해왔지만, 대부분의 테스트가 결정적 시기가 지날 때까지 고의로 아동을 정상적인 언어환경으로부터 고립시켜야 하기 때문에(이는 비윤리적 행위에 해당하기 때문에)최근까지 그 누구도 이를 과학적으로 증명할 수는 없었다. 그러나 엘리사 뉴포트와 그녀의 남편 테드 수팔라(Ted Suppala, 1987)는 언어학습에 결정적 시기가 존재함을 증명했다. 뉴포트와 수팔라는 청각장애가 없는 부모에게서 태어나 각기 다른 나이에 ASL을 접한 청각장애 아동을 대상으로 한 실험을 연구했으며, 50세에서 70세의 청각장애인들을 대상으로 언어의 여러 측면에 대한 이해능력을 테스트했는데, 오류의 비율은 그들이 ASL을 처음 학습한 시기에 달려 있었다. 태어나서부터 ASL를 접했던 ASL '원어민'사용자는 문법과 단어구조의 다양한 측면에서 매우 낮은 오류율(2~5%)을 보였다. 4세에서 7세 사이에 ASL을 습득한 사람들의 경우 오류율이 조금 더 증가하였다. 청소년 시기에 ASL을 습득한 사람들은 24% 더 높은 오류율을 보였다. 테드 수팔라(Ted Suppala)는 청각장애인이며 그의 정상인 자녀들은 태어나면서부터 계속 영어뿐만 아니라 ASL을 학습하고 있다.

재클린 존슨(Jacquelin Johnson)과 클리사 뉴포트(Clisa Newport, 1989)는 46명으로 구성된 두 그룹의 한국어·중국어 화자들의 영어 능숙도를 비교하였다. 테스트를 시행할 당시 한 그룹은 3세와 36세 사이에 미국에 이민한 사람들이며, 다른 그룹은 미국에서 3년에서 26년 이상 거주한 사람들이었다. 피실험자들은 다양한 영어문장이 문법적인지 아닌지 진술하도록 요구받았는데, 매우 다양한 영어문법구조가 제시되었다. 미국에 7세 이전에 도착한 사람들이 가장 우수했다. 이들의 성과는 영어원어민 화자의 성과와 동등했다. 7세에서 사춘기 사이에 도착한 피실험자들은 미국에 도착한 연령이 높아짐에 따라 테스트수행이 점진적으로 떨어졌다. 17세 이후에 미국에 건너온 피험자들은 7세 이전에 온 사람들보다 평균적으로 22% 더 많은 오류를 범했다. 또 피실험자들의 동기·영어경험의 양·미국인으로의 동일시를 평가하기 위해 인터뷰를 했으나, 그 어떤 요인도 나이의 효과에 영향을 주지 못했다.

### 연상 학습

결정적 시기는 언어습득에만 제한되는 것은 아니다. 수백 가지의 신경생리학적 실험연구에서 결정적 시기가 고양이의 시각형태지각의 습득을 제한한다는 것이 밝혀졌다. 동물훈련가들은 오랫동안 나이의 효과에 주목해왔다. '늙은 개에게 새 재주를 가르칠 수 없다'는 옛 속담은 결국 개에게만이 아니라 사람에게도 해당된다. 언어학습과정에는 개와 그 외 동물들이 세상지식을 습득하는 방식에는 기초가 되는 보상 없는 연상학습이 포함된다.

연상학습은 저명한 행동주의 심리학자 B. F. 스키너(B. F. Skinner)가 도입한 강화의 개념과 동일한 개념으로 잘못 인식되고 있다. 또한 스키너의 행동주의 이론에 대한 촘스키의 1959년 비판이 연상학습이 아동이 통사론의 저변에 깔린 원리들을 습득하는 방식에 대해서 설명하지 못한다는 것을 증명했다는 잘못된 인식도 있다. 스키너(1953)에 따르면 동물은 긍적적 또는 부정적 강화를 통해 학습한다. 만일 예를 들어, 개가 언어명령을 듣고 앉으면 상을 주는 것은 긍정적 강화를 사용하는 것이다. 대신 개에게 전기충격장치를 연결한 뒤 앉으라고 했을 때 앉지 않는 경우 충격을 가한다면, 부정적 자극을 가하는 것이다. 스키너는(시도와 보상 사이에 특정 간격을 두는) 특정강화스케줄이 다른 강화스케줄보다 우수하다는 조작적조건화 이론을 발달시켰다. 스키너는 동물과 인간행위의 거의 모든 측면이 해부학과 생리학이 정하는 한도 내에서 강화적용 기술에 의해 수정되어질 수 있다고 주장한다.

많은 교묘한 책략들이 이 기술들을 통해 단계적으로 동물들에게 적용되었다. 각 단계에서 과제를 수행했을 때 동물에게 먹이를 주어 보상을 한다. 훈련받은 쥐의 용맹성수행은 쥐의 입구통과·나선형계단 오르기·도개교 밀어내리기·다리 건너기·사다리 오르기·선로 위로 모형기차페달 밟아가기·터널 통과하기·엘리베이터에 올라타기·사슬을 당겨 출발점까지 엘리베이터 내리기 등으로 구성된다. 그곳에서 쥐가 마지막으로 지렛대를 밀어 보상(먹이알약)을 받는다(Bachrach and Karen, 1969). 이것이 쥐가 먹이알약이라는 보상 때문에 이 모든 단계를 수행했음을 의미하는 것인가? 앨런 가드너(Allen Gardner)와 보트릭스 가드너(Beatrix Gardner, 1988)는 보상 때문이 아니라 훈련이 먹이와 행위 간의 단순한 우연으로부터 나온 것이라고 주장한다. 앨런과 보트릭스(1988)는 그들의 논리에 복잡한 형식논리를 적용하지만, 단순한 연상작용이 이 모든 특별한 과제를 수행하는 쥐의 학습을 설명한다는 것이 주요한 요점이다.

다시 말해 단순한 연상과정이 아동이 언어를 습득하는 방식의 많은 측면뿐만 아니라 쥐가 특별한 과제수행을 학습하는 방식을 설명할 것이라는 것이다. 연상학습은 즉각적 행위에만 제한되는 것이 아니다. 연상학습은 분산신경네트워크에 의해 실행되건(Rumelhart et al., 1986; Sejnowski, Koch and Churchland, 1988) 동물의 두뇌에 의해 실행되건(Gardner and Gardner, 1988)간에 기저원리를 습득하는 데에도 사용될 수 있다. 우리는 보통 스키너의 이론에 대한 촘스키의 비판(1959)이 연상학습으로는 아동이 행동의 기초가 되는 개념을 학습하는 방식을 설명할 수 없다는 것을 증명한다고 여긴다. 그러나 사실은 그렇지 않다. 연상학습은 원리들인 행동의 많은 구체적 예들의 기저를 이루는 '규칙들'을 밝혀낼 수 있다.

## 놀이, 모방 그리고 호기심

스키너이론의 영향 덕분에 언어습득에 대한 학습의 영향을 연구하는 언어학자들과 심리학자들은 종종 긍정적 보상과 부정적 벌의 존재 또는 비존재에 초점을 둔다. 부정적 정보란 당신이 잘못했을 때 당신에게 말해 주는 것이다. 예를 들어, 어떤 사람이 당신에게 *I seed John*이라는 문장이 틀렸다고 알려주었다면, 지적한 내용 때문에 동사 *see*의 정확한 과거시제형학습이 시작될 수 있다. 아동은 말을 배우기 시작할 때 언어 수행에서 저지르는 실수를 늘 공공연하게 수정하는 것 같지는 않다. 이러한 사실을 근거로 일부 언어학자들은 일반인지책략이 언어습득과 무관하다는 결론을 내리기도 한다. 그러나 아동은 언어놀이를 하는 동안 자신의 행위를 모니터하는 또 다른 방법들을 소유하고 있다.

포유류가 파충류와 다른 점 중의 하나가 놀이를 한다는 것이다(MacLean, 1967, 1973, 1985, 1986). 또 다른 하나는 포유류가 적응력이 더 높고 더 많이 학습한다는 것이다. 놀이는 학습을 촉진하는 중요한 수단으로 여겨진다(Baldwin and Baldwin, 1977; Lieberman, 1984). 아동이 놀이를 한다는 것은 과연 무엇을 하는 것인가? 아동은 관찰한 것을 모방한다. 모방은 포유류가 적응하는 데 필요한 일반적 행위 중 하나로서 함축적인 부정적 정보를 제공한다. 즉 관찰을 통해 '다른 사람'의 행위와 자신의 행위를 비교하고 다른 사람이 한 행위를 자신이 한다. 앤드류 멜로프(Andrew Meltzoff, 1988)는 인간을 고양이에 비유하여 인간을 '모방고양이(Copy Cats)'라고 부를 수 있다고 여겼다. 다른 종들이 새소리의 모방과 같은 일부 특정한 행위에서 인간보다 더 능숙하게 모방할 수도 있고(Marler and Tamura, 1964) 인간처럼 사회적 행위를 모방할 수 있다(Zentall and Galef, 1987). 그러나 멜로프(1988)는 인간이 동물들 중에서 분명 가장 재능 있는 모방자라고 주장한다.

인간은 말 그대로 타고난 모방자이다. 예를 들어, 갓난아기는 어른의 얼굴표정을 모방한다(Meltzoff and Moore, 1977, 1983). 그림 5-1에 나오는 사진들은 각기 다른 연속적인 3개의 실험에서 앤드류 멜로프가 갓난아기에게 얼굴표정을 지어보이고 아기가 이것을 모방하는 것을 보여준다. 아기의 주의를 분산시키는 다른 사물들은 하얀 칸막이로 가리고서 아기가 멜로프만을 보게 하였다. 멜로프는 아기들에게 혀를 내밀고 얼굴표정을 지어 보인다. 아기들과 멜로프를 동시 녹화한 비디오를 통해 아기들이 멜로프를 모방하고 있음을 알게 되었다. 이 실험에서 유아는 9개월까지 전날 보았던 행위들인 상자 위에 달린 부저 단추 누르기, 소리가 나는 달걀모양의 물체 흔들기 등을 모방하려고 하고, 14개월까지는 한 주 전에 본 완전히 새로운 행

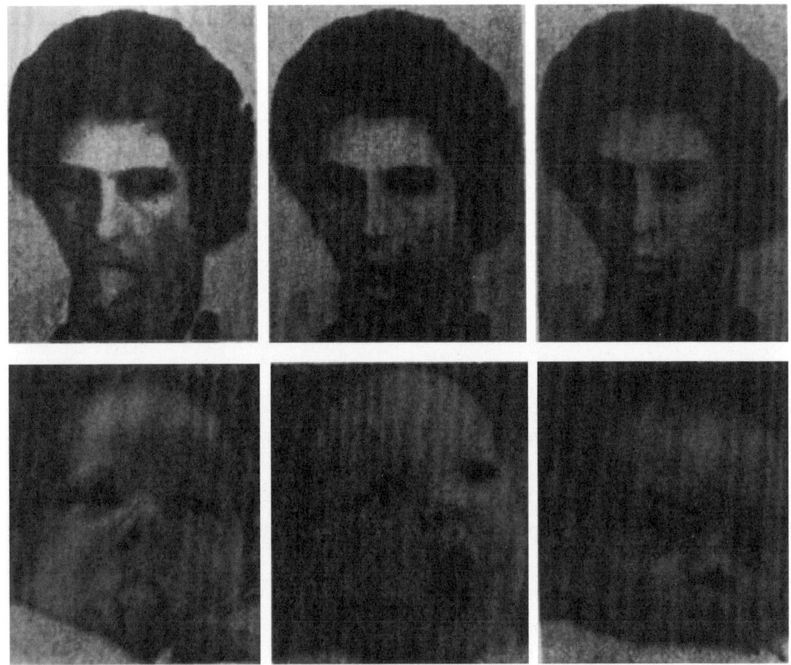

[그림 5-1]
Amrew Meltzoff가 유아에게 보여준 얼굴 표정들과 유아가 어른을 모방하면서 혀를 내미는 동작, 입을 벌리는 동작, 입술을 내미는 동작들을 비디오로 찍고, 선별하여 보인 것이다.

위를 모방하려고 한다. 아기들이 왜 이렇게 수고하는가? 그것이 바로 놀이이기 때문이다!

모방은 오랫동안 인간이 복잡한 문화의 세부사항을 습득하기 위한 적응적 가치를 지니는 것으로 이해되었다(Washburn, 1961; Piaget, 1962; Huxley, 1963; Lorenz, 1974; Bruner, 1983). 모방은 인간과 가장 밀접한 관계가 있는 동물들이 생물학적으로 적응하는 데 큰 역할을 보여준다. 인간과 가장 유사하게 도구를 사용하는 침팬지는 다른 침팬지를 모방함으로써 학습한다(Beck, 1974; Goodall, 1986). 탄자니아의 곰비(Gombe)강 보호구역(현재 곰비 국립공원)의 제인 구달(Jane Goodall)은 어린 침팬지 암컷이 막대기를 이용해서 흰개미를 잡는 법을 어미의 행위를 관찰함으로써 학습하는 것을 관찰하고 촬영했다. 생포한 침팬지를 대상으로 한 통제실험을 통해 관찰과 모방이 도구사용의 새로운 패턴들을 습득하는 데에도 중요한 역할을 한다는 것을 알 수 있었다. 조지아에 있는 여키스센터(Yerkes Center)의 침팬지들의 경우 어른 침팬지가 간단한 T자 막대기를 사용하여 우리 속으로 먹이를 끌어당기는 것을 보고 막대사용법을 학습하였다(Tomasello 등, 1987).

아마도 모방은 가장 중요한 인간문화전승 수단일 것이다. 아동의 포크사용학습방식을 설명하기 위해 특별목적의 선천적 포크사용 두뇌장치를 가정하거나 사람들이 최신 유행의 의복이나 자동차로 자신을 모양내는 방식을 설명하기 위해 보편적 의복 및 자동차문법을 가정할 필요는 없다. 모방과 '다른 사람들과 닮고 싶은' 욕구는 분명히 인간문화 대부분의 단기적 변화와 여러 종류의 주요 성취 대상들을 설명하는 요인이다.

지금까지 우리가 논의해 온 것은 인간의 언어능력이 궁극적으로는 전문화된 두뇌장치에만 의존하는 것이 사실인지 아닌지를 논하려는 것은 아니다. 언어능력에 전문화된 두뇌회로가 말의 생산과 통사론의 기초가 된다는 점은 분명하지만, 말 산출 운동조절패턴과 통사규칙이 자동화되는 데에는 일반인지 장치들도 관여한다는 사실도

확인 할 수 있었다.

## 언어와 사고

### 사피어 월프(Sapir-Whorf) 가설

학자들의 의견이 분분한 주요 문제 중의 하나가 언어와 사고와의 관계이다. 이 논쟁은 1836년 빌헬름 폰 훔볼트(Wilhelm von Humboldt)가 기틀을 마련하고 한 세기 후 미국의 언어학자 에드워드 사피어(Edward Sapir, 1949)와 벤자민 월프(Benjamin Whorf, 1956)가 재차 주장한 한 명제에서 유래된 것이다. 사피어 월프(Sapir-Whorf) 이론에 의하면 언어 간의 차이는 각 언어의 모국어화자가 세상에 대해 생각하고 추론하는 방식에 반영되어 나타난다. 예를 들어, 주니족(미 애리조나주에 사는 북미인디언의 한 부족) 언어는 노란색과 주황(Orange)색을 구분하는 단어가 없다. 로저 브라운(Roger Brown)과 에릭 레너버그(Eric Lenneberg, 1954)의 초기실험은 이 견해를 지지하는 듯이 보인다. 영어화자는 동일한 과제를 수행하는 데 아무런 어려움이 없었던 반면 주니어화자는 이 두 색을 구분하는 데 실패했다. 그러나 이러한 결과는 주니어화자인 피실험자들이 영어화자와 기본적인 인지 및 지각능력에 차이가 있기 때문이 아니라 이들이 테스트에 익숙하지 못하였기 때문이라는 것이 이후의 실험에서 밝혀졌다.

사실 다양한 범위의 언어에서 사용되는 색이름은 영장류 시각체계의 생물학적 속성에서 비롯되는 것 같다(Berlin and Kay, 1969). 우리의 시각체계는 세 가지 기본적인 색수용체를 갖는다. 기본 색 이름은 대개 이 수용체들이 빛에 반응하는 방식과 일치한다. 색을 명시적으로 코드화(언어화)하지 않는 언어는 흑과 백 또는 밝음과 어두움이라는 용어를 사용한다. 일부 명시적 색 이름은 빨강·파랑·초록·

노랑 등이다. 이 명시적 색 이름이 없는 언어의 화자들을 대상으로 하는 실험은 이 색들을 명시적으로 코드화하지 않는 언어의 화자들과 명시적으로 코드화하는 언어의 화자들 간에 색을 지각하는 능력에 있어서는 어떠한 차이도 없었음을 알 수 있다(Heider, 1972).

보다 추상적인 개념에 대해서도 유사한 결과가 포착된다. 예를 들어, 중국어에는 *If I were king I would ...* 와 같이 화자가 가상적 또는 반 사실적 우연을 진술할 수 있는 명시적인 가정법이 없다. 그러나 단일언어 중국어화자와 단일언어 영어화자 간에 이러한 개념구분을 이해하거나 표현하는 능력은 실질적인 차이가 없다(Au, 1983). 이 점에 대해서도 초기자료는 인지가 언어에 의해 강력하게 영향을 받는다는 사피어—월프 가설의 강한 설을 지지하는 것으로 여겨졌다. 알프레드 블룸(Alfred Bloom, 1981)은 단일언어 중국어화자가 영어 단편소설의 중국어 번역판에서 가정법문장을 이해하는 데 지장이 있다는 것을 찾아냈다. 그러나 중국어—영어 이중언어화자인 테리 오(Terry Au)가 위의 실험에서 사용된 것과 동일한 영어 단편소설을 좀 더 중국어식으로 번역한 글을 자신의 실험에 사용했을 때에는 영어와 중국어 피험자들 간에 아무런 차이도 보이지 않았다. 따라서 사피어—월프 가설이 주장하는 핵심 논증은 잘못된 것이다. 중국어와 영어화자 개개인의 인지능력은 서로 궁극적인 범위가 유사하다고 볼 수 있다.

아직 분명하지 않은 문제는 언어의 형식이 주어진 특정 순간에 그 언어를 사용하는 사람이 세상을 보는 방식과 세상에 반응하는 방식에 영향을 끼치는가 하는 것이다. 앞에서 논의된 모든 실험에서 봐왔듯이 피실험자는 반드시 특정한 인지적 개념 및 지각대상에 주목했다. 한 언어의 형식과 어휘가 특정인지대상에 초점을 맞추도록 하는 방식이 그 언어의 고유한 특성 때문인가? 우리는 눈이 형태마다 연한 정도나 조직이 다르다는 것을 판단할 수는 있을 것이다. 그러나 에스키모인들처럼 다양한 형태의 눈을 지칭하는 단어들과 그 단어들을 특징짓는 대응의미범주 없어도 다양한 형태의 차이를 해당 지역 원지민들 만큼 알아차릴 수 있겠는가? 가정법을 부호화하지 않는 언어를 모국어로 하는 사람들이 만일 자신의 모국어에 가정법이 있어서 가정법적 생각을 자주 하게 되는 사람들만큼 그렇게 자주 가정법적 사고를 하겠는가? 이러한 질문들은 언어와 사고 간의 강한 유대를 보여 주는 많은 언어습득연구의 관점에서 다루어져야 할 것이다.

## 계층적 범주화

특정언어의 형식이 반드시 그 언어화자의 사고의 본질에 제한을 두는 것은 아니라 하더라도, 아동발달연구에 의하면 언어와 사고 사이에는 강한 상호작용이 존재한다. 예를 들어, 계층적 범주화체계는 사람이 지식을 조직할 수 있게 해준다. 스무고개와 같은 게임에서 이기는 비결은 계층적 범주화를 재치 있게 사용하는 것이다. '그것은 동물인가요, 채소인가요, 아니면 광물질인가요?'라는 질문에 대한 답이 동물이라면, 두 번째 질문이 '그것은 산인가요?'도 이어져서는 안 된다는 것이다. 계층적 범주화는 지식을 함축적으로 코드화한다. 누군가가 여러분에게 판매대 위의 물건이 과일이라고 말한다면, 여러분은 즉각 그것에 대해 많은 것을 알게 된다. 과일은 식물이고 먹을 수 있으며 아마 단맛이 날 것이라는 것을 알고 있다.

이 강력한 인지장치는 인간언어 구조 속에 만들어져 있다. 산드라 왁스만(Sandra Waxman, 1985)이 언급한 것처럼 이 장치는 우리의 논리적 사고에 기틀을 제공한다. 세 살과 네 살 난 아동들을 대상으로 한 연속적인 범주화 실험에서 왁스만은 아동들이 형용사는 명사를 수식한다는 것뿐만 아니라 특정형태소가 단어의 품사가 형용사임을 표시한다는 것을 알고 있음을 밝혔다. 단어가 형용사임을 인지하는 방법과 형용사의 기능에 대한 아동의 지식은 아동이 여러 사진들을 범주화하는 능력을 촉진시켰다. 아동들은 여러 동물과 음식의 사진들을 분류하도록 요구받았다. 각각의 실험에서 여러 사진들을 상위범주 '동물 : 음식', 기본 범주 '개 : 고양이', 하위범주 '개 : 작은 개'로 구분하여 분류하도록 했다. 실험자가 영어의 음패턴에 일치하는 가짜 일본어명사를 사용하여 각각의 사진을 설명했을 때 아동들은 상위범주 수준에서 사진분류를 더 잘하였다. 예를 들어, 왁스만이 사진을 가리키며 *This dog is a suikah*라고 했을 때 큰 개와 작은 개를 구별하는 하위범주 수준의 분류를 용이하게 하지는 못했다. 대조적으로 *This dog is suk-ish*라고 말했을 때, 아동들은 용이하게 적절한 하위범주로 사진을 분류하였다. 이 아동들은 영어 형태론의 계층적 특성(어떤 것이 Xish(형용사)라면 그 속성은 하위범주에 속한다는 것)을 인식한 것이다. 하위범주를 형용사로 코드화하는 영어의 언어체계가 아동의 인지적 과제를 수월하게 해준 것이다.

사실상 언어발달에 대한 모든 연구에서 약 18개월쯤에 '이름짓기 폭발'현상이 나타남을 알 수 있다(Bloom, 1973; Nelson, 1975). 사물이름짓기에 대한 관심이 발달하고 어휘가 갑자기 증가하기 시작한다. 이름 짓기에 대한 관심은 인지적 사건, 즉 범주화의 발달시기와 동시 발생한다. 14개월에서 18개월의 아동은 자발적으로 사물을 모양별로 쌓는다. 이를테면 공과 상자를 분류하여 쌓는다. 물체를 범주화할 수 있거나 수직의 끈을 사용하여 물체를 얻는 것과 같은 수단—목적관계를 이해하고 유추해낼 수 있게 되면 곧바로 이름짓기폭발이 나타난다(Gopnick과 Meltzoff, 1987). 다른 범주화의 측면들은 더욱 추상적이다. 예를 들어, 아동이 물체의 영속성개념을 습득하면 gone이라는 단어를 사용하기 시작한다. 물체영속성의 전형적 테스트는 호두껍데기를 이용한 속임수게임을 아동에게 맞게 각색하여 천이나 컵 밑에 공을 감추는 놀이를 이용한 것이다. 알리슨 고프닉(Alison Gopnick)과 앤드류 멜로프(Andrew Meltzoff, 1985)는 가려진 공이 단순히 사라진 것이 아니라는 것을 아동들이 알게 되면 *gone*이라는 단어를 처음으로 사용하게 된다는 것을 알아냈다. 아동은 단어 *gone*이 상징하는 개념을 습득했을 때 단어 *gone*을 '습득'한다. 언어는 사고를 반영하고, 언어와 사고의 발달은 서로 협력하여 진행된다.

## 통사론·형태론·인지과정

아주 어린 아동조차도 영어통사론과 형태론의 인지적 함축을 인식하고 있다는 증거가 나오고 있다. 캐시 허쉬—파섹(Kathy Hirsch-Pasek) 등(1988)은 18개월 된 아동이 전치사 *up*·*on*·*under* 등이 나타내는 인지적 차이를 이해한다는 것을 밝혔다. *Look at the bear running on the table* 등의 음성메시지와 함께 만화영화가 텔레비전 화면으로 동시에 제시되었는데, 한 만화는 곰 한 마리가 테이블 위로 달려가고 다른 만화는 테이블 아래로 들어가는 것을 보여 주었다. 아동들은 메시지에 맞는 화면을 일관성 있게 더 자주 쳐다보았다. 화면 제시에는 신호효과를 배제시켰다. 아동들이 초기에 언어를 이해하는 바를 알려고 시도했던 많은 연구들이 힌트를 주는 효과 때문에 무효화되었기 때문이다.[note 5]

바바라 란도(Barbara Landau)와 릴라 글라이트만(1985)은 어린 아동들이 영어통사론이 나타내는 인지적 관계에 대한 지식을 사용하여 단어의미를 습득한다는 견해를 강력하게 지지한다. 아동은 우선 많은 신호를 사용하여 언어의 통사구조를 유도해낸다. 예를 들어, 아동은 기본억양 호흡단위 신호를 사용하여 말의 연속을 구 단위로 분절한다. 강세를 받는 단어도 먼저 습득된다(Gleitman et al., 1987).[note 6] 일단 통사론의 기본을 이해하면 이 지식을 단어이해에 적용한다. 예를 들어, 아동은 *See the X*와 같은 간단한 구절에서 위치에 주목함으로써 단어가 명사임을 결정한다. 시각장애아동은 이런 과정을 통해 *look*과 *see*와 같은 단어의미의 일부를 습득한다. 란도와 글라이트만은 이 과정을 '통사적 자력'이라고 한다. 간단히 말하자면, 인지와 언어 사이에는 강한 연관성이 있으며, 언어로 전달되는 인지적 차이를 아주 어린 나이에도 얼마든지 나타날 수 있다는 것이다.

### 이중언어화자 아동

언어—사고논쟁에 대한 한 가지 특이한 전환점은 아동의 제2언어 지식이 비언어적인 인지적 과제를 더 잘 수행하게 한다는 발견이다. 1960년대에는 다른 능력들이 아동단일언어화자와 모두 동일하다고 해도 이중언어화자아동은 단일언어화자아동에 비해 두 개의 언어능력이 각각 덜 발달되어 있으며 이중언어의 사용이 지적기능에 부정적인 영향을 끼친다는 생각이 일반적이었다(Carringer, 1974). 이러한 견해는 완전히 바뀌게 되었다. 초기의 연구는 흔히 피실험자의 나이·성·사회경제적 위치나 이중언어사용의 정도를 고려하지 않은 채로 아동이중언어화자를 아동단일언어화자와 비교했다. 많은 독립된 연구는 아동이중언어화자가 범주 형성하기·상징 조작하기·추론하기·복잡한 지시 따르기 등의 능력을 조사하는 테스트에서 수행 능력이 더 높게 나타났다. 이러한 연구는 많은 언어(Afrikaans어와 영어(Ianco-Worall, 1972), 히브리어와 영어(Ben-Zeev, 1977), 스페인어와 영어(Carringer, 1974; Powers and Lopez, 1985), 프랑스어와 영어(Peal and Lambert, 1962; Bain and Yu, 1980), 웨일즈어와 영어 그리고 나이지리아어와 영어(Okoh, 1980), Kond언어와 힌디(Mohanty and Pattnaik, 1984), 독일어와 영어, 그리고 영어와 중국어(Bain and Yu, 1980))의 이중언어화자인 아동을 포함한다. 결론은 이중언어화자아동은 단일언어화자아동보다 초기에 더 적은 수의 어휘를 갖는다는 것이다. 이러한 결과는 어휘 수에 치중했던 초기연구들로 하여금 두 개 언어의 학습이 언어적 그리고 인지적 능력의 부족을 초래한다고 결론짓게 하였다. 그러나 아동이중언어화자는 인지적 능력과 언어구조지식에 대한 테스트 결과 또래의 단일언어화자보다 일관성 있게 2~3년 더 앞서 있었다.

예를 들어, 아니타 얀코—우랄(Anita Ianco-Worall, 1972)은 4살에서 6살난 *Afrikaans*어-영어 이중언어화자들이 소리패턴보다 의미에 근거하여 단어들을 구분한다는 것을 보여줬다. 따라서 아동들은 "*Which is more like cap, can or hat?*"라고 질문하는 테스트에서 cap과 hat을 같이 분류하였다. 단일언어화자 아동은 2~3년이 지나서야 이를 수행할 수 있었다. 이중언어화자는 사물에 임의적으로 붙인 이름을 이해하는 테스트에서도 수행 능력이 높았다. 산드라 벤—제브(Sandra Ben-Zeev, 1977)의 연구는 5살 반에서 8살 반 사이의 아동들을 대상으로 순차적인 테스트를 시행하였다. 이중언어화자아동이 지각능력테스트에서 언어자료처리와 지각적 구분능력이 더 우수하며 구조를 탐색하는 경향이 더 높았음을 보여 주었다. 높이와 지름이 다른 9개의 실린더를 묘사하게 하는 실험도 있었다. 아지트 모한티(Ajit Mohanty)와 카비타 파트나이크(Kabita Pattnaik, 1980)도 인디언아동을 대상으로 유사한 테스트를 사용하여 유사한 결과를 얻었다. 여기에서도 이중언어화자아동이 운율 지각하기·단어 정의하기·새 단어 만들기·상징 대체하기 등의 능력을 측정하는 테스트에서 또래의 단일언어화자보다 더 앞선 결과를 보여 주었다.

이중언어사용이 절대적인 인지적 이점을 가져다주는 것은 아닐 것이다. 단일언어화자아동도 그만큼의 인지적 능력을 가질 수 있을 것이다. 그러나 결정적 시기 기간 내의 제2언어학습은 인지적 능력을 높여주는 것 같다. 언어습득과 인지발달이 동일한 두뇌장치를 사용한다고 할 때, 그러한 효과를 기대해 볼 수 있는 것이다.

## 요약

일반인지처리과정이 아동이 언어를 습득하는 방식에 중요한 역할을 하는 것이 분명하며, 유아 및 아동의 언어능력과 인지능력의 발달은 서로 연관되어 있는 것 같다. 선천적으로 유전된 두뇌장치가 언어습득을 용이하게 하는 것은 의심할 여지가 없지만 그 장치는 생물학적 제약을 준수해야 한다. 더욱이 언어와 사고는 유사한 생물학적 제약을 반영하는 듯하다. 언어능력과 사고능력이 아주 밀접히 연관된 두뇌장치를 포함하기 때문에, 특정언어가 인간의 사고를 본질적으로 제한하지는 않는다. 비록 언어가 어휘와 통사론과 같은 서로 다른 부문들로 구성되어 있긴 하지만 각 부문의 언어능력발달은 인지과정의 결과이다. 즉 단어지식의 발달은 실세계지식을 반영하는 것이며 통사구조는 논리구조와 서로 관련되어 있는 듯하다.

# 6장 문화 그리고 이타적 행위

UNIQUELY HUMAN

# 제6장
# 문화 그리고 이타적 행위

두뇌에 관해 아직 해답을 찾지 못한 많은 문제들 중 하나는, 정확히 무엇이 한 개인을 다른 이들보다 더 지능이 높거나, 지능이 낮도록 만드는가 하는 것이다. 몇 가지 이론들이 두뇌측면화와 같은 요인들을 실독증(dyslexia)이나 말더듬(stuttering)과 같은 특정발달결손과 연관짓고자 시도해왔지만(예를 들어, Geschwind and Behan, 1984), 아직 명쾌한 답은 찾지 못했다. 비록 두뇌손상과 질병의 특정패턴을 특정행동결손과 연관짓는 것이 가능할지라도, 어떤 신경학자들도 건강한 사람의 두뇌를 조사하여 그의 지능을 예측하려고 하지는 않을 것이다. 우리가 현재 알고 있는 바로는 인간지능의 유일한 측정법은 인간의 실제행위이다. 화석원인들의 손상되지 않은 두뇌를 자세히 관찰하는 것도 매우 유용하겠지만 이들의 지능행위를 관찰하는 편이 더욱 적절한 방법일 것이다.

우리는 손상되지 않은 본래 그대로의 두뇌화석도 갖고 있지 않으며, 화석원인들의 지능행위를 직접 관찰할 수도 없다. 그러나 비록 완전하지는 않지만 고고학적 기록을 통해 돌과 뼈로 만들어진 지금까지 전해지는 물건들을 해석하여 우리의 먼 선조들의 생활 및 활동방식을 추론함으로써 그들의 지능행위를 측정할 수 있다.

고고학적 기록을 해석할 때 가능한 한 발견되는 증거를 우리 현대인의 관점에서 해석하지 않도록 주의해야 한다. 예를 들어서, 우리가 석기들을 볼 때면 우리는 아마도 석기를 만든 이들이 명시적인 언어적 설명과 비언어적 시범 두 가지 방법을 다 사용하여 도구제작의 전통을 전수하였을 것이라고 가정할 수 있을 것이다. 하지만 그것은 절대로 사실이 아니다. 어떤 고대원인들은 그들의 문화를 인간언어와 같은 어떠한 것도 사용하지 않고 전수했을 것이다. 다행히도 우리는 인간의 언어와 인간의 인지능력이 결여되어 있긴 해도 꽤 정교한 문화를 소유하고 전수하는 침팬지를 관찰함으로써 이러한 가능성을 측정할 수 있다. 침팬지(최초 원인에 가까우나 최초 원인 자체는 아닌)는 우리가 아는 최초 원인의 뇌 크기에 근접하는 크기의 뇌를 가지고 있기 때문에, 그들 역시도 일종의 제한된 조건을 대표할 수 는 있다. 침팬지도 다른 동물들만큼 유전적으로는 인간에 가깝다.[Note 1]

## 침팬지 문화

제인 구달(1986)과 그의 선례를 따른 다른 끈기 있는 침팬지관찰자들의 헌신적인 노력 덕분에, 우리는 침팬지문화에 대한 지식을 얼마간 갖게 되었다. 인간언어를 사용하지 않고 침팬지가 할 수 있는 것들에 대한 생생하고 자세한 구달의 기술은 인간 특히 초기 원인들의 문화의 고고학적 증거를 평가하는 기준을 제공한다. 다만 행위 $\chi$ 의 존재가 인간언어 및 인지의 존재를 나타낸다는 잘못된 주장을 하지 않도록 유의해야 할 것이다.

## 도구와 도구제작

침팬지는 도구를 사용하고 제작한다. 구달(1986)은 탄자니아의 곰비강 보호구역에서 침팬지가 잎사귀 '스폰지'를 사용하여 물을 빨아들이고 막대를 사용하여 중요한 먹이 자원인 흰개미를 잡는 것을 촬영했다. 침팬지들은 작은 나뭇가지에서 잎사귀들을 벗겨내어 막대를 만든다. 어린 침팬지들은 이 도구를 만들고 사용하는 법을 어미를 관찰함으로써 학습한다. 서로 다른 도구사용의 전통이 지리적으로 서로 고립되어 있는 침팬지집단 내에서 나타난다. 탄자니아의 곰비와 세네갈의 여러 지역에서 흰개미 잡기에 여러 유형의 도구들이 사용된다. 구달은 곰비에는 돌이 많지만 이곳의 침팬지들이 돌을 망치로 사용하는 것을 본 적이 없다. 대조적으로, 크리스토퍼 보쉬(Christophe Boesch)와 헤드윅 보쉬(Hedwige Boesch, 1981, 1984)는 아프리카의 다른 지역(Tai 국립 공원, Ivory 해안)에서 침팬지들이 호두를 까기 위해 돌도구를 사용하는 것을 관찰했다. 호두 철 내내 그들은 매일 평균 2시간을 풍부한 먹이자원인 호두를 조직적으로 모으고 까먹으며 보낸다 (성인암컷은 하루 약 4,000칼로리, 새끼는 하루 1,000칼로리까지를 호두에서 취한다). 호두까기기술은 성년이 되어서야 비로소 완전히 학습되며, 어떤 이익을 얻으려면 적어도 4년간의 연습이 필요하다. 부드러운 껍질의 호두를 열기 위해 나무모루와 함께 굵은 막대를 망치로 사용한다. 단단한 껍질의 호두는 돌망치와 나무모루로 깐다. 호두는 세 부분으로 되어 있으며, 침팬지는 속을 통째로 꺼내기 위해 망치로 내려치는 사이사이에 모루위에서 호두를 계속 돌려야 한다. 어미는 새끼가 호두 쪼기를 처음 시도한 이후로 약 3살쯤부터 새끼에게 분명하게 가르치고 고쳐준다(Boesch and Boesch, 인쇄 중).

타이(Tai)침팬지들은 적합한 돌을 구하기 어려운 울창한 숲에서 산다. 돌모루는 침팬지들이 지속적으로 돌아오는 특정장소에 저장되며, 돌이 마모되는 패턴은 해당 도구가 수세대에 걸쳐 사용되었음을 나타낸다(자연서식지에 사는 침팬지들은 산업화 이전의 인간사회와 별로 다를 바 없이 약 30년의 수명을 갖는다. 심지어 노동의 분담도 있으며 호두까기 전담은 암컷이다). 침팬지들이 좀 더 훌륭한 망치나 모루를 만들기 위해 돌을 깎아서 도구를 '제작'한다는 결정적인 증거는 아직까지 없지만, 그러한 일이 발견된다고 해도 놀라운 일은 아닐 것이다. 침팬지들이 흰개미잡이용막대나 잎사귀스폰지를 '제작'한다는 사실을 고려한다면 말이다. 이들은 남에게 해를 가할 의도에서 돌이나 다른 물체를 발사물로 사용하기도 한다(Goodall, 1986).

### 사회조직

침팬지들은 구달이 말하는 '융합—분열' 사회를 갖는다. 이들은 집단으로 살며 누가 집단의 구성원인지를 안다. 이 사실은 중요하다. 이유는 경쟁집단의 구성원들이 공격을 해오며 때로는 심지어 서로 죽이는 일도 있기 때문이다. 집단은 여러 부분으로 나뉘어 사냥하고, 짝짓고, 영역의 경계를 '순찰'하거나, 다른 집단의 침팬지와 영역다툼을 한다. 이러한 사회조직에 관한 몇 가지 흥미로운 특징이 있다.

전쟁(Warefare). 구달은 지금까지 인간의 독특한 것으로 간주되어 왔던 사건인 전쟁들의 연속 상황을 상세하게 기록하였다. 곰비 집단이 두 집단으로 나뉘어 한 동안 각기 다른 두 영역을 차지했다. 집단이 분리된 후 2년 동안 하나의 강이 경계로 인식되어 온 듯 했다. 그러나 2년 후 각 집단이 서로 상대의 영토를 습격했다. 만일 한두 마리 정도 수컷이 더 많은 강한 무리들이 약한 '적'무리들과 마주쳤을 때는 그 무리는 종종 죽이기 위한 의도로 공격했으며, 종종 돌이나 다른 물체들을 발사물로 이용했다. 시간이 흐르고 강한 집단이 한때 그들의 동료들이었던 수가 적은 적들을 죽였다.

**공유(Sharing).** 어미침팬지들은 새끼들이 두세 살이 될 때까지 그들과 먹이를 나누어 먹으며, 그 이후에는 이 행위를 점점 줄여간다. 성인침팬지들 사이에 식물먹이는 공유되지 않는다. 그러나 고기는 공유되어 진다. 집단의 구성원들은 사냥에서 성공을 한 침팬지에게 먹이를 달라고 조른다.

## 이타주의·동정·도덕의식

침팬지들은 종종 다른 침팬지들 중에서 대개 가까운 친척들을 도와준다. 그러나 크리스토퍼 뵈흠(Christopher Boehm, 1981)은 이러한 이타주의의 예들을 혈족선택이론(kin selection, Hamilton, 1964)으로 설명할 수 있음을 밝혀냈다. 이타주의적 개체의 많은 유전자들을 갖는 가까운 친족의 목숨을 보전하려는 행동은 그 개체의 유전자들을 더 많이 보전할 수 있게 하는 결과를 낳는다. 예를 들어, 세 자매의 생명을 구하며 죽는 사람은 만일 자신이 살고 자매들이 죽는 것보다 더 많이 자신의 유전자들을 후대에 전하게 될 것이다. 그러므로 다윈의 자연도태는 이런 종류의 이타주의(사람의 이타주의와 구별되는 동물의 이타주의)를 설명할 수 있다. 또한 침팬지는 인간사회의 특징인 힘없는 개인들에 대한 동정심을 보여 주지 않는다. 어미가 죽으면 손위 형제가 어린 침팬지를 돌보려고 하긴 하지만, 혈연이 아닌 암컷들에 의해서 받아들여지는 경우는 거의 없다. 병들은 침팬지는 혈연이 아닌 다른 침팬지들에게서 외면당한다.

침팬지와 인간 사이의 도덕적 의식의 차이는 사냥에서 가장 명백하게 보여 진다. 침팬지는 많은 인간들처럼 고기를 얻기 위해 다른 동물들을 사냥한다. 구달(1986)은 침팬지의 사냥은 여러 가지로 인간의 사냥과 아주 유사하다고 언급한다. 그들은 협동하며, 먹이(대개 자기보다 약한 동물들인 비비·원숭이·새끼 돼지·새끼영양)에게 발사물을 던진다. 그러나 인간사냥꾼들이 살을 먹기 전에 먹이를 죽이는 반면,

침팬지는 잡힌 동물이 죽었는지 살았는지 신경 쓰지 않는 것 같다. 전형적으로 두개골을 물어뜯어 죽이며 먹기 시작하지만 이렇게 하는 목적은 살을 뜯어먹는 과정이 편하도록 먹이가 움직이지 못하게 하려는 것뿐일 것이다. 잡힌 동물은 비명을 지르며 몸부림치겠지만, 침팬지의 주된 관심은 동물이 죽었든 살았든 상관없이 식사가 순서대로 진행되는 것이다. 구달은 몇 가지 예를 언급한다.

> 1977년 *Jomeo*(침팬지)가 수컷 콜로부스(속) 원숭이와 나무에서 잠깐 실랑이를 벌인 후에 사냥감의 꼬리를 잡아 땅으로 끌어내리고는 뻐기는 자세를 취한 뒤 그 원숭이를 끌고 다녔다. 원숭이가 나뭇가지 등을 계속 잡아 붙들고 있었지만, *Jomeo*의 손을 벗어날 만큼 세지는 못했다. 이 원숭이사냥꾼이 놓아주자 원숭이는 누워 힘없이 우는 소리를 내었지만 걸을 수는 없는 듯이 보였다. 청소년기의 *Freud*가 다가와 원숭이의 손을 물었지만 강하게 몸부림치자 뒤로 물러났다. 5분 뒤 *Jomeo*의 형 *Sherry*가 다가와 원숭이의 꼬리를 잡고 조금 끌고 가다가 놓아 주는가 했더니 몸을 돌려 얼굴을 물어뜯었다. 원숭이꼬리를 붙잡고 기운차게 뻐기는 자세를 취하더니 원숭이를 나무와 바위에 세 차례 내려쳤다. *Jomeo*가 즉시 돌아와서 역시 뻐기는 자세를 취하고 사냥감을 끌고 내려치고 하였다. 다시 원숭이가 땅바닥에 내버려져 누워있었으나 아직 죽은 것은 아니었다. 또 다른 젊은 침팬지가 다가와 응시하다가 원숭이의 생식기 일부를 물어뜯었다. *Freud*가 다시와 좀 더 물어뜯고 *Joemo*가 거세를 마무리했다. 사로잡힌 지 9분이 지난 후 원숭이가 죽었다.

> 1980년 *Mustard*가 꽤 자란 새끼를 지닌 암컷 콜로부스(속) 원숭이를 추적하여 잡았다. 그가 새끼를 잡으려고 하다가 그와 원숭이 어미가 땅바닥에 떨어졌고 새끼가 도망을 쳤다. 어미도 도망을 쳤으나 *Mustard*에게 맹렬히 추적당하였고, 20 미터 정도를 추격한 *Mustard*는 어미의 꼬리를 낚아채면서, 뻐기는 자세를 취하였다... *Mustard*는 잠깐 멈추었다가 다시 어미 원숭이를 잡고 힘차게 뻐기는 자세를 취한 뒤, 땅바닥에 내리친

후, 발로 짓밟고 때렸다. 그런 뒤 앉아서 기진맥진하고 잔뜩 얻어맞은 암컷을 앞으로 돌려놓고 배를 물어뜯으려고 했다. 암컷이 자기 손을 물자 내려치며 소리를 질렀다. 다시 일어서서 암컷을 때리더니 계속 크게 소리를 지르며 위로 뛰어올라 발로 밟았다. 그 외침 소리가 *Evered*와 *Figan*의 주의를 끌었고 둘이 달려와 원숭이를 넘겨받았다. *Figan*이 원숭이의 배를 물어뜯고는 얼굴을 물어뜯는 사이에 *Evered*가 다리를 뜯어내었다. 이때 원숭이는 마지막 외침을 내고는 죽었다.

죽음이 목격된 대부분의 갓난 비비와 어린 비비는 금방 죽었다. 종종 서너 마리의 성년 수컷 침팬지들이 달려들어 사냥감의 몸을 찢는다. 그러나 10개월 된 새끼 한 마리는 성년 수컷 단 한 마리가 먹어치웠는데 잡힌 후 40분 동안이나 여전히 살아서 가냘프게 부르짖고 있었다. 몸집이 큰 세 마리의 산돼지 새끼들은 천천히 몸이 찢기면서 죽는데 11분에서 23분이 걸렸다. 가장 몸집이 컸던 새끼 돼지는 *Humphrey*가 그 심장을 뜯어내자 마지막 외침을 끝으로 죽었다. (1986, pp. 291~292)

## 언어

구달과 다른 침팬지 관찰자들은 몸짓·얼굴표정·음성화의 결합이 침팬지의 의사소통체계 역할을 수행한다고 믿는다. 구달(1986, pp. 143~145)은 또한 지리적으로 고립된 침팬지 무리들 사이에 방언들이 존재한다고 언급하는데, 이는 다른 단순한 동물들의 고정된 소리 체계보다도 더 인간의 언어에 가까운 의사소통체계임을 말해 주는 것이다(Smith, 1977). 지금까지 관찰되어 온 것은 비언어적 방언이다. 예를 들어, "곰비에서 두 침팬지들이 사교적으로 몸치장을 할 때, 서로 한 손으로는 머리위의 나뭇가지를 붙들고 다른 손으로는 동료의 몸을 단장해준다. 남쪽으로 160km 떨어진 마할레(Mahale)에서, 그리고 우간다의 키발레(Kibale)숲에서는 침팬지들이 종종 앉아서 상대방 머리위의 한 곳을 꼭 잡고서 서로 몸치장을 해준다"(Goodall, 1986, p. 144).

연구 대상인 침팬지 집단의 전체 의사소통 신호 목록에 새로운 신호들이 포함되었다. 예를 들어, 곰비강에 사는 침팬지 *Shadow*는 새로운 구애 표시를 발명해 성공적으로 사용하였다(같은 책, p. 145). 침팬지는 친구와 적을 구분할 수 있다. 또한 도움을 청하거나 먹이가 있음을 알리기 위해 큰 소리로 부를 수 있다. 이들은 음식의 특징과 위치를 전달할 수 있는 것처럼 보이지만, 어떤 수단이 사용되는지는 현재 알려져 있지 않다(같은 책, pp.141~143). 다른 비인간 영장류처럼 침팬지는 음성화를 자발적으로 제어하는 능력이 없다. 침팬지의 음성화는 감정 표시 '다발'에 같이 묶여 있는 것 같다. 예를 들어, 침팬지는 막 젖을 먹이려는 순간에도 소리를 지른다. 물론 이들 소리가 생산적 수단과는 전혀 관련성 없는데도 말이다(같은 책, p. 125). 비록 침팬지 의사소통체계의 대략적 범위가 알려져 있긴 하지만, 그들이 어떻게 그리고 무엇을 의사소통하는지는 현재로선 미스터리이다.

우리는 침팬지의 자연적 의사소통에 대해서보다는, 인간의 언어에 노출되었을 때 그들이 무엇을 할 수 있는 가를 더 알아가는 데 호기심을 가지고 있다. 앨런 가드너과 보트릭스 가드너(1969, 1984)는 영아 침팬지를 인간의 경우와 유사한 환경(미국 수화, ASL이 의사소통 수단인 환경)에 있도록 하였다. 침팬지들이 인간언어의 소리를 산출하는 데 갖는 어려움과는 대조적으로 그들은 ASL 단어를 표시하는 손동작을 만들어 낼 수 있다. 이들의 ASL 단어는 첫 모국어로 ASL을 배운 능숙한 성인 인간만큼 분명하지는 않지만, 이들의 신호를 이해할 수는 있다. 더욱이 그들의 ASL 단어는, 개별항목이나 사건보다는 개념을 지시한다는 점에서 인간언어 단어의 특성을 갖는다. ASL훈련을 받은 침팬지의 언어능력은 대략 2살 반 정도의 아이와 비슷하지만, 인간의 개입 없이도 단어들을 한 세대에서 다음 세대로 전수한다. 영아 침팬지 *Louise*는 5마리의 청소년 침팬지와 성인 침팬지 동료에게서 약 50개의 ASL 신호를 배웠다(Fouts, Hirsch and Fouts,

1982). 수 세비지—룸바우(Sue Savage-Rumbaugh)와 동료들(1985, 1986)의 연구도 마찬가지로 침팬지의 단어사용과 생성을 보여준다. 침팬지들은 또한 지각적 현저함이나 기능에 기초하여 새로운 단어를 만든다. 간지럼을 태우는데 사용된 솔이 영어 단어 칫솔(toothbrush)에 유추하여 ASL 복합어 '간지럼-깃털(tickle-feather)'라고 정의되었다. 그리고 오리는 증기선(steamboat)에 유추하여 '물새(water-bird)'로 정의되었다.

침팬지의 단어습득 및 사용능력을 낮게 평가해서는 안 된다. 단어는 본래 강력한 의사소통 및 인지수단이다. 단어는 부호화를 통해 현상을 분류하기 때문에, 우리는 언어를 수단으로 소통할 때 함의적 분류체계를 지속적으로 전송하는 셈이다. 성인이 키가 크고 잎이 많이 달린 식물을 지시하며 *tree*라는 단어를 사용하는 것을 어린이가 들을 때 전송수업이 진행되고 있는 것이다. 예를 들어, 미국 교외의 한 가정에서 어린이가 영어를 배울 때, 개와 고양이를 가축이라는 상위 범주에 속하는 것으로 보는 분류체계가 그 어린이에게 전달된다. 다른 어떤 문화권에서는 닭이 그 범주에 들어가지만 고양이는 들어가지 않을 수도 있다. 어린이는 다양한 품종의 개 이름을 학습하며 분류체계를 지속적으로 확장해간다. 푸들·브리아르·불독은 모두 개이다. 이들 단어를 학습할 때 어린이는 아래 도식과 같은 분류체계를 습득하고 있는 것이다.

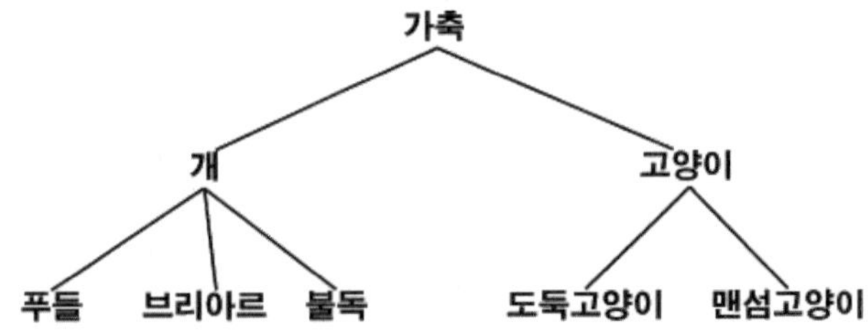

단어 고유의 분류능력은 아동이중언어화자의 증가된 인지능력을 부분적으로 설명해준다. 유사한 효과가 언어훈련을 받은 침팬지들에게서 관찰되었다. 이 침팬지들은 다양한 종류의 문제를 해결하는 과제에서 다른 침팬지들보다 더 잘 수행하였다(Premack and Woodruff, 1978).

비록 침팬지 단어사용의 이러한 측면들은 그 동안 논쟁의 대상이었지만(Terrace et al., 1979), 침팬지는 단어사용능력이 있으며(Van Cantfort and Rimpau, 1982; Lieberman, 1984), 이것은 또한 문화전달을 위한 잠재적 능력이 있음을 유추할 수 있다.

원숭이 소리에 대한 몇 가지 연구(Cheney and Seyfarth, 1980)와 구달(1986)의 침팬지에 대한 사회조직관찰은 비영장류 동물들이 몇 가지 종류의 기본적인 단어들을 사용하고 있을 가능성을 시사한다. 그러나 야생침팬지 생활에 대한 현재까지의 자료는 이들이 단어를 사용한다는 것을 분명히 보여 주는 그 어떤 증거도 제시하지 못하고 있다.

침팬지가 분명히 습득할 수 없다고 여겨지는 것은 ASL의 복잡한 통사론이다. ASL과 다른 양상들(분류 사진이나 플라스틱 상징)을 사용하는 침팬지언어를 주의 깊게 관찰한 결과 대개 통사적으로 의미 있는 어순이 지켜지지 않았다. 모든 외형들로 *tickle me*를 신호하고자 의도하는 침팬지가 *me tickle*이라고 신호할 수도 있다. 최근 자료에 따르면 5살 난 난쟁이침팬지(Pan paniscus) *Kanzi*는 어순관계를 대부분 유지한다(Greenfield와 Savage-Rumbaugh, 출판 중). 이 결과는 '보통' 침팬지(Pan troglodytes)종과 난장이침팬지 종 사이의 차이일 수 도 있고 침팬지들 간의 단순한 개인차일 수도 있음을 나타낸다. 그러나 현재까지의 모든 언어훈련에 참여한 침팬지들의 수가 채 20마리도 안되기 때문에, *Kenzi*가 다른 침팬지보다 똑똑해서 이러한 결과가 생기는 것인지 아닌지 결정하기는 어려운 일이다.

인지

침팬지는 뛰어난 지능적 지도를 갖고 있다. 침팬지에게 지도 읽는 법을 가르칠 수는 없지만(Menzel, Premack과 Woodruff, 1978), 특정 계절에 음식을 어디에서 얻을 수 있는지를 일 년이라는 시간이 지나도 그 장소를 기억해낼 수 있다.(Menzel, 1978). 침팬지는 또한 고의성을 보여준다. 데이비드 프레맥(David Premack)과 가이 우드러프(Guy Woodruff, 1978)는 '위험한 장면에서 끝나는' 비디오를 침팬지에게 보여주고 비디오에서 묘사된 장면의 끝을 완성해 보게 하였다. 예를 들어, 흔들거리는 박스 더미 꼭대기에 웅크리고 앉아 바나나를 따려고 하는 사람을 보여 주었다. 침팬지는 바나나들을 손에 쥐고 있는 사람이 있는 사진 또는 박스더미와 사람이 어지럽게 바닥에 널려있는 사진을 선택할 수 있었다. 침팬지가 좋아하는 실험실조교가 비디오에 나올 때는 바나나축제사진이 선택되었다. 침팬지가 덜 좋아하는 실험실조교는 박스더미와 사람이 어지럽게 널려져 있는 사진과 짝지어졌다.

## 초기 호미니드 문화

오늘날의 영장류들이 인간언어와 인지라는 속성들이 결여된 채 무엇을 과연 성취할 수 있을 것인가를 감안해서 본다면, 고고학적 기록으로부터 초기 원인 문화에 대해 무엇을 찾아서 되짚을 수 있을까? 우리는 '상실된' 정신적 능력을 배제하는 것에서부터 시작할 수 있을 것이다.

계속 되풀이 되는 문헌연구의 주제는 멸종된 호미니드(원인)에게 현대인간들에게는 없는 텔레파시, 신체 내부의 시각화, 등의 능력을 부여한다. 분명 우리는 오스트랄로피테쿠스나 네안데르탈인을 실험실로 데리고 가서 인지검사도구를 실시할 수는 없지만, 침팬지들에 대해서는 실험을 실시할 수 있었다. 침팬지들은 어느 측면으로든지 인간보다 더 발전한 인지능력을 갖고 있지 않다. 어떤 실험 테스트에서도 인지능력이 떨어진다(Premack, 1988). 아주 진화된 형태(사람)에서부터 최초 원인에 가까운 형태에 이르기까지 원인들의 범위 전체에 걸쳐 어떤 특정 지적능력이 나타나지 않으므로, 멸종된 호미니드(원인)에게 아주 다양한 사고 패턴이 존재했을 가능성은 기대할 수 없을 것이다.

비록 침팬지에 대한 기록들이 우리보다 어떤 면에서 더 나았으리라고 여겨질 수 있는 호미니드(원인)의 무리에서 기대되는 만큼의 과거의 낭만적인 이미지를 만들어주지는 않지만, 우리의 기록과 기억의 이 닿을 수 없는 저 너머에 살았던 원인들의 문화에 대한 고고학적 증거를 우리로 하여금 평가할 수 있게는 해 줄 수 있다. 그들의 이성이 우리와 똑같은 일반적인 방식으로 작동했다고 가정한다면, 원인 진화의 후기 단계에 대해 추론할 수 있다. 우리가 가지고 있는 증거는 아주 오랜 옛 조상들이 만들었던 돌과 뼈로 된 도구들, 화재의 잔재, 그리고 그들이 먹었던 것을 보여 주는 뼈·조개껍질 부스러기·거주지의 흔적·묘지·구슬목걸이·조각된 뼈·그림과 조각·그들 자신의 뼈 등으로 구성되어 있다. 자르는 도구는 사냥하거나 구해 온 동물들을 자르는 것에, 구슬 목걸이는 장식이나 어쩌면 화폐로, 그림은 종교적 의식 등에 사용되어져 왔다.

## 석기와 석기 제작

초기 호미니드들의 석기기술은 다양한 수준의 개념화를 포함하는 것 같다. 최초의 석기는 2백 50만 년 전에서 3백만 년 전으로 거슬러 올라가는데, 의도한 석기 완성품의 모양은 비슷한 돌을 깎고 다듬어서 만들어진 것 같다. 석기제작자는 완성품의 개념적 이미지를 머릿속에 기억하고 있어야 했다. 비록 사용된 기술(나뭇가지에서 잎사귀 떼어내기)이나 생각하는 목표는 애초의 재료와 아주 달라진다는 점에서는 매우 '추상적'이라고 할 수 있지만, 침팬지들은 개미잡이 막대기(잔가지와 잎사귀가 달린 나뭇가지)를 만들 때 동일한 과정을 보여준다.

좀 더 정교한 것은 15만 년 전에서 10만 년 전까지 널리 행하여진 루발루아시대(Levalloisian: 3석기시대의 중기)의 '석핵과 박편(core-and-flake)' 기술이었다(Bordes, 1968, 그림 6-1 보기). 중간목표는 즉 거북이 모양의 석핵을 우선깎기방법으로 준비한다. 그리고 두 번째로 날을 갈기 위해 석핵을 돌망치로 치거나 막대기로 압력을 가했다. 석기제작자는 머릿속에 두 단계인 즉 중간석핵과 완성된 도구를 기억하고 있어야 했다. 대학원 학생들과 실험해 본 결과, 단순한 도구의 최초 형태는 하루 동안 관찰하고 간단히 모방하는 것으로 충분했지만, 석핵과 박편기술을 완전히 익히는 데는 한 학기 이상의 특별 수업이

[그림 6-1]
돌칼을 제작하는 두 가지 방식을 보여준다. 그 중 하나는 석핵과 박편이다. 도구제작은 석핵을 준비한 후 망치를 이용하여 두드림을 이용하거나 압력을 지속적으로 가하는 방법으로 날 부위를 Ep어내는 방법을 이용한다.

필요하였다(Washburn, 1969, p. 175). 언어소유가 다른 사람에게 석핵과 박편기술을 가르치는 능력을 향상시키는 것 같지만 그렇다고 단정하는 것은 어렵다. 석핵과 박편기술을 사용하여 복잡한 석기를 만드는 데 인간언어가 필요한지를 결정하는 한 가지 방법은 언어를 사용한 명시적 수업을 하지 않은 채 침팬지에게 석핵과 박편 석기를 만드는 법을 가르쳐 보는 것이다.

많은 고고학적 연구는 다양한 석기제작 기법들의 인지적 복잡성을 보여 주는 측정기술을 개발하고자 하였다(예를 들어, Bordes, 1968). 그러나 하워드 디블(Howard Dibble, 1989)은 많은 전통적인 고고학적 석기분류가 석기 그 자체보다도, 석기를 연구하는 인류학자들의 정신의 심미적 복잡성을 반영한다고 지적했다. 만들어낸 도구를 근거로 석기제작자들의 정신이 갖는 인지적 복잡성에 대해 많은 것을 언급하기는 불가능하다.

더욱이 화석기록과 도구제작기술 간의 관계는 그 어떤 밀접한 상관관계도 보이지 않는다. 초기의 호모 에렉투스 원인은 이후의 네안데르탈인과 초기 현대인보다 훨씬 더 단순한 석기를 가졌다. 그러나 네안데르탈인과 중동지방에 사는 해부학적 현대인들(예를 들어, Shanidar, Qafz and Skuhul)이 사용한 석기는 그 차이가 중요하다고 여겨질 만큼 다르지 않다. 이들은 모두 한 때 네안데르탈인의 특징이었던 석핵 및 박핵기술을 특징으로 하는 무스테리안(Mousterian) 도구문화의 예들이다(Bordes, 1968). 35000년 전 프랑스에서 네안데르탈인을 대신한 현대인들은 좀 더 진보된 석기기술을 사용하였다. 그리고 최근까지 이 진보된 도구제작기술이 현대인의 인지적 능력의 지표로 종종 여겨졌다. 그러나 초기 현대인 호모 사피엔스도 100,000년 전에서 40,000년 전에 이르기까지 무스테리안의 도구기술을 사용했음은 분명히 알 수 있다. 따라서 무스테리안의 도구공업은 현대인간들에 의해서 버려진 초기 기술인 것으로 여겨지지만, 우리의 조상은 이 기술을 수만 년 동안 사용했다.

기술과 인지능력 사이에 긴밀하고 상세한 상관관계가 없음은 놀랄 일이 아니다. 사람들이 사용하는 도구가 그들의 선천적 인지 및 언어능력을 직접적으로 반영하는 것은 아니다. 예를 들어, 비록 파리와 니스 사이를 시속 200km로 오가는 TGV 고속 기차가 전차보다 더 편안한 승차를 제공하지만, 그렇다고 1세기 경의 로마인들 그리고 갈리아인들과 비교할 때 우리가 본질적으로 인지에서 우월성을 갖는 것은 아니다. 다양한 문화적 요인들이 실질적인 기술 발달의 순간적 사라짐이나 갑작스런 급성장을 낳을 수 있다. 도구와 도구제작기술의 상대적 복잡성은 도구제작자의 본질적 인지능력의 신뢰할만한 지표가 되지 못한다.[note 2]

## 예술

현대인간들이 미술작품으로 해석하는 인공물은 비교적 최근 시간대 까지도 현대인들의 화석 잔해들과 함께 발견되지 않는다. 미술을 표현한 것이라고 동의하게 되는 가장 초기의 예들은 약 15,000년 내지 20,000년 된 것이다(Bordes, 1968). 알렉산더 마샥(Alexander Marschack, 1990)은 약 45,000년 전까지 거슬러 올라가는 더 오래된 예들이 유럽에 존재한다고 주장한다. 문제는 다시 해석의 문제이다. 이 인공물들이 상징하는 것은 무엇인가? 종교적인 의미가 있는가? 장식인가? 이러한 맥락에서 신체장식품은 현대인들의 특징인 것 같다. 신체장식품은 현대인의 화석과 함께 약 35,000년 전에 나타난다(White, 1987). 조개껍질로 만든 장식목걸이는 종종 수백 킬로미터 떨어진 곳에서 운반된 뒤 공들여 완성품으로 만들어졌다. 비록 미술의 기초가 되는 인지적 요인들이 아주 오래된 것이긴 하지만, 현재 모든 증거가 꽤 근래의 미술사적 초기 시대와 일치한다. 미래의 고고학 연구는 미술의 기원에 대한 재평가가 되겠지만, 기술과 문화수준에서 사람들이 자신들이 생존투쟁에 자신의 시간을 다 소비하지 않아도 되는 정도까지 도달하기 전까지는 미술이 발달할 수 없음은 분명한 사실이다.

## 종교적 사고와 도덕의식

침팬지의 인지적인 능력 검사와 관련하여 데이비드 프레맥(David Premack, 1988)이 제기한 한 가지 흥미로운 점은 이 능력이 언어의 사용 없이 어떻게 검사될 수 있는가 하는 것이다. 어떤 수준에서는 언어를 사용하지 않고 검사를 시행한다는 것은 불가능하다. 개나 침팬지가 죽고 난 뒤의 삶이나 환생 따위의 개념을 생각할 수 있는지 결정하는 것이 불가능하다는 점을 생각해 보라. 세 살 난 아이가 이해할 수 있는 것 훨씬 이상의 수준에서 인간언어를 사용하지 않고서는 이러한 질문을 품는 것조차 불가능하다.

인간의 종교적 사고와 도덕의식은 분명히 인지—언어적 바탕 위에 있다. 그러므로 부장품과 함께 매장하는 의식에 대한 고고학적 증거는 오늘날 침팬지들이 보여 주는 수준 이상의 언어와 인지의 존재를 나타낸다. 매장은 본질적으로 일상생활을 초월하며 '종교적' 신념을 반영하는 정신상태를 표현하는 것 같다. 그러나 몸뚱이가 동물들에게 찢기지 않기를 원하는 살아남은 친구들이나 친척들의 바람 등과 같은 다른 관심사를 반영할 수도 있다. 비록 이러한 관심사는 다른 비인간 영장류들이 공유하지 않는 것처럼 보이지만, (그리고 이들이 쉽게 구덩이를 팔 수 없기 때문에 실행하지 않는 것이지만,) 그렇다고 그것이 어떤 복잡한 종교신념체계의 존재를 증명하는 것은 아니다. 마찬가지로 매장은 집단의 구성원들 중 살아남은 이들이 시체의 잔해를 계속 보아야 하는 정서적 충격을 피하고 싶은 바램을 반영하는 것인지도 모른다. 간단한 매장은 다른 잔해들과 함께 움푹 패인 땅 속에 시체를 치운 것일 수도 있다. 폴란드에서 나찌의 SS 암살단 또는 캄보디아에서 크메르 루즈에 의해 자행된 시체 '처리'가 바로 이 범주에 속한다. 매장이 살인자에게 종교적 신념을 의미하거나 희생자에 대한 존중을 의미하지 않는다. 마찬가지로 흑사병 시절 공중보건방편으로서의 시체매장은 사후 세계에 대한 신념의 표현이 아니며 죽은 자에 대한 존중의 표현도 결코 아니다. 그러므로 우리는 매장 그 자체가 고대 호미니드들에게 사후세계에 대한 믿음을 의미한다고 가정할 수는 없다. 반대로 본다면, 부장품과의 매장은 일상생활을 초월하는 죽은 자에 대한 종교적 관심 및 관습을 의미하는 것이 분명하다.

명확히 규정된 부장품들을 함께 넣은 정교한 매장은 후기 구석기 시대에 속하는 비교적 최근의 일(약 35,000년 전)이지만, 제의적 부장품들을 넣은 매장에 대한 최초의 증거는 100,000년 전에 살았던 현대인에게서 나온다. 이스라엘의 예벨 카프제 동굴에서 살았던 사람들은 동굴바닥에 파편의 일부가 아닌 부장품들과 함께 어린아이를 매장했다. 노란 사슴의 뿔이 그 손에 놓여 있었다(Vandermeersch, 1981). 매우 큰 (22 x 22 m) 카프제 동굴 안에 완전히 또는 부분적으로 굴장된 자세로 서너 구의 유체가 놓여 있었다. 카프제처럼 100,000년 전 현재의 이스라엘에 살았던 스쿨 V도 부장품들과 함께 묻혔다(McCowan and Keith, 1939).[note 3] 야생 멧돼지의 아래턱은 어쩌면 이 세상에서의 뛰어난 사냥솜씨를 상징하기 위해 아니면 다음 세상에서도 그 솜씨를 보장해 주기 위해 그의 손에 놓여 있었다. 야생멧돼지는 총으로 무장한 사냥꾼에게 조차도 위험한 적이다. 스쿨 *V*와 카프제는 말 산출이 가능한 해부구조와 말과 통사론의 생물학적 기초가 되는 두뇌를 소유한 가장 오래된 화석 원인이다. 그들이 부장품과 함께 매장되었다는 증거는 우리와 비슷한 인지적인 능력을 그들이 소유했다는 점과 일치한다.

특정 고고학적 자료를 종교 의식의 증거로 해석하기 전에 모든 대안을 고려할 필요가 있다. 이라크의 샤니다르(Shanidar)에서 발견된 약 6000년쯤 된 꽃가루가 네안데르탈인 무덤에서 나왔다. 랄프 소레키(Ralph Solecki, 1971)는 그것이 제물로서 묘지에 놓였을 것이라고 제안하였다. 그러나 디블(1989)이 언급하듯이, 꽃들이 의도적으로 묘지에 놓였는지 아니면 단순히 그곳에 떨어진 동굴 속 꽃 부스러기들의 일부인지를 결정하는 것은 불가능하다. 이와 비슷하게 다른 묘터에서 발견된 동물 뼈들도 묘지 주위에 일부러 놓인 것이 아닌 것일 수도 있다. 대신 다른 동물을 잡아먹고 난 뒤 그 일부가 거실 겸 침실인 동굴바닥에 떨어져 흩어진 것일 수 있다. 그러나 수많은 후기 네안데르탈인의 묘들(60,000년 전 이후)도 부장품들을 포함했었던 것 같다. 초기 네안데르탈인의 묘에 부장품이 없는 것은 단지 고고학적 기록의 불완전함을 반영하는 것일 수 있지만, 다른 해석도 가능하다. 역사적 기록을 보면 두 문화가 접촉할 때 인공물·기술·관습들은 종종 진보된 문화에서 덜 진보된 문화로 전파된다. 부장품을 함께 넣는 매장 의식은 100,000년 전 아프리카에서 중동으로 이주한 현대 원인에 의해서 고안된 것 같다. 일부 이론에 의하면 유럽과 아시아에 살던 네안데르탈인이 빙하기동안 남쪽이었던 이 지역으로 이주하였고 네안데르탈인이 현대인간의 선조와 접촉하게 되었을 때 매장과 그 외의 관습들이 전이되었는지도 모른다.

현대의 많은 종교적 전통이 매장을 포함하지는 않지만(예를 들어, 티베트불교는 화장 또는 시체를 잘게 토막 내어 짐승들이 먹게 하는 조장(鳥葬)을 명한다), 어떤 특정 의식이 장례 준비를 요구하다. 그러나 매장은 반드시 후대에 증거를 남기기 때문에 우리가 가진 유일한 증거이다. 우리의 먼 조상의 정신이 우리와 비슷하게 작동했다고 가정한다면, 부장품들이 있는 묘를 내세, 갱생, 혹은 환생을 내포하는 종교적 신념의 증거로서 받아들일 수 있다. 생각하는 인간의 기본 정서적 욕구가 100,000년의 기간이 흐르는 동안 거의 유사했다고 가정하는 것은 위험하지만, 이에 대한 대안적 가설(깊은 차이가 존재한다는 가설)은 더 가능성이 낮다. 진화의 영속성은 유사한 정서적 욕구의 존재성을 지지해 주는 증거가 된다.

## 이기심 없는 행위

### 동물적 이타주의와 협동

이타주의가 인간에게만 한정되는 것이 아님은 분명하다. 전형적인 예가 벌집을 방어하기 위해 침입자를 쏘는 일벌의 자살행위이다. 구달(1986)은 원숭이들이 어린 원숭이들을 구하기 위해 자신의 목숨을 희생하는 것을 관찰하였다. 다윈(1859)이 언급하였듯이, 자연선택은 동물의 형태학에서뿐만 아니라 그 행위에서도 나타난다. 우리의 유전자는 우리의 행위를 결정하는 역할을 하며, 최근의 연구에 의하면 수줍음과 같은 행위 속성들은 강한 유전적 성분을 갖는다고 한다(Kagan, Reznik과 Snidman, 1988). 그리고 문화적 요소가 이타적 행위를 촉진하는 중요한 역할을 하긴 하지만, 연구결과를 보면 인간이타주의도 역시 강한 유전적 성분을 갖는다. 573쌍의 성인 쌍둥이에 대한 한 연구는 유전이 이타주의 성향 및 공격성향을 예측하는 가장 강한 요인임을 보여 주었다(Rushton et al., 1985).

다른 사람에게 음식을 주거나 자신을 희생하는 사람은 생존투쟁에서 제대로 살아남지 못할 것이므로, 이타주의는 다윈의 자연선택에 의한 진화를 설명하는 데 적절하지 않다. 그러나 자연선택은 유전자를 다음 세대로 전송함으로써 작동되는 것이며, 이타적 행위의 많은 측면들이 진화되어진 것에 대해 설명할 수 있다. 존 메이나드—스미스(John Maynard-Smith)는 다음과 같이 설명한다.

> 예를 들어, 육식동물의 주의를 교란시키기 위해 부상당한 척함으로써 부모가 자식을 보호하기 위해 목숨을 걸 수 있다는 사실을 고려해 보라. 이러한 방식으로 부모는 자신의 진화론적 적합성을 증가시킬 수 있다. 비록 부모와 자식 둘 다 죽을 수도 있지만 둘 다 살아남을 수 있는 가능성이 더 높다. 후자의 경우에 부모의 진화론적 적합

성은 부모가 자식을 육식동물에게 잡아먹히도록 남겨두는 경우보다 위와 같은 이타주의적 행위의 경우에 더 커질 것이다. 생존 및 생명 유지의 빈도를 증가시키기 위해 이타주의적 행위(이 경우에는 부상당한 척하기)와 연관된 유전자들이 자식들에게 존재할 지도 모른다. 그러므로 자연선택은 부모의 이타주의를 선호하게 된다(1978, p. 177).

윌리암 해밀턴(William Hamilton, 1964)은 자식과 친척에 대한 이타주의가 '승리' 전략임을 최초로 증명하였다. '게임이론'을 사용하는 연구들에 의하면, 피상적으로는 그 전략을 수행하는 동물의 생존에 이바지하지 않는 듯이 여겨지는 다양한 책략들이 더 많은 유전자들을 미래 세대에게 전달할 수 있게 해준다(Dawkins, 1976; Maynard-Smith, 1978; Parker, 1978). 예를 들어, 협동 또는 분배는 상호 협조하는 개개인들에게 종종 비생산적인 것처럼 여겨진다. 도대체 왜 음식을 나누는가? 협동행위의 진화에 대한 해답은 협력하는 개인의 유전자를 다음 세대로 전달하기 위한 가능성이 더 높은가 하는 것이다(Axelrod and Hamilton, 1981). 협동은 서로 되갚는 상호작용을 통해 생물학적 적합성에 공헌한다. 개인이 다른 사람을 도와줌으로써 필요시에 도움을 기대할 수 있거나 적어도 공격적인 부정적 행위를 피할 수 있다.

## '고등' 이타주의

제롬 캐건(Jerome Kagan, 1987)은 인간의 이타주의적 행위는 정서적 토대를 가진다고 주장한다. 동물 이타주의의 유전적 표현이 정서를 규제하는 두뇌의 여러 영역들과 관련되는 한 확실히 그러하다. 다른 사회적 동물들처럼 우리는 유전적으로 가까운 동물들(친척들)에게 온정적으로 행동하도록 조절하는 두뇌장치들을 가지고 있다. 유전적으로 프로그램된 두뇌장치들이 집단 내 모든 구성원들의 생존을 촉진하는 호의를 되갚는 방식의 분배를 용이하게 하기 위해 사회 집단

내의 협동을 조장할 수도 있다. 그러나 순전히 생물 사회적 모델, 심지어는 다소 광범위하고 일반적인 원장(ledger sheet :일정한 기준에 따라 항목들을 분류하여 계산단위로 함으로써 편리하게 기록할 수 있게 만든 일종의 표: 회계학에서 쓰이는 전문용어임)이 포함된 모델만으로는 설명할 수 없는 인간 이타주의적 행위에 관련된 예들이 있다. 예를 들어, 아시시(Assisi)의 성 프란체스코(St. Francis)가 나병환자에게 망토를 선사한 것은 생물학적 적합성에 공헌하지 않는 이타주의적 행위이다.

이타주의는 인간의 윤리적 및 도덕적 부호들의 핵심이다. 예를 들어, 14대 달라이 라마는 "불교의 주요 주제는 동정과 사랑에 바탕을 둔 이타주의이다 …… 다른 이들의 행복과 안녕을 매우 중요하게 참작하기 위해 다른 사람을 돕는 짐을 스스로 지는 특별한 이타주의적 태도를 가질 필요가 있다"고 말한다(1984, pp. 32~33).

필자의 견해로는 이 '고등'의 인간 이타주의는 인간의 전적응적인 '정서적' 바탕에 작용하는 인지적 및 언어적 능력으로부터 진화되었다. 이 인지적 이타주의는 가까운 관계를 갖는 개인들 간의 상호작용에 국한되지 않는다. 이러한 생물학적 적합성의 증가가 반드시 이타주의적인 사람에게게만 생기는 것은 아니다. 인지적 이타주의의 전적응 근거는 아마도 위에서 논의한 생물학적 기초를 갖는 동물의 이타주의일 것이다. 그러나 우리는 관계의 개념을 확대시키는 인간의 인지능력을 사용하여 왔으며 한편으로는 인간의 언어 없이는 표현하는 것이 불가능했을 개념들을 통해 생물학적 적합성보다는 도덕적 적합성을 얻어 낸다. 다시 말해 인간언어와 인지는 도덕의식에 대한 필요조건이다.

14대 달라이 라마의 가르침은 이러한 주장의 예가 된다. 이타주의적 행위의 달성과 근거에 대한 티베트불교의 주장은 (1) 본래 인간언어 없이 진술하는 것이 불가능한 개념과 (2) 이성에 기초한다. 티베트불교의 전제는 지구위의 생물들이 일반적으로 고통스럽고 무질서하다는 사실에서 비롯된다. 불교의 교리는 올바른 태도를 성취하고 선한 일을 행하는 것으로서만 벗어날 수 있는 끝없는 재생의 연속을 단언한다. 동정과 사랑에 입각한 이타주의는 해탈의 경지(완전함과 재생의 순환에서 해방되는 상태)에 도달하게 하는 주요 요소 중의 하나이다. 다른 한 요소는 다음 페이지에서 논의될 자아의식이다. 그러나 이타주의 그 자체는 선천적인 자동적 특징이 아니다. 이것은 훈련과 사색을 통해서만 달성될 수 있다.

> 우선 이승에서 자신에게 매우 자비를 베풀었던 사람을 본보기로 삼고 모든 이들에게로 감사하는 마음을 확대시킴으로써 자비심을 단련해야 한다. 일반적으로 이 세상에서 어머니가 가장 가깝고 가장 많은 도움을 주었으므로, 명상의 과정은 지각력이 있는 다른 모든 존재를 어머니와 같이 인지하는 것에서 시작한다.
> 재생은 필연적으로 무한하기 때문에, 모든 이들이 이승에서의 어머니와의 인연처럼 다 자신과 인연이 있다 ...... 우리의 재생은 시작이 없으므로 재생의 횟수에 제한이 없다. 따라서 지금 우리의 친구들이 과거에도 항상 친구들이었던 것은 아니며, 지금 우리의 적들이 과거에도 항상 적들이었던 것은 분명 아니다 ...... 그러므로 한 사람은 친구일 뿐이고 다른 사람은 적일뿐이라고 어떤 사람을 한 가지 측면으로만 고려하는 것은 의미가 없다 ...... 다음 단계는 모든 사람의 탄생에 그 시작이 없고 따라서 그 수에 제한도 없으므로 모든 사람이 자신의 가장 친한 친구, 부모 등이었다고 생각하는 것이다. 이 깨달음을 근거로 지각력이 있는 모든 존재들을 친구로 생각하는 태도를 천천히 발달시킬 수 있다.
> 그러고 나서 그들이 당신의 부모였을 때 개별적으로 당신에게 베풀었던 자비를 생각하라. 그들이 당신의 아버지나 어머니, 대개 가장 친한 친구였을 때, 어릴 때 부모가 이승에서 그랬던 것처럼 그들은 자비심으로 보호해 주었다. 사람들이 자신에게 자비를 최근에 베풀었건 얼마 전에 베풀었건 베풀었다는 사실에는 차이가 없으므로 모든 사람들은 이승에서건 저승에서건 똑같이 자비를 베푼 것이다. 그들은 모두 똑같이 자비롭다(Dalai Lama, 1984, p. 35).

따라서 달라이 라마 주장속의 핵심 구성요소들은 세가지 논리 구성을 포함하고 있다. (1) 끝없는 재생은 하나의 사실이다. (2) 그러므로 모든 사람은 무한히 다시 태어나므로, 당신이 만나는 사람은 모두 어떤 전생에서 당신의 어머니이거나 아버지였다. (3) 그렇다면 모든 사람을 가장 가까운 생물학적 친척으로 대해야 한다. 비록 이타주의가 자연선택의 결과로 생긴 유전적 근거에서 비롯되는 것이겠지만, 불교 윤리의 핵심인 고차원의 이타주의는 인지-언어적 기초를 갖는다. 이것은 주의 깊게 연구되어져야 하고 양성되어져야 한다. 티베트불교의 신학과 교리의 요점은 올바른 이타주의적 태도의 달성이다.

티베트불교 교리의 다른 측면도 역시 인간의 인지적 및 언어적 능력의 선험적 존재에 입각하고 있다. 불교는 인지에 여러 차원이 존재한다고 가정한다. 업이라는 개념은 공적을 가져다주거나 공적을 감하는 행위나 태도를 적어둔 일종의 치부기록이다. 이 기록은 한 번의 인생이 끝나면 결산을 하며 그 사람의 다음번 재생의 성격을 결정한다(Dalai Lama, 1984). 불교가 인간행위의 길잡이가 되는 유일한 윤리 및 종교적 사고 체계는 아니다. 예를 들어, 칸트는 그의 저서 도덕의 형이상학적 기초(Groundings for the Metaphysics of Morals)에서 "순수한 이성으로부터 이러한 개념들과 법칙들을 끌어내어 순수하고 완전 무결하게 제시하며 실용적이고 순수한 이성적 인지의 전체 범위를 결정하고자" 한다(1981 [1785], p.23).

비록 인간 아동의 이타주의적 행위가 선천적 유전적 요소로부터 나온 것처럼 보일지라도, 이는 초기 경험에 의해 촉진되는 것이다. 사실상 캐롤린 잰—웩슬러(Carolyn Zahn-Wexler), 바바라 홀렌벡(Barbara Hollenbeck)과 마리안 라드케—야로우(Marian Radke-Yarrow, 1984)가 연구한 모든 아동들은 2살 이전에 다른 사람들과 애완동물들에 대한 감정이입을 보여 주었다. 그러나 이들 행위는 이러한 점에서 자기 집에서 자란 애완견의 행위와 별로 다르지 않다. 인간다운 이타주의적 행위가 나타나는 최초의 단계는 언어와 인지가 분명히 나타나기 시작하는 연령과 거의 비슷하다. 잰—웩슬러와 그 동료들은 다음과 같이 언급한다.

> 생후 첫 일 년이 막 지나면 어린이들은 다른 사람들이 괴로워하면 위로하기 시작한다. 이것은 발달과정상 획기적인 사건이다. 다른 사람에게 있는 혐오의 경험이 아동에게서 걱정스러운 접근 반응을 이끌어낸다. 어린이들의 최초의 친사회적 행위는 신체적 중재이다. 피해자를 토닥거리거나 안아주고, 상처를 문질러주고 …… 또한 이 무렵에 친사회적 행위의 폭발이 일어난다. 아동의 동정 행위는 많은 다른 형태를 취하기 시작한다. 도움·나누기·위로하기·구해 주기·기분 전환해 주기·방어/보호·동정의 말 해주기 등의 행위가 나타난다 …… 사실상 연구 대상이었던 모든 어린이들은 다른 사람의 행복에 대한 초기적 관심을 보여 주었다. 이러한 행위의 획일성은 이타주의가 생물학적으로 주어진 것으로 묻혀 있다가 충분한 신체적·인지적·정서적 성장이 이루어지면 나타나는 것이다 (Zahn-Wexler et al., 1984, p. 29).

이들 연구자들의 견지에서 볼 때 일반화된 이타주의는 이 유전적으로 전달된 기초 위에 세워진 학습된 행위이다. 인지발달만으로 충분하지 않다. 이타주의는 가르쳐져야만 하며 절대로 추상 원리와 이타주의적행위의 산발적 실례에 단순히 노출된 결과 자동적으로 생기는 것이 아니다. 잰—웩슬러와 그의 동료들은 다음과 같이 결론짓는다.

> 다른 사람들에게 이타주의적이지만 자기 아이에게는 냉담한 부모는 일반화된 이타주의를 그들의 아이 내부에 발달시키는 것에 그리 성공적이지 못할 것이다. 더욱이 자신의 도덕적 가치를 원칙으로서만 전달하고 이를 실제 남을 돕는 행동으로 옮기지 않는 부모는 자식에게 제한된 유사 학습만을 성취하게 한다. 일반화된 이타주의는 원리를 가르치고 일상적 교류에서 실제로 이타주의를 보여 주는 부모에게서 가장 잘 학습되는 듯하다. 그리고 자식에게 이를 실천하는 것이야 말로 일반적 이타주

의와 일치하는 일이다(Zahn-Wexler, Hollenbeck and Radke-Yarrow, 1984, p. 34).

비정상적인 환경에서 자란 아이들은 정상적인 일반적 이타주의나 사회적 행위를 발달시키지 못한다. 예를 들어, 일관성 있는 정서적 환경을 제공하지 못하는 조울병 환자들의 아이들은 다른 아이들과 사이좋게 놀고 친구들과 사이좋게 나누며 그 외의 다른 이타적 행위들을 수행하는데 장애를 갖는다(Zahn-Wexler et al., 1984). 분명히 인간의 고차원적 이타주의는 인지와 정서 둘 다에 바탕을 둔 문화적으로 세습된 행위이다.

## 동물적 이타주의와 인지적 이타주의

생물학적으로 세습된 동물적 이타주의와 인간의 고차원적 이타주의 사이에는 갈등 요인이 있다. 동물적 이타주의의 기능적 가치는 자신의 유전자를 후대로 전하는 것에서 비롯된다. 따라서 무관한 사람을 대상으로 한 이타주의적 행위에는 명시적 또는 묵시적인 되갚기 계약이 성립하지 않으므로 비생산적일 수 있다. 예를 들어, 새들이나 (사냥을 할 수 없는) 겨울에 굶주린 들사슴에게 먹이를 주는 것은 동물적 이타주의 수준에서는 비생산적이다. 더욱이 도덕적으로 불쾌한 특정 행위들이 동물적 이타주의 수준에서는 '유용'하다. 나치 SS의 전쟁행위가 이 범주에 해당된다. 독일 군대가 게릴라들에게 습격을 당할 때마다 수백 명의 무고한 민간인 인질들이 살해되었다. 대량 학살은 주민들을 공포에 질리게 하여 더 이상 그들을 습격할 용기가 나지 못하게 하였다. 이 학살은 SS와 유전적으로 '가까운' 친족들('지배자 민족'의 구성원들)의 유전자들을 보존하고 그럼으로써 그들의 생물학적 적합성을 증가시키게 된다는 추정에서 자행되었다. 우리가 단순히 생물학적 적합성을 높이려고 하는 것이라면, 가까운 관계가 아닌 사람들을 모두 구조선에 태워 바다로 몰아내기만 하면 될 것이다.

만약 당신이 실천하는 불교신자라면 진정한 이타주의는 '다른 이들'을 자신의 어머니로 여긴다거나 또는 당신 자신을 다른 사람의 위치와 바꿔서 생각하는 인지행위를 포함한다. "자신에게 하듯이 다른 사람에게 행하라"는 마이모니데스(Maimonides)의 황금 규율은 자신을 인지하고 다른 이의 관점에 자신을 옮겨 놓을 줄 아는 능력을 필연적으로 포함한다. 예를 들어, 14대 달라이 라마는 설명하기를 이기적인 행위를 극복하기 위해서

> 사람들은 마음에 이렇게 그려 보아야 한다. 한 쪽에는 지금껏 이기적인 목적에만 관심을 가져온 당신 자신인 '나'를 그려보라. 반대쪽에는 다른 사람들(끝없이 무한한 존재들)을 그려보라. 당신 자신은 가운데에서 양쪽 사람들을 바라보는 제3자이다. 행복을 바라는 감정과 고통을 원하지 않는 감정에 관한 한 양쪽은 동등하다. 절대적으로 동일하다. 또한 행복을 얻고자 하는 권리에 대해서도 양자는 정확히 동일하다. 그러나 이기적인 동기를 가진 사람이 아무리 중요하다 하더라도 그는 단 한사람일 뿐이다. 다른 사람들이 아무리 가난하다 하더라도 그들은 끝없고 무한하다. 편견 없는 제3자는 많은 사람들이 한 사람보다 더 중요하다는 것을 당연히 알 수 있다. 이를 통해 우리는 다수(무한한 다른 존재들)가 한 사람 '나'보다 더 중요하다는 것을 경험하고 느낄 수 있다. (1984, p. 11)

인간 아동들은 약 5세가 되어서야 비로소 자신을 다른 사람들의 역할 속에 놓는 가장 놀이의 최고 수준을 성취하게 된다. 성인이 갖는 것과 동일한 도덕적 행위가 이 무렵에 뚜렷이 나타나기 시작한다(Fischer, 1980; Kagan, 1987). 인지적 이타주의는 진화의 다른 측면들처럼 이 행위 패턴을 채택하는 개인에게 선택적 이점이 있고, 이점이 추상적 사고 영역에 있기 때문에 인간문화에서 진화되어온 것 같다. 인지적 이타주의는 개인의 인지적 적합성을 증가시킨다. 극락

이나 해탈의 경지 도달과 같은 인지적 근거에 대한 믿음을 가진 사람에게 이타주의는 목표 달성 가능성을 높여준다. 이러한 인지적 근거 없이는, 극락이나 해탈의 경지에 대한 믿음이나 그 경지에 도달하는 가능성을 증가시키는 것이 불가능하다.

이러한 도덕적 윤리적 체계는 근래에 발달된 것이니만큼 깨어지기 쉽다. 큰 규모의 세계 종교들은 모두 10,000년을 넘지 않으며, 그 교리들은 종종 대규모로 여겨진다. 우리는 유럽의 기독교와 아시아의 불교 이전의 주술적 신앙 체계는 야만적이고 잔인했다는 것을 알고 있다. 인간 제물은 영국의 드루이드교와 중앙아시아의 Bon-Po 샤머니즘의 특징이었던 것 같다. 그러나 다른 세상에 대한 믿음이 더 높은 수준의 도덕의식에 대한 언어적 및 인지적 전제조건임을 증명하는 수준까지 종교적 신념 체계에 대한 증거는 도덕의식의 진화 문제와 밀접한 관계가 있다. 따라서 제의적 매장 및 부장품의 형태로서 이러한 신념에 대한 고고학적 증거는 아주 중요하다. 이러한 관습은 12,000년 전 중동 지역에서 발생한 신석기 시대 초기까지는 제대로 발달되지 않았긴 하지만, 지난 100,000년간 진화되어 온 듯하다.

## 인간이 된다는 것

정확한 연대를 추정할 수 있는 해부학적으로 판명된 현대인 호모 사피엔스의 최초 화석 잔해는 약 100,000년 전 현재의 이스라엘 지역에서 살았다. 이 초기 인간들은 인간언어와 통사론 산출에 필요한 두뇌장치들과 현대인의 초후두부성도를 가졌다. 이들은 아마도 복잡한 통사론과 추론 능력을 사용하는 언어와 언어들을 가지고 있었을 것이다. 이들은 죽음에 대해 생각하고 말했으며 삶과 죽음 그리고 죽은 뒤 존재할 지도 모르는 세계(죽은 자를 무덤 속에 넣어 준비하게 했던 세계)에 대한 이론들을 만들었다. 인간의 언어와 사고는 더 오래되었을 수도 있다. DNA에 대한 최근 연구에 의한 연대 추정이 정확하다면, 현대인은 250,000년 전 최초로 등장했을 것이다. 그리고 이들이 비록 제한적이긴 하지만 오늘날과 유사한 방식으로 말하고 생각하고 행동했을 것이다. 그러나 우리는 적어도 이 시기와 장소 (100,000년 전 아프리카와 아시아의 가장자리)를 거슬러서 알아낼 수 있으므로 언어의 연대를 추정할 수 있다. 그리고 우리는 삶에서의 우리의 위치, 죽음의 의미, 삶의 처신에 관한 이론과 규약(즉 종교 및 도덕 체계)을 만들고자 하는 인간의 충동을 초기 현대적 인간에게로 거슬러 올라가 찾을 수 있다.

최고의 형태라면 아마도 도덕의식임에 틀림없을 인간문화의 발달은 분명 지난 100,000년 동안 진보되어왔다. 우리는 지난 세기에도 진보가 있었음을 안다. 노예제도는 거의 전세계적으로 비합법적인 것이 되었다. 고문은 이제 용인되지 않으며 반감의 대상이므로 대부분의 정부가 이를 숨기고 있다. 그러나 우리의 도덕적 발달이 불분명한 것 또한 사실이다. 비록 우리는 대륙에 살며 변화시켜 왔고 자연의 힘을 이용하며 여러 다른 형태의 생물들을 정복하여 왔지만, 우리 자신을 정복하지는 못했다. 우리 안에 있는 원시적 두뇌의 유물은 아직도 인간사를 지배하는 격분·화·폭력을 생성해낸다. 이 행위적 속성들(이타주의·감정이입·도덕의식)이 완전히 현대적인 인간의 표시라면, 인간 잠재능력의 이러한 측면은 여전히 불완전한 것 같다. 우리의 유일한 희망은 이타주의적 행위와 도덕의식을 실천하는데 우리만의 독특한 진화적 유산(인간언어와 인간사고의 힘)을 사용하는 것이다.

# Notes

## 1. 두뇌구조, 행동, 그리고 회로

1. 돌고래들과 같은 수생 포유류들 또한 매우 큰 두뇌들을 가지고 있다. 그러나 이 두 뇌들은 매우 다르며, 주로 획일적인 대뇌피질성의 구조를 지니고 있다. 비록 돌고래들 이 매우 복잡한 의사소통체계를 지니고 있으며 영리할지라도 그들의 행동은 인류의 두뇌구조와는 거리가 멀다(Schusterman and Gisiner, 1988). 그들의 큰 두뇌는 아마도 물속에서 대상물을 배치하기 위해 사용하는 그들의 능력(생물학적 소나 시스템)과 연관되어 있을 것이다.

2. 어떤 실험들은 원숭이 신피질의 추가운동영역이 발성에 어떤 영향을 미친다고 보고했지만(Sutton and Jurgens, 1988), 발성의 일반적인 제어는 인류의 것과는 아주 다르다. 4장을 보라.

3. '고등한', '열등한' 과 같은 단어들이 진화의 방향성을 뒷받침하는 것으로 여겨져 서는 안 된다. 두뇌의 진화에 관해서 어떤 공통의 조상들로부터 밀접하게 연관되며 진화된 동물들은 그들이 더 나중에 진화했고, 더 복잡한 두뇌들을 가지고 있을수록 고등하고 볼 수 있다.

4. 어떤 세포구축학적 연구들은 43영역, 그리고 44와 45영역(브로

커영역)이 전두엽대뇌피질의 구조와 더 유사하다고 제안하지만, 이 연구들은 반박되었다. 게다가 44와 45영역들은 기능상 전운동영역들이다.

5. 시간이 지남에 따라 분산신경통신망들의 컴퓨터 시뮬레이션(가상훈련, 모의실험)들은 실제 두뇌의 다양한 양상들을 구체화한다. 예를 들어, 최근의 어떤 모델들은 하나의 뉴런으로부터 다른 뉴런으로의 신호 전달이 저해될 수 있도록 시냅스 억제를 구체화한다(Bear, Cooper and Ebner, 1987). 에델멘(Edelman)의 모델은 대뇌피질에서 관찰되어 질 수 있는 뉴런들의 기둥들에 해당하는 뉴런의 집단들로 움직인다. 더군다나 에델멘의 모델은 분산신경통신망의 '경험'을 반영하는 뉴런들 사이의 영구적인 상호연결의 패턴을 형성한다. '유전학적으로' 동일한 컴퓨터 시뮬레이트된 신경통신망들은 그것에 의하여 '생활경험들'의 결과처럼 아주 다르게 되어 버린다. 이 효과는 생물학적 두뇌들의 행동에 다시 한 번 일치한다.

## 2. 인간의 말

1. 기식군은 1장에서 논의되었던 포유류의 고립외침의 기본형태를 지닌다. 그것 들은 일반적으로 말의 흐름을 문장(길이 구획들)으로 분할하지만, 하나의 메시지를 문장을 구성하는 '구'들로 분할하기 위해서 임의로 쓰여질 수 있다. 예를 들어, 성인화자는 일반적으로 하나의 기식군으로 문장 'Bill and Jerry saw the silly old man(빌과 제리는 바보같은 노인을 보았다)'을 만들어낼 것이지만 문장은 두 개의 연결되어진 기식군 [Bill and Jerry] [saw the silly old man.] 내에서 만들어질 수 도 있을 것이다. 어린아이들은 이 억양신호들을 그들 모국어의 구문법(통사론)상의 구조를 숙달하기 위해 사용할 수 있다(4

장과 Gleitman et al., 1987).

기식군의 언어학적 사용들은 새로운 결론들을 위해 오래된 수단을 사용하여 다윈설 전적응의 흥미로운 보기를 구성해준다.

2. 최초로 말생산의 음원—여과기 이론을 체계적으로 나타냈던 요하네스 뮬러는 '왜 이런 소리들이 서로 다른 언어들 내에서 더 자주 발생했던 것인가'의 문제를 제기한 최초의 과학자였다. 뮬러는 이 질문에 답하는 것이 생리학 분야라고 말했다.

3. 1장에서 언급되었듯이 일반적 두뇌의 확장은 화석의 기록에서 추적되어질 수 있는 호미니드의 진화에 있어서 중요한 요소이다. 그러나 화석 기록으로부터 뇌조직의 세부 사항들을 결정짓는 것은 거의 불가능하다. 뇌 바깥의 표면으로 만들어질 수 있는 '두개강'에 대해서 연구했던 할로웨이(Holloway 1985)는 두개골의 내부를 참조로서 사용하여, 현재로선 불확실성들이 명확한 결론들을 불가능하게 한다고 결론지었다. 예를 들어, 비록 네안데르탈인들이 현대인류만큼이나 큰 두뇌들을 가지고 있었지만, 그것들이 현대적이든 그렇지 않던 두개강이 보이지 않는다. 다음 장을 보라.

4. 브로큰 힐 화석의 연대결정은 현재 불확실하다, 그리고 해부학적으로 현대적인 호모 사피엔스가 10만 년 전에 중동지역에 최초로 나타났다는 것은 가능하다. 그러나 분자증거들은 아프리카 기원설에 대해서 강조하고 있다. 즉 아프리카에 있어서 초기의 해부학적으로 현대적인 화석들에 대한 정확한 연대들이 이 논쟁을 해결할 것이다.

## 3. 최신화된 인간 두뇌

1. 우리는 초기 호미니드의 행동에 관해 오늘날 침팬지들에 관하여 알려진 행동들을 기준으로 오스트랄로피테쿠스계 문화에 관한 타당한 몇몇 추론을 내릴 수 있다. 비록 침팬지들이 초기 호미니드가 아니긴 하지만, 그들은 현대인류보다는 초기 호미니드 공통의 조상, 그리고 유인원에 더욱 가깝다. 도구제작과 복잡한 사회적 상호작용을 포함하는 침팬지의 문화적인 달성들은 아마도 오스트랄로피테쿠스계에 의해서 공유되어졌을 것이다. 6장은 이 문제들에 대해서 더욱더 세부적으로 논의하고 있다.

2. 적어도 한 개의 언어, 오스트레일리아에서 쓰여 지는 왈피리(Warlpiri)언어는 화자로 하여금 문장 안에서 나타나는 단어들의 순서를 변경시키는 것을 가능하게 한다(Bavin and Shopen, 1985). 만약 바빈의 분석이 정확하다면, 촘스키(1975, 1976, 1980a, 1980b, 1986)가 주장하는 모든 인간의 언어를 대표하는 복잡한 '보편적 문법(universal grammar)'은 왈피리언어에 대해서 부적절한 것처럼 보일 것이다. 촘스키의 지지자들은 왈피리어가 한 문장의 단어들이 나타나는 순서가 제약을 받는 영어 같은 언어들과 다르지 않은 구문법상(통사론상)의 규칙들을 지니고 있다는 바빈의 발견과 주장을 논박한다. 그러나 이 논쟁은 우리가 검토해야만 하는 질문들에 대해 부적절하다. 즉 비록 어떤 언어들은 우연히 구문법이 결핍되더라도(역사의 어떤 사건들을 통해서), 우리는 여전히 인류의 구문법상(통사론)의 능력에 대해 설명해야만 한다. 예를 들어, 바빈은 왈피리족 어린이가 주어진 적절한 사회조건 속에서 영어를 완전히 익히는 것에 어떤 어려움도 겪지 않는다는 것을 지적했다.

3. 비록 어떤 연구들은 원숭이 신피질의 추가운동영역내의 손상

들이 그들의 발성들에 악영향을 미친다고 제시했지만, 최근의 자료는 이것이 사실이 아님을 보여준다(MacLean and Newman, 1988).

4. 말과 언어에 관계하는 두뇌손상의 영향들을 구분하기 위해서 서로 다른 용어들과 방식들이 제안되어왔다. 이 방식들 중 어떤 것은 실어증의 본질에 관해서 서로 다른 주장들을 맹목적으로 양산하기도 한다(포괄적인 논의를 위해 Caplan,1987 보라). 그러나 브로커실어증이란 용어는 역사적인 우위를 지니고 있으며(역사적으로 먼저 만들어졌으며) 비록 지금 이 결함이 브로커영역에 제한된 손상의 결과로서 일어나지 않는다는 것이 분명하더라도 용어와 개념은 존속될 것이다.

5. 무감증이란 용어는 스투스와 벤슨(1986)에 의해 제안되었으며 제한된 감각을 가리키는 데 사용된다. 환자는 처음에 말을 못하거나 심한 발화의 문제점들을 보이지만 그 후에 회복된다. 그것과는 달리 브로커(Broca 1861)는 언어무감증이란 표현을 다른 어떤 언어결함과 달리, 지속되어지는 운동 제어의 결함을 설명하기 위해서 사용했다. 운동신경장애 같은 표현이 현재 이 상태를 설명하기 위해 일반적으로 쓰여진다(Darley, Aronson, and Brown, 1975).

6. 바움은 피실험자들이 문장을 듣는 동안 문법적인 정보들을 즉석에서(즉 자동적으로)사용하는 것에 대한 피실험자들의 능력을 시험하는 과제와 피실험자들이 더욱 신중하고, 내관적(內觀的)인 '제어된' 전략들을 사용할 수 있는가 하는 문법적 결정시험 양쪽 모두를 사용해서 8명의 비문법적 실어증환자와 여섯 명의 또래의 정상인 피실험자들을 시험했다(Posner and Snyder, 1975). 실어증환자들의 행동은 양쪽 실험 모두에서 정상적인 대조표준 피실험자들의 결과와는 달랐다. 비문법적 실어증환자들은 자동적으로 영어의 문법적인 규칙들에 접근하는 것이 불가능했고, 문법성 판단을 내릴 때 거의 오류가 없는

정상적인 대조표준과 비교해서 29퍼센트의 오류를 보여 주었다.

7. 포이즈너, 클리마와 벨루지(1987)는 그들이 연구했던 실어증환자들의 손짓하기 결함이 ASL(미국 수화)에 제한되었던 것이라고 주장한다. 즉 결함 행동이 피실험자가 비언어적인 손동작을 하기를 요구 받았을 때에는 일어나지 않는다는 것이다. 그들은 ASL이 손의 제어로부터 독립한 '모듈'을 포함하고 있다고 결론지었다. 그러나 키무라(Kimura, 1988)는 이 주장에 이의를 제기한다. 그녀는 귀머거리 실어증환자들이 ASL에서 사용되어지는 복잡함에 있어서는 동등하게 비언어 손동작들을 행함에 있어서 지속적으로 어려움을 겪는다는 것을 보여 주는 연구들을 언급한다. 기무라는 또한 포이즈너와 클리마, 그리고 벨러지가 사용한 기본 자료들의 타당성에 이의를 제기한다. 왜냐하면 그녀가 우연히 그들의 연구에 이용되었던 피실험자들 중 한 명을 미리 검사했으며, 그들의 주장과는 반대로 피실험자가 비언어적인 손동작을 행함에 있어 어려움을 겪었기 때문이다(Kimura, Battison and Lubert, 1976).

8. 그들은 또한, 워닉실어증이 정상적으로 기능하는 전두엽영역에 대한 측두두정엽피질로부터의 정보결핍에서 유래하는 거라고 언급했다. 그들의 자료는 전도성실어증이 게쉰드(1964)모델로는 설명되어질 수 없다는 것을 논증한다. 왜냐하면 PET스캔(정밀검사)을 통해 '후두부 언어영역으로부터 전두부로의 입력들은 감소되지 않는다'라는 것을 볼 수 있기 때문이다.

9. 어떤 신경학자들은 피질하의 질병과 관련된 치매증이 알츠하이머에서 유래란 것이라고 주장했다. 그러나 이 장에서 나중에 논의된 자료는 피질하의 질병과 관련된 치매증이 말과 구문법(통사론)이 유지되는 알츠하이머와 관련된 그것과는 상당히 다르다는 것을

보여준다(Kempler, Curtiss, and Jackson, 1987).

10. 벨러지, 포이즈너, 그리고 클리마(1983)가 연구한 두 명의 비문법적 귀머거리 ASL 실어증환자의 CT 정밀 검사 또한 이 가설과 일치한다. 전두엽대뇌피질이 피질하 손상의 결과로서 직접적으로 손상되었거나(피실험자G. D.) 브로커영역으로부터 연결이 끊어졌다(피실험자 P. D.).

11. 여기서 소개된 회로이론 내의 언어와 생각에 있어서의 기저핵의 역할은 제이슨 브라운(1988)에 의해서 가설화된 내용과는 다르다. 여기서의 주장은 이 구조들이 진화의 과정에 의해 수정되었다는 것이며, 인간의 언어와 생각을 가능하게 하는 데 있어서 직접적으로 역할을 한다는 것이다. 대조적으로 브라운은 기저핵과 같은 두뇌장치들이 더 단순한 동물들에 있어서 그들이 작용하는 것과 아주 똑같은 방법으로 인간의 두뇌 내에서 작용한다고 주장했다. 브라운에 따르면 언어와 생각과 같은 고등한 인간의 행동들은 기저핵과 같은 더욱 원시적 메커니즘(연동장치)들의 활동 억제를 수반한다.

12. 이 논의는 안드레 패런트(1986)의 정의(定義)들과 용어를 따른다.

13. 알렉산더, 내서, 그리고 팔럼보(Alexander, Naeser, and Palumbo, 1987)는 또 다른 피질하구조, 뇌실주위 백색질(PVMA)에 대한 광범위한 손상이 피질하의 손상들과 관련된 말 결함을 유발할지도 모른다고 주장했다. 그러나 그들의 자료는 이것이 항상 사실은 아님을 보여준다. 그들 연구 내의 환자 5번은 경막(硬膜)과 안쪽 피막에 광범위한 손상을 지녔지만, PMWM에 있어서는 오직 작은 손상만을 지녔을 뿐이다. 그의 "말은 유절음·운율·음량이 모두 손상된 채, 매우 비정상적이었다 …… 이해력은 복잡한 요소 또는 구문법—의존적

요소—수준으로 손상되었다." 알렉산더가 언급하는 것처럼 묘사를 복잡하게 하는 말생산과 관련된 여분의 교체되는 피질하의 경로들이 존재하는 것 같다.

14. 인간들은 항상 말하기 신호들을 잠재적인 유음절(有音節)의 움직임들의 형태로서 해석한다고 주장하는 '말지각(知覺)의 운동이론'은 말지각의 편측화를 위한 기초를 제공하는 것처럼 보일 것이다. 그러나 어느 정도 서로 다른 음향신호들이 똑같은 말의 소리에 대응한다는 것은 사실이다. 예를 들어서, 서로 다른 포르만트주파수 패턴들은 서로 다른 길이의 성도를 지닌 화자들에 의해 '동일한' 모음을 위해서 발생된다. 말지각의 오래된 운동 이론에 따르면, 오직 하나의 유음절(조음상의)운동만이 이와 같은 여러 가지의 음향신호들을 발생시킬 수 있다. 그러므로 내적 복구의 과정은 한명의 화자가 이 모든 서로 다른 음향신호들을 서로 다른 성도에 의해서 행해지는 동일한 유음절운동으로서 해석하는 것을 설명할 수 있을 것이다. 만약 이것이 사실이었다면 말생산을 발생시키는 인간 두뇌의 측면화된 외관들은 이런 지각들에 연관되어 있을지도 모른다. 그러나 말지각운동이론의 엄격한 해석은 주장할 수 없게 된다. 비록 모음 [i]와 같은 어떤 말음성들이 항상 동일한 유절음의 운동들로 생산되어지더라도, 다른 소리들은 서로 다른 유절음의 운동에 의하여 생산되어 질 수 있다(Ladefoged et al., 1972). 그러므로 말의 소리들을 명기하는 음향신호들은 변화하지 않는 유절음의 운동들로 시종일관 풀이되진 않는다. 사실 2장에서 우리가 본 것과 같이 동일한 음향신호를 이루기 위해 번갈아 일어나는 유절음의 운동을 사용하는 인간의 능력은 인간언어의 자동화된 제어의 흥미 있는 특성들 중의 하나이다. 인간의 말을 제어하는 두뇌장치들은 서로 다른 환경들 내에서 동일한 음향적 신호들을 낳는 서로 다른 유절음의 운동들의 전체 집단을 분명히 '안다'.

15. 디컨(Deacon1990)은 고대 네안데르탈인의 두뇌회로들이 오늘날 인간의 두뇌 내에서 발생하는 두뇌회로와 동일했다고 주장한다. 디컨은 그의 주장의 기초를 원숭이 두뇌의 트레이서(추적기) 연구들(1988a)에 두었다. 브로커영역에 대한 원숭이상동기관의 일반영역 내의 일정한 경로들의 구조는 인간들에 있어서의 전기적 자극연구에 의해 나타난 결과와 유사하다(Ojemann, 1983). 디컨은 이 경로들의 유사성들이 인간 두뇌의 언어회로가 원숭이들의 그것과 유사하다고 주장한다, 그러므로 네안데르탈인의 두뇌가 인간의 두뇌 크기와 비슷하기 때문에 동일한 회로를 가졌을 것이고 발화와 언어를 위해 더욱 잘 적응되었을 것이라는 것이다. 그러나 행동에 관한 그리고 신경 생리학적인 자료들은 원숭이의 두뇌들이 말생산을 제어하지 못한다는 것을 보여준다. 그러므로 우리는 디컨이 증명한 회로가 인간을 원숭이의 두뇌로부터 차별화하는 것이 아니라고 결론지을 수 있다. 피질하회로는 인간—원숭이의 차이와 관련되어 있을 것이다.

## 4. 두뇌사전

1. 새들은 본래부터 인간의 말의 음성들을 만들어낼 수 없기 때문에 앵무새가 '말할' 때 만들어내는 음향신호들은 인간의 말의 음성과 동일한 것이 아니다(Greenewalt, 1968). 청자들은 앵무새의 음향신호들을 비록 왜곡된 것이라도 인간의 말로 이해한다.

2. 패트리샤 처치랜드에 의해서 언급된 내용.

## 5. 말하기 학습과 사고

1. 'MIT 대학 언어학자(MIT school of linguists)에 따르면, 보편적 문법(Universal Grammar)은 오직 언어의 구문법(통사론)상 규칙들의 '핵심'에 대해서만 책임이 있다. 언어의 나머지들은 한 어린이가 일반적인 인식의 장치들에 의해서 학습하는 '주변'을 구성한다. 제임스 맥 콜레이(James McCawley, 1988)가 언급한 것처럼 핵심/주변의 차이는 이론을 사실상 시험할 수 없게 만드는 매우 '불확실한' 것이다.

2. 보편적인 문법은 오직 '핵심언어'의 특성만을 결정할 뿐이다. 핵심언어는 사람들이 실제로 사용하는 언어가 아니다. 그것은 'UG[Universal 보편적 문법]의 매개 변수에 의해서 결정되어지는 체계이다.' 즉 실제로 쓰이는 언어인 '주변어'는 '화자—청자'의 정신과 두뇌 내에서 실제로 표현되어지는 체계 내에서 첨가되는 것이다. 주변어는 아마 일반적 인지 장치에 의해서 학습되어지는 것 같다. 왜냐하면 그것이 보편적인 문법 내에서 명기되어지지 않기 때문이다. 제임스 D.맥콜레이는 핵심/주변의 구별과 보편적 문법으로 문제점을 지적해 냈다. 만약 우리가 이런 구별을 받아들인다면, 그 후 언어 학습자들은 추정되고 있는 주변어 내의 언어의 많은 면을 배우기 위해 반드시 일반적인 인지장치들을 사용해야만 할 것이다. 만약 이것이 사실이라면, 그들은 어떠한 이유로 계속해서 이러한 일반적인 배움 수단들을 '핵심어'를 위해서 사용하지 않는 것일까? 맥콜레이가 설명하듯이 '그것을 사실이라고 보는 것은 실수'이다. 왜냐하면 인간들은 언어습득에 대해서 특정한 생물학적으로 결정된 장치들을 지니고 있으며, 그 장치들이 전체의 일을 수행하기 때문이다. 촘스키의 정의에 의하면 사물들의 주변어는 단지 매개 변수들을 팔아치우는 것에 의해서 획득될 수 없으므로, 그것은 다른 어떤 장치들에 의해서 획득되어야만 한다. 핵심어/주변어 구별의 주창자들은 주변어가 어떻게 획득되는지에 관해서 어떤 결론들에 이르기까지는 주변어가 획득되어지는 것에 의한 동일한 장치들이 역시(심지어 그것

이 중요한 것 일지라도) 핵심어의 획득에 있어서 역할을 하지 않는다고 주장할 어떠한 입장도 아니다. 전과 마찬가지로 지금도 핵심어와 주변어의 구분은 불확실한 의견 상황에 놓여 있다.

3. 예를 들어, 엘란 드레셔(Elan Drecher 1989)는 아이들이 모국어 단어들의 강세 패턴들을 정확하게 발음할 수 있게 하기 위해서 필요한 일련의 열한 가지 원칙들과 다섯의 연속하여 발생하는 제약들을 제안했다. 드래셔는 독창적인 일련의 연결되어진 장황하지 않은 규칙들을 설정하였다. 만약 이 16개의 항목 중 어떤 것도 아이에게 가능하지 않았다면, 단어를 발음하는 것이 절대로 가능하지 않았을 것이다. 더욱 있음직한 '선천적 강세습득규칙들'은 가능한 강세패턴들과 관련되는 짜임새 없이 일일이 나열된, 유전학적으로 전달되어진 여분의 정보로 이루어 졌을 것이다. 어린아이의 제1언어 습득은 일반적 인지능력과 선천적 언어(두뇌의 보편적 문법 내에 짜임새 없이 각인된 특정한 정보)의 상호작용을 수반한다.

4. 일반적 상호작용은 언어사용시기에 사회적 상호작용을 명백히 필요로 한다. 캐서린 스노우(Catherine Snow, 1977)는 부모들이 독일 TV쇼를 보는 동안 많은 독일어를 들은 독일 어린이들을 연구했다. 부모들은 그들의 아이들에게 독일어로 말하지 않았고, 아이들은 독일어를 '습득하지' 못했다. 이 발견은 말러(Marler, 1976)와 노티범(Nottebohm, 1984)에 의해 상세히 기록된 새의 지저귀는 소리에 대한 유전학적인 청사진의 '활성화'와 현저하게 대조 된다. 종에 있어서 특정한 지저귀는 소리에 잠시 동안 노출된 새들은 심지어는 다른 동종의 새들로부터 고립 되었을 때조차도 이 지저귀는 소리를 습득하게 된다. 새들은 마치 그들이 '보편적인 지저귀는 소리문법'을 가졌던 것처럼 행동한다.

5. 피실험자가 질문에 대한 해답을 생각하기보다 실험자의 얼굴·신체·자세·몸짓에 반응하는 '신호하기 효과'가 발생한다. '영리한 한스' 란 말은 아마도 그의 발을 움직임으로서 숫자를 동시에 더 할 수 있었을 것이다. 예를 들어, 그가 4와 3을 더하는 것을 요구받게 되었을 때 그 말은 발굽을 7번 움직였을 것이다. 어떤 일이 일어났었는가 하면 한스가 정확한 해답에 이르렀을 때 그의 조련사의 얼굴표정이 바뀌었다는 것을 한스가 눈치 챘었다는 것이다. 한스는 각각의 성공적인 산수 연산에 대해 보상받게 된 이후, 이런 알아채지 못하는 얼굴의 동작이 발생할 때마다 앞발로 땅을 차는 것을 멈췄다(Pfungst, 1907). 아이들의 인지적 능력을 표면상으로 시험한 많은 실험들은 신호하기 효과들에 의해서 정확한 결과를 도출하지 못했다. 예를 들어, 최근의 실험 중 하나에서 아이들이 자신들에게 제시된 영어문장이 문법적인지에 대하여 말을 하도록 요구를 받았다. 주어진 영어문장들은 모두 정문이었는데, 아이들의 대답은 영어를 잘 이해하고 있었던 실험진행자의 얼굴에 나타난 표정에 영향을 많이 받고 있었다. 따라서 본 실험을 바탕으로 영어 자체 이외의 다른 신호방식이 실험 결과에 영향을 미친다는 사실을 알게 되었다.

6. 글라이트만과 다른 이들(1987)은 비록 모든 인간언어들의 일반적인 속성들을 결정짓는'보편적인 문법'이 존재하더라도 한 언어의 독특한 형태를 결정짓는데 다양한 '일반적' 인지과정들의 역할을 지적하였다.

## 6. 문화 그리고 이타적 행위

1. 물론 오늘날의 침팬지들은 고대의 호미니드도 그들의 조상이었던 유인원들도 아니었다. 그들은 지난 3백만 년에서 6백만 년에

걸쳐서 진화해 왔다.

2. 문화의 복잡성은 도구들에 의해서 반드시 입증되지는 않는다. 예를 들어, 로마군단의 군전략들과 조직은 야만스러운 적들의 조직보다 훨씬 더 복잡하고 효율적이었지만, 그들의 무기들은 물질적으로 같은 것이었다.

3. 어떤 생물학적 인류학자들은 현대인류들이 아프리카에서 보다 오히려 중동에서 진화했다고 주장한다. 이 가설은 아프리카 기원보다 덜 그럴싸하지만 이 논쟁에 영향을 주진 않을 것이다.

# References


Albert, M. A., R. G. Feldman, and A. L. Willis. 1974. The "subcortical dementia" of progressive supranuclear palsy. *Journal of Neurology, Neurosurgery, and Psychiatry* 37:121~130.

Alexander, M. P., M. A. Naeser, and C.L. Palumbo. 1987. Correlations of subcortical CT lesion sites and aphasia profiles. *Brain* 110:961~991.

Altman, J. 1987. Cerebral cortex: A quiet revolution in thinking. *Nature* 328:572~573

Anderson, A. 1988. Learning from a computer cat. *Nature* 331:961~659.

Anderson, J. A. 1988. Concept formation in neural networks: Implications for evolution of cognitive functions. *Human Evolution* 3:83~100.

Arensburg, B., A. M. Tiller, B. Vandermeersch, H. Duday, L. A. Schepartz, and Y. Rak. 1989. A middle Paleolithic human hyoid bone. *Nature* 338:758~760.

Armstrong, L. E., and I. C. Ward. 1926. *Handbook of English intonation*. Leipzig and Berlin: Teubner.

Atkinson, J. R. 1973. Aspects of intonation in speech: Implications from an experimental study of fundamental frequency. Ph.D. diss., University of Connecticut.

Au, T. K. 1983. Chinese and English counterfactuals: The Sapir–Whorf hypothesis revisited. *Cognition* 15:155~187.

Axelrod, R., and W. D. Hamilton. 1981. The evolution of cooperation. *Science* 211:1390~96.

Bachrach, J. A., And R. L. Karen. 1969. *Complex behavior chaining* (film). University Park, Pa.: Psychological Film Register.

Bain, B., Yu. 1980. Cognitive consequences of raising children bulingually: One parent, one language. *Canadian Journal of Psychology* 34:304~313.

Baldwin, J. D., and J. I. Baldwin. 1977. The role of learning phenomena in the ontogeny of exploration and play. In Primate bio-social development: Biological, *social and ecological determinants*, ed. S. Chevalier-Skolnikoff and F. E. Poirer, 343~406. New York: Garland.

Baum, S. R. 1988. Syntactic processing in agrammatism: Evidence from lexical decision and grammaticality judgment tasks. *Aphasilolgy* 2:117~135.

Baum, S. R., S. E. Blumstein, M. A. Naeser, and C. L. Palumbo. In press. Temporal dimensions of consonant and vowel production: An acoustic and CT scan analysis of aphasic speech. *Brain and Language*.

Bavin, E. C., and T. Shopen. 1985. Children's acquisition of Warlpiri. *Journal of Child Language* 12:597~601.

Bayles, K. 1984. Language deficits in Huntington's and Parkinson's disease. Lecture delivered to the Academy of Aphasia, Los Angeles.

Bayles, K., and D. R. Boone. 1982. The potential of language tasks for identifying senile dementia. *Journal of Speech and Hearing Disorders* 47:210~217.

Bayles, K., and C. K. Tomoeda, 1983. Confirmation naming in dementia. *Brain and Language* 19:98~114.

Bear, M. F., L. N. Cooper, and F. F. Ebner. 1987. A physiological basis for a theory of synaptic modification. *Science* 237:42~48.

Bellugi, U., H. Poizner, and E. S. Klima. 1983. Brain organization for language: Clues from sign aphasia. *Human Neurobiology* 2:115~170.

Benson, D. F., and N. Geschwind. 1972. Psychiatric conditions associated with focal lesions of the central nervous system. In American handbook of psychiatry, ed. M. F〉 Reiser. New York: Basic Books.

Bloom, L. 1973. One word at a time: The use of single-word utterances before syntax. The Hague: Mouton.

______ 1985. Aphasia and related disorders: A clinical approach. In *Principles of behavioral neurology*, ed. M. M. Mesulam, 193~228. Philadelphia: F. A. Davis.

Ben-Zeev, S. 1977. The effect of bilingualism on cognitive strategy and cognitive development. *Child Development* 48:1009~18.

Berlin, B., and P. Kay. 1969. Basic color terms: Their universality and evolution. Berkeley: University of California Press.Bloom, A. H. 1981. The linguistic shaping of thought: A study of the impact of language on thinking in China and the West. Hillsdale, N. J.: Lawrence Erlbaum Associates.

Bloom, L. 1973. One word at a time: The use of single-word utterances before syntax. The Hague: Mouton.

Blumstein, E. E. 1981. Neurolinguistics: Language-brain relationships. In Handbook of clinical neurophysiology, ed. S. B. Filskov and T. J. Boll, 227~256. New York: Wiley.

Blumstein, S. E., W. Cooper, H. Goodglass, H. Statlender, and J. Gottleib. 1980. Production deficits in aphasia: A voice-onset time analysis. Brain and Language 9: 153~170.

Blumstein, S. E., and K. N. Stevens. 1979. Acoustic invariance in speech production: Evidence from measurements of the spectral properties of stop consonants. Journal of the Acoustical Society of America 66:1001~17.

Boehm, C. 1981. Parasitic selection and group selection: A study of conflict interference in rhesus and Japanese macaque monkeys. In Primate behavior and sociobiology, ed. A. B. Chiarelli and R. S. Corruccini, 161~182. Berlin: Springer-Verlag.

Boesch, C., andH. Boesch. 1981. Sex differences in the use of natural hammers by wild chimpanzees: A preliminary report. Journal of Human Evolution 10:585~593.

______ 1984. Possible causes of sex differences in the use of natural hammers by wild chimpanzees. Journal of Human Evolution 13:415~440.

______ In press. Tool use and tool making in wild chimpanzees. Folia Primatologica.

Bond, Z. S. 1976. Identification of vowels excerpted from neutral nasal contexts. Journal of the Acoustical Society of America 59:1229~32.

Bordes, F. 1968. The old stone age. New York: McGraw-Hill.

Bouhuys, A. 1974. Breathing. New York: Grune and Stratton.

Boule, M., and H. V. Vallois. 1957. Fossil men. New York: Dryden Press. linguistic study of language acquisition, ed. D. I. Slobin. Hillsdale, N. J.: Lawrence Erlbaum Associates.

______ 1988. The role of meaning in grammatical development: A continuing challenge for theories of language acquisition. In Proceedings of the 13th Annual Boston University Conference on Language Development. Vol;. 7. Boston: Program in Applied Linguistics, Boston University.

Bradshaw, J. L., and N. C. Nettleton. 1981. The nature of hemispheric lateralization in man. Behavioral and Brain Sciences 4:51~92.

Broca, P. 1861. Remarques sur le siège de la faculté de la parole articulée, suivies d'une observation d'aphémie (perte de parole). Bulletin de la Société d' Anatomie 36:330~357.

Brodmann, K. 1908. Beiträge zur histologischen Lokalisation der Grosshirnrinde. VII. Mitteilung: Die cytoarchitektonische Cortexgleiderung der Halbaffen (Lemuriden). Journal für Psychologie und Neurologie 10:287~334.

______ 1909. Vergleichende histologische Lokalisation der Grosshirnrinde in iheren Prinzipen Dargestellt auf Grund des Zellenbaues. Leipzig: Barth.

______ 1912. Ergebnisse über die vergleichende histologische Lokalisation der Grosshirnrinde mit besonderer Berucksichtigung des Stirnhirns. Anatomischer Anzeiger (Suppl.) 41:157~216.

Bronowski, J. 1978. The origins of knowledge and imagination. New Haven: Yale University Press.

Brooks, V. B. 1986. The neural basis of motor control. New York: Oxford University Press.

Brown, J. W. 1988. The life of the mind: Selected papers. Hillsdale, N. J.: Lawrence Erlbaum Associates.

Brown, R. W. 1973. A first language. Cambridge, Mass.: Harvard University Press.

Brown, R. W., and E. H. Lenneberg. 1954. A study in language and cognition. Journal of Abnormal Social Psychology 49:454~462.

Bruner, J. S. 1983. Child's talk. New York: W. W. Norton.

Bunge, M. 1984. Philosophical problems in linguistics. Erkenntnis 21:107~173.

Caplan, D. 1987. Neurolinguistics and linguistic aphasiology: An introduction. Cambridge: Cambridge University Press.

Carew, T. J., E. T. Walters, and E. R. Kaandel. 1981. Associative learning in Aplysia: Cellular correlatessupporting a conditioned fear hypothesis. Science 211:501~503.

Carringer, D. 1974. Creative thinking abilites of Mexican youth: The relationship of cross-cultural Psychology 5:492~504.

Changeux, J. P. 1980. Properties of the neuronal network. In Language and learning: The debate between Jean Piaget and Noam Chomsky, ed. M. Piatelli-Palmarini, 184~202. Cambridge, Mass.: Harvard University Press.

Cheney, D. L., and R. M. Seyfarth. 1980. Vocal recognition in free-ranging vervet monkeys. Animal Behavior 28:362~367.

Chomsky, N. 1957. Syntactic structures. The Hague: Mouton.

______ 1959. Review of B. F. Skinner's Verbal behavior. Language 3:26~58.

______ 1972. Language and mind. Enlarged ed. New York: Harcounrt, Brace and World.

______ 1975. Reflections on language. New York: Pantheon.

______ 1976. On the nature of language. In Origins and evolution of language and speech, ed. H. B. Steklis, S. R. Harnad, and J. Lancaster, 46~57. New York: New York Academy of Sciences.

______ 1980a. Initial states and steady states. In Language and learning: The debate between Jean Piaget and Noam Chomsky, ed. M. Piattelli-Palmarini, 107~130. Cambridge, Mass.: Harvard University Press.

______ 1980b. Rules and representations. Behavioral and Brain Sciences 3:1~61.

______ 1986. Knowledge of language: Its nature, origin, and use. New York: Praeger.

Chomsky, N., and M. Halle. 1968. The sound pattern of English. New York: Harper&Row.

Crelin, E. S. 1969. Anatomy of the newborn: An atlas. Philadelphia: Lea and Febiger.

Cummings, J. L., and D. F. Benson. 1984. Subcortical dementia: Review of an emerging concept. archives of Neurology 41:874~879.

Dalai Lama, His Holiness the Fourteenth, Tenzin Gyatso. 1984. Kindness, clarity, and insight, trans. J. Hopkins. Ithaca, N.Y.: Snow Lion Publications.

D'Antonia, R., J. C. Baron, Y. Samson, M. Serdaru, F. Viader, Y. Agid, and J. Cambier. 1985. Subcortical dementia: Frontal cortex hypometabolism detected by positron tomography in patients with progressive supranuclear palsy. Brain 108:785~799.

Darley, F. L., A. A. Aronson, and J. R. Brown. 1975. Motor speech disorders.

Philadelphia: W. B. Saunders.

Darwin, C. 1859/1964. On the origin of species. Facsimile ed. Cambridge, Mass.: Harvard University Press.

______ 1872. The expression of the emotions in man and animals. London: John Murray.

Dawkins, R. 1976. The selfish gene. New York: Oxford University Press.

Day, M. H. 1986. Guide to fossil man. 4th ed. Chicago: University of Chicago Press.

Deacon, T. W. 1984. Connections of the inferior periarcuate area in the brain of Macaca fascicularis: An experimental and comparative neuroanatomical investigation of language circuitry and its evolution. PH.D. diss., Harvard University.

______ 1988a. Human brain evolution I. Evolution of language circuits. In Intelligence and evolutionary biology, ed. H. J. Jerison and I. Jerison, 363~382. Berlin: Springer-Verlag.

______ 1988b. Human brain evolution II. Embryology and brain allometry. In Intelligence and evolutionary biology, ed. H. J. Jerison and I. Jerison, 383~416. Berlin: Springer-verlag.

______ 1990. The neural circuitry underlying primate calls and human language. In the origin of language. Proceedings of a NATO/Advanced Study Institute, ed. B. A. Chiarelli, P. Lieberman, and J. Wind. Florence: II Sedicesimo.

DeLong, M. R., A. P. Georgopoulos, and M. D. Crutcher. 1983. Corticobasal ganglia relations and coding of motor performance. In Neural coding of motor performance, ed. J. Massion, J. Paillard, W. Schultz, and M. Wiesendanger, 30~40. Berlin: Springer-Verlag.

Dibble, H. 1989. The implications of stone tool types for the presence of language during the lower and middle Palaeolithic. In The human revolution: Behavioural and biological perspectives in the origins of modern humans, ed. P. Mellars and C. B. Stringer, 415~432. Edinburgh: Edinburgh University Press.

Dresher, B. E. 1989. A parameter-based learning model for metrical phonology. In Conference on language development(1989), 3. Boston: Program in

Appled Linguistics, Boston University.DuBrul, E. L. 1977. Origins of the speech apparatus and its reconstruction in fossils. Brain and Language 4:365~381.

Edelman, G. M. 1987. Neural Darwinism. New York: Basic Books.

Eldrigde, N., and S. J. Gould. 1972. Punctuated equilibria: An alternative to phyletic gradualism. In Models in paleobiology, ed. T. J. M. Schopf. San Francisco: Freeman Cooper.

Engen, E., and T. Engen, 1983. Rhode Island test of language structure. Baltimore: University Park Press.

Evarts, E. V. 1973. Motor cortex reflexes associated with learned movement. Science 179:501~503.

Exner, S. 1881. Untersuchungen über Location der Functionen in der Grosshirnrinde des Menschen. Bienna: W. Braumuller.

Falk, D. 1975. Comparative anatomy of the larynx in man and the chimpanzee: Implications for language in Neanderthal. American Journal of Physical Anthropology 43:123~132.

Fant, G. 1956. On the predictability of formant levels and spectrum envelopes from formant frequencies. In For Roman Jakobson, ed. M. Halle, H. Lunt, and H. MacLean, 104~130. The Hague: Mouton.

______ 1960. Acoustic theory of speech production. The Hague: Mouton.

Fernald, A. 1982. Acoustic determinants of infant preference for "motherese." Ph.D. diss., University of Oregon.

Fischer, K. W. 1980. A theory of cognitive development: The control and construction of hierarchies of skills. Psychological Review 87:477~531.

Fischer, K. W., and D. Bullock. 1986. Cognitive development in schoolage children: Conclusions and new directions. In Development during middle childhood: The years from six to twelve, ed. W. A. Collins, 70~146. Washington, D.C.: National Academy of Sciences Press.

Fleming, H. 1988. Mother tongue. Newsletter of the Association for the study of Language in Prehistory.

Flowers, K. A., and C. Robertson. 1985. The effects of Parkinson's disease on the ability to maintain a mental set. Journal of Neurology, Neurosurgery, and Psychiatry 48:517~529.

Fodor, J. 1983. Modularity of mind.Cambridge, Mass.: MIT Press.

Founts, R. S., A. D. Hirsch, and D. H. Fouts. 1982. Cultural transmission of a human language in a chimpanzee mother-infant relationship. In hild nurturance, ed. H. E. Ritzgerald, J. A. Mullins, and P. Gage. Vol. 3, 159~193. New York: Plenum Press.

Fuster, J. M. 1980. The prefrontal cortex: Anatomy, physiology, and neuropsychology of the frontal lobe. NewYo가: Raven Press.

Gall, F. J. 1809. Recherches sur le système nerveux. Paris: B. Baillière.

Gardner, H. 1983. Frames of mind. New York: Basic Books.

Gardner, R. A., and B. T. Gardner. 1969. Teaching sign language to a chimpanzee. Science 165:664~672.

______ 1984. A vocabulary test for chimpanzees (pan troglodytes). Journal of Comparative Psychology 4:381~404.

______ 1988. Feedforward vs. feedbackward: An ethological alternative to the law of effect. Behavioral and Brain Sciences 11:429~446.

Gazdar, G. 1981. Phrase structure grammar. In the nature of syntactic representation, ed. P. Jakobson and G. K. Pullum. Dordrecht: Reidel.

Geschwind, N. 1964. The development of the brain and the evolution of language. Georgetown Monograph Series on Language and Linguistics 17:155~169.

______ 1965. Disconnection syndromes in animals and man. Parts I and II. Brain 88:237~294, 585~664.

Geschwind, N., and P. O. Behan. 1984. Laterality, hormones, and immunity. In Cerebral dominance: The biological foundations, ed. N. Geschwind and A. M. Galaburda, 211~226. Cambridge, Mass.: Harvard University Press.

Gleitman, L R., H. Gleitman, B. Landau, and E. Wanner. 1987. Where learning begins: Initial representations for language learning. In The Cambridge Linguistic Survey, ed. F. Newmeyer, 150~193. New York: Cambridge University Press.

Goldstein, K. 1948. Language and language disturbances. New York: Grune and Stratton.

Goodall, J. 1986. The chimpanzees of Gombe: Patterns of behavior. Cambridge, Mass.: Harvard University Press.

______ 1986. Words, plans, things, and locations: Interactions between semantic and cognitive development in the one-word stage. In The development of word meaning, ed. S. A. Kuczaj and M. D. Barrett, 199~223. New York: Springer-Verlag.

_____ 1987. The development of categorization in the second year and its relation to other cognitive and linguistic developments. Child Development 58:1523~31.

Gould, S. J., and N. Eldridge. 1977. Punctuated equlibria: The tempo and mode of evolution reconsidered. Paleobiology 3:115~151.

Gracco, V., and J. Abbs. 1985. Dynamic control of the perioral system during speech: Kinematic analyses of autogenic and nonautogenic sensorimotor processes. Journal of Neurophysiology 54:418~432.

Greenberg, J. 1963. Universals of language. Cambridge, Mass.: MIT Press.

Greenberg, S. M., V. A. Castellucci, H. Bayley, and J. H. Schwartz. 1987. A molecular mechanism for long-term sensitization in Aplysia. Nature 329:62~65.

Greenewalt, C. A. 1968. Bird song: Acoustics and physiology. Washington D.C.: Smithsonian Institution Press.

Greenfield, P. M., and S. Savage-Rumbaugh. In press. Imitation, grammatical development, and the invention of protogrammar by an ape. In Biological foundations of language development, ed. N. Krasnagor, D. M. Rumbaugh, M. Studdert-Kennedy, and D. Scheifelbusch.Hillsdale, N.J.: Lawrence Erlbaum Associates.

Grieser, D. L., and P. K. Kuhl. 1988.Maternal speech to infants in a tonal language: Support for universal prosodic features in motherese. Developmental Psychology 24:14~20.

_____ 1989. Categorization of speech by infants: Support for speech-sound prototypes. Developmental Psychology 25:577~588.

Hamilton, W. D. 1964. The genetical evolution of social behavior, parts 1 and 2. Journal of Theoretical Biology 7:1~52.

Hayes, K. J., and C. Hayes. 1951. The intellectual development of a home-raised chimpanzee. Proceedings of the American Philosophical Society 95:105~109.

Hebb, D. O. 1949. The organization of behavior: A neuropsychological theory.

New York: Wiley.

Heffner, R., and H. Heffner. 1980. Hearing in the elephant (Elephas maximus). Science 208:518~520.

______ 1984. Temporal lobe lesions and perception of species-specific vocalizations by macaques. Science 226:75~76.

Heider, E. R. 1972. Universals in color naming and memory. Journal of Experimental Psychology 93:10~20.

Herman, L. M., and W. N. Tavolga. 1980. The communication systems of cetaceans. In Cetacean behavior: Mechanisms and functions. New York: Wiley.

Herrnstein, R. J. 1979. Acquisition, generalization, and discrimination of a natural concept. Journal of Experimental Psychology and Animal Behavioral Processes 5:116~129.

Herrnstein, R. J., and P. A. de Villiers. 1980. Fish as a natural category for people and pigeons. In The psychology of learning and motivation, ed. G. H. Bower. Bol 14, 59~95. New York: Academic Press.

Hewes, G. W. 1973. Primate communication and the gestural origin of language. Current Anthropology 14:5~24.

Hirsch-Pasek, K., L. Naigles, R. Golinkoff, L. R. Gleitman, and H. Gleitman. 1988. Syntactic bootstrapping: Evidence from comprehension. In Proceedings of the 13th Annual Boston University Conference on Language Development. Vol. 12. Boston: Program in Applied Linguistics, Boston University.

Holloway, R. L. 1985. The poor brain of Homo sapiens neanderthalensis: See what you please··· In Ancestors: The hard evidence, ed. E. Delson, 319~324. New York: Alan D. Liss.

Hubel, D. H., and T. N. Wiesel. 1962. Receptive fields, binocular interaction, and functional architecture in the cat's visual cortex. Journal of Physiology 160:106~154.

Humboldt, W. von. 1988(1836). On language: The diversity of human language-structure and its influence on the mental development of mankind, trans. P. Heath. Cambridge: Cambridge University Press.

Huxley, J. 1963. Evolution: Themodern synthesis. New York: Hafner.

lanco-worall, A. D. 1972. Bilingualism and cognitive development. Child Development 43:1390~1400.

Illes, J., E. J. Metter, W. R. Hanson, and S. Iritani. 1988. Language production in Parkinson's disease: Acoustic and linguistic considerations. Brain and Language 33:146~160.

International Phonetic Association. 1949. The principles of the International Phonetic Association: Being a description of the International Phonetic Alphabet and the manner of using it. London: Department of Phonetics, University College.

Jakobson, R. 1968(1940). child language, aphasia, and phonological universals trans. A. R. Keiler. The Hague: Mouton.

Jerison, H. J. 1973. Evolution of the brain and intelligence. New York. Academic Press.

Johnson, J. S., and E. L. Newport, 1989. Critical period effects in second language learning: The influence of maturational state on the acquisition of English as a second language. Cognitive Psychology 21: 60~99.

Jones, D. 1932. An outline of English phonetics. 3d ed. New York: E. P. Dutton.

Kagan, J. 1987. Perspectives on human infancy. In handbook of infant development, ed. J. Osofsky, 1150~98. 2d ed. New York: Wiley.

Kagan, J., J. S. Reznick, and N. Snidman. 1988. Biological bases of childhood shyness. Science 240:167~171.

Kant, I. 1981(1785). Groundings for the metaphysics of morals, trans. J. W. Ellington. Indianapolis: Hackett.

Katz, D. I., M. P. Alexander, and A. M. Mandell. 1987. Dementia following strokes in the mesencephalon and diencephalon. Archives of Neurology 44:1127~33.

Kempler, D. 1988. Lexical and pantomime abilities in Alzheimer's disease. aphasiology 2:147~159.

Kempler, D., S. Curtiss, and C. Jackson. 1987. Syntactic preservation in alzheimer's disease. Journal of Speech and Hearing Research 30: 343~350.

Kimura, D. 1979. Neuromotor mechanism in the evolution of human communication. In Neurobiology of social communication in primates, ed. H. D. Steklis and M. J. Raleigh, 197~219. New York: Academic Press.

______ 1988. Review of H. Poizner, E. S. Klima, and U. Bellugi's What the hands reveal the brain. Language and Speech 31:375~378.

Kimura, D., R. Battison, and B. Lubert. 1976. Impairment of nonlinguistic hand movements in a deaf aphasic. Brain and Language 3:566~571.

Kohonen, T. 1984. Self-organization and associative memory. New York: Springer-Verlag.

Kruska, D. 1988. Mammalian domestication and its effect on brain structure and behavior. In Intelligence and evolutionary biology, ed. H. J. Jerison and I. Jerison, 211~250. Berlin: Springer-Verlag.

Kuhl, P. K. 1988. Auditory perception and the evolution of speech. Human Evolution 3:21~45.

Ladefoged, P., and D. E. Broadbent. 1957. Information conveyed by vowels. Journal of the Acoustical Society of America 29:98~104.

Ladefoged, P., J. De Clerk, M. Lindau, and G. Papcun. 1972. An auditory-motor theory of speech production. UCLA Working Papers in Phonetics 22:48~76.

Laitman, J. T., and E. S. Crelin. 1976. Postnatal development of the basicranium and vocal tract region in man. In symposium on development of the basicranium, ed. J. Bosma, 206~219. Washington, D.C.: U.S. Government Printing Office.

Laitman, J. T., and R. C. Heimbuch. 1982. The basicranium of Plio-Pleistocene hominids as an indicator of their upper respirtory systems. American Journal of Physical Anthropology 59:323~344.

Laitman, J. T., R. C. Heimbuch, and E. S. Crelin. 1978. Developmental change in a basicranial line and its relationship to the upper respiratory system in living primates. American Journal of Anatomy 152:467~482.

______ 1979. The basicranium of fossil hominids as an indicator of their upper respiratory systems. American Journal of Physical Anthropology 51:15~34.

Laitman, J. T., and J. S. Reidenberg. 1988. Advances in understanding the relationship between the skull base and larynx, with comments on the origins of speech. Human Evolution 3:101~111.

Laitman, J. T., J. S. Reidenberg, P. J. Gannon, B. Johansson, K. Landahl, and P. Lieberman. 1990. The Kebara hyoid: What can it tell us about the evolution of the hominid vocal tract? American Journal of Physical Anthropology 81:254.

Landahl, K. L., and H. J. Gould. 1986. Congenital malformation of the speech tract in humans and its developmental consequences. In The biology of change in otolaryngology, ed. R. J. Ruben, T. R. Van de Water, and E. W. Rubel, 131~149. Amsterdam: Elsevier.

Landau, B., and L. R. Gleitman. 1985. Language and experience: Evidence from the blind child. Cambridge, Mass.: Harvard University Press.

Lenneberg, E. H. 1967. Biological foundations of language. New York: Wiley.

Liberman, A. M., F. S. Cooper, D. P. Shankweiler, and M. Studdert-Kenndey. 1967. Perception of the speech code. Psychological Review 74:431~461.Lieverman, A. M., and I. G. Mattingly. 1985. The motor theory of speech perception revised. Cognition 21:1~36.

Liberman, F. Z. 1979. Learning by neural nets. Ph.D. diss., Brown University.

Lieberman, M. R., and P. Lieverman. 1973. Olson's "projective verse" and the use of breath control as a structural element. Language and style 5:287~298.

Lieberman, P. 1967. Intonation, perception, and language. Cambridge, Mass.: MIT Press.

______ 1968. Primate vocalizations and human linguistic ability. Journal of the Acoustical Society of America 44:1157~64.

______ 1975. On the origins of language: An introduction to the evolution of speech. New York: Macmillan.

______ 1984. The biology and evolution of language. Cambridge, Mass.: Harvard University Press.

______ 1985. On the evolution of human syntactic ability: Its pre-adaptive bases-motor control and speech. Journal of Human Evolution 14:657~668.

______ 1989. The origins of some aspects of human language and cognition. In the human revolution: Behavioural and biological perspectives in the origins of modern humans, ed. P. Mellars and C. B. Stringer, 391~414. Edinburgh: Edinburgh University Press.

Lieverman, P., and S. E. Blumstein. 1988. Speech physiology, speech perception, and acoustic phonetics. Cambridge: Cambridge University Press.

Lieverman, P., and E. S, Crelin. 1971. On the speech of Neanderthal Man. Linguistic Inquiry 2:203~222.

Lieberman, P., E. S. Crelin, and D. H. Klatt. 1972. Phonetic ability and related anatomy of the newborn, adult human, Neanderthal man, and the chimpanzee. American Anthropologist 74:287~307.

Lieberman, P., L. S. Feldman, S. Aronson, and E. Engen. 1989. Sentence comprehension, syntax, and vowel duration in aged people. Clinical Linguistics and Phonetics 3:299~311.

Lieberman, P., J. Friedman, and L. S. Feldman. 1990. Syntactic deficits in Parkinson's disease. Journal of Nervous and Mental Disease 178:360~365.

Lieberman, P., J. Friedman, G. Tajchman, L. S. Feldman, and E. Kako. In preparation. Broca's aphasia-like speech and syntax deficits in Parkinson's disease: A voice onset time study.

Lieberman, P., K. S. Harris, P. Wolff, and L. H. Russell. 1972. Newborn infant cry and nonhuman primate vocalizations. Journal of Speech and Hearing Research 14:718~727.

Lieberman, P., D. H. Klatt, and W. H. Wilson. 1969. Vocal tract limitations on the vowel repertoires of rhesus monkey and other nonhuman primates. Science 164:1185~87.

Lieberman, P., J. T. Laitman, J. S. Reidenberg, K. Landahl, and P. J. Gannon. 1989. Folk physiology and talking tyoids. Nature 342:486~487.

Lieberman, P., R. H. Measill, M. Chatillon, and H. Schupack. 1985. Phonetic speech deficits in dyslexia. Journal of Speech and Hearing Research 28:480~486.

Liepmann, H. 1908. Drei Aufsatze aus dem apraxiegebiet. Berlin: Karger.

Lindblom, B. 1988. Models of phonetic variation and selection. Language change and biological evolution. Turin: Institute for Scientific Interchange.

Lindbarger, M., M. Schwartz, and E. Saffran. 1983. Sensitivity to grammatical structure in so-called agrammatical aphasics. Cognition13:361~392.

Long, C. A. 1969. The origin and evolution of mammary glands. Biological Sciences 19:519~523.

Lorenz, K. 1974. Analogy as a source of knowledge. Science 185:229~234.

Lubker, J., and T. Gay. 1982. Anticipatory labial coarticulation: Experimental, biological, and linguistic variables. Journal of the Acoustical Society of America 71:437~438.

Lupker, S. 1984. Semantic priming without association: Asecond look. *Journal of*

*Nervous and Mental Disorders* 144:374~382.

Luria, A. R. 1973. The frontal lobes and the regulation of behavior. In *Psychobiology of the frontal lobes*, ed. K. H. Pribram and A. R. Luria, 3~26. New York: Academic Press.

MacLean P. D. 1967. The brain in relation to empathy and medical education. *Journal of Nervous and Mental Disorders* 144:374~382.

______ 1973. A triune concept of the brain and behavior. In *The Hincks Memorial Lectures*, ed. T. Boag and D. Campbell, 6~66. Toronto: University of Toronto Press.

______ 1985. Evolutionary psychiatry and the triune brain. *Psychological Medicine* 15:219~221.

______ 1986. Neurobehavioral significance of the mammal-like reptiles(therapsids). In *the ecology and biology of mammal-like reptiles*, ed. N. Hotton III, J. J. Roth, and E. C. Roth, 1-21. Washington, D.C.: Smithsonian Institution Press.

MacLean, P. D., and J. D. Newman. 1988. Role of midline frontolimbic cortex in the production of the isolation call of squirrel monkeys. *Brain Research* 450:111~123.

MacNeilage, P. F. 1987. The evolution of hemispheric specialization for manual function and language. In *Higher brain functions: Recent explorations of the brain's emergent properties*, ed. S. P. Wise. New York: Wiley.

MacNeilage, P. F., M. G. Studdert-kennedy, and B. Lindblom. 1987. Primate hadedness reconsidered. *Behavioral and Brain Sciences* 10:247~303.

MacNeill, D. 1985. So you think gestures are nonverbal? *Psychological Review* 92:350~371.

Manley, R. S., and L. C. Braley. 1950. Masticatory performance and efficiency. *Journal of Dental Research* 29:314~321.

Manley, R. S., and F. R. Shiere. 1950. The effect of dental efficiency on mastication and food preference. *Oral Surgery, Oral Medicine, and Oral pathology* 3:674~685.

Markowitsch, H. J. 1988. Anatomical and functional organization of the primate prefrontal cortical system. In *Comparative primate biology, vol. 4: Neurosciences*, ed. H. D. Steklis and J. Erwin, 99~153. New York: Alan

D. Liss.

Marler, P. 1976. An ethological theory of the origin of vocal learning. In *Origins and evolution of language and speech*, ed. S. R. Harnad, H. D. Steklis, and J. Lancaster, 386~395. New York: New York Academy of Science.

Marler, P., and M. Tamura. 1964. Culturally transmitted patterns of vocal behavior in sparrows. Science 146:1483~86

Marshack, A. 1990. The origin of language: An anthropological approach. In *The origin of language: Proceedings of a NATO/Advanced Study Institute*, ed. B. A. Chiarelli, P. Lieberman, and J. Wind. Florence: II Sedicesimo.

Maynard-Smith, J. 1978. The evolution of behavior. *Scientific American* 239:176~192.

Mayr, E. 1982. *The growth of biological thought*. Cambridge, Mass.: Harvard University Press.

McCarthy, R. A., and E. K. Warrington. 1988. Evidence for modality-specific meaning systems in the brain. *Nature* 334:428~430.

McCawley, J. D. 1988. Comments on Noam A. Chomsky, "Language and problems of knowledge"(MIT Cognitive Science Colloquium, March 11, 1987). *University of Chicago Working Papers in Liguistics* 4:148~156.

McCowan, T. D., and A. Keith. 1939. *The stone age of Mount Carmel. Vol. 2: The fossil human remains from the Levalloisio-Mousterian*. Oxford: Clarendon Press.

Meltzoff, A. N. 1988. Imitation, objects, tools and the rudiments of language in human ontogeny. *Human Evolution* 3:47~66.

Meltzoff, A. N., and M. K. Moore. 1977. Imitation of facial and manual gestures by human neonates. *Science* 198:75~78.

______ 1983. Newborn infants imitate adult facial gestures. *Child Development* 54:702~709.

Menzel, E. W., Jr. 1978. Cognitive mapping in chimpanzees. In *Cognitive processes in animal behavior*, ed. S. H. Hulse, H. Fowler, and W. K. Honig, 375~422. Hillsdale, N.J.: Lawrence Erlbaum Associates.

Menzel, E. W., Jr., D. Premack, and G. Woodruff. 1978. Map reading by chimpanzees. *Folia Primatologica* 29:241~249.

Merzenich, M. M. 1987a. On the plasticity of cortical maps. In *The neural and molecular bases of learning*, ed. J.-P. Changeux and M. Konishi, 337~358. Chichester: Wiley.

______ 1987b. Cerebral cortex: A quiet revolution in thinking. *Nature* 328:572~573.

Mesulam, M. M. 1985. Patterns in behavioral neuroanatomy: Association areas, the limbic system, and hemispheric specialization. In *Principles of behavioral neurology*, 1~70. Philadelphia: F. A. Davis.

Metter, E. J., D. Kempler, C. A. Jackson, W. R. Hanson, J. C. Mazziotta, and M. E. Phelps, 1989. Cerebral glucose metabolism in Wernicke's, Broca's, and conduction aphasia. *Archives of Neurology* 46:27~34.

Metter, E. J., D. Kempler, C. A. Jackson, W. R. Hanson, W. H. Reige, L. M. Camras, J. C. Mazziotta, and M. E. Phelps. 1987. Cerebular glucose metabolism in chronic aphasia. *Neurology* 37:1599~1606.

Metter, E. J., W. H. Reige, W. R. Hanson, M. E. Phelps, and D. E. Kuhl. 1984. Local cerebral metabolic rates of glucose in movement and language disorders from positron tomography. *American Journal of Physiology* 246:R897~900.

Milberg, W., S. E. Blumstein, and B. Dworetzky. 1985. Sensitivity to morphological constraints in Broca's and Wernicke's aphasics: A double dissociation of syntactic judgments and syntactic facilitations in a lexical decision task. Paper presentaed at the annual meeting of the Academy of Aphasia, Pittsburg.

Miles, F. A., and E. V. Evarts. 1979. Concepts of motor organization. *Annual Reviews of Psychology* 30:327~362.

Miller, G. A. 1956. The magical number seven, plus or minus two: Some limits on our capacity for processing information. *Psychological Review* 63:81~97.

Miller, G. A., and P. E.Nicely. 1955. an analysis of perceptual confusions among some English consonants. *Journal of the Acoustical Society of America* 27:338~352.

Milner, B. 1964. Some effects of frontal lobectomy in man. In *The frontal granular cortex and behavior*, ed. J. M. Warren and K. Akert, 313~334. New York: McGraw-Hill.

Mohanty, A. K., and K. Pattwaik. 1984. Relationship between metalinguistics and cognitive development of bilingual and unilingual tribal children. *Psycho-*

*Lingua* 14:63~70.

Müller, J. 1848. *The Physiology of the senses, voice and muscular motion with the mental faculties*, trans. W. Baly. London: Walton and Maberly.

Naeser, M. A., M. P. Alexander, N. Helms-Estabrooks, H. L. Levine, S. A. Laughlin, and N. Geschwind. 1982. Aphasia with predominantly subcortical lesion sites: Description of three capsular/putaminal aphasia syndromes. *Archives of Neurology* 39:2~14.

Negus, V. E. 1949. *The comparative anatomy and physiology of the larynx*. New York: Hafner.

Nelson, K. 1975. The nominal shift in semantic-syntactic development. *Cognitive Psychology* 7:461~479.

Newman, J. D. 1985. The infant cry of primates: An evolutionary perspective. In *Infant crying,* ed.. B. M. Lester and C. F. Zachariah Boukydis, 307~324. New York: Plenum Press.

______ 1988. Primate hearing mechanisms. In *Comparative primate biology*, vol. 4: Neurosciences, ed. H. D. Steklis and J. Erwin, 469~499. New York: Alan R. Liss.

______ 1990. The primate isolation call and the evolution and physiological control of human speech. *In The origin of language: Proceedings of a NATO/Advanced Study Institute,* ed. B. A. Chiarelli, P. Lieberman, and J. Wind. Forence: II Sedicesimo.

Newman, J. D., and P. D. MacLean. 1982. Effects of tegmental lesions on the isolation call of squirrel monkeys. Brain Research 232:317~329.

Newport, E. L., L. R. Gleitman, and H. R. Gleitman. 1977. Mother, I'd rather do it myself: some effects and non-effects of maternal speech style. In *Talking to children: Language input and acquisition*, ed. C. E. Snow and C. A. Ferguson. Cambridge: Cambridge University Press.

Newport, E. L., and T. Suppala. 1987. A critical period effect in the acquisition language. University of Illinois.

Nicholas, M., L. Obler, M. Albert, and J. Helm-Estabrooks. 1985. Empty speech in Alzheimer's disease and fluent aphasia. *Journal of Speech andd Hearing Research* 28:405~410.

North, G. 1987. Neural networks: Implementation and analysis. *Nature*

330:522-523.

Nottebohm, F, 1984. Vocal learning and its possible relation to replaceable synapses and neurons. In *Biological perspectives on language*, ed. D. Caplan. Cambridge, Mass.: MIT Press.

Ojemann, G. A. 1983. Brain organization for language from the perspective of electrical stimulation mapping. Behavioral and Brain Sciences 2:189~230.

Okoh, N. 1980. Bilingualism and divergent thinking among Nigerian and Welsh school children. *Journal of Social Psychology* 10:163~170.

Olmsted, D. L. 1971. *Out of the mouths of babes*. The Hague: Mouton.

Parent, A. 1986. *Comparative neurobiology of the basal ganglia*. New York: wiley.

Parker, G. A. 1978. Searching for mates. In *Behavioral ecology*, ed. J. R. Krebs and N. B. Davies. Oxford; Blackwell Scientific.

Peal, E., and W. E. Lambert. 1962. The relationship of bilingualism to intelligence. *Psychological Monographs*: Genaral and Applied 76:1~23.

Pepperberg, I. M. 1981. Functional vocalizations by an African grey parrot(Psittacus erithacus), *Zeitschrift för Tierpsychologie* 55:139~160.

Perkell, J. S. 1969. Psysiology of speech production: *Results and implications of a quantitative cineradiographic study*. Cambridge, Mass.:MIT Press.

Peterson, G. E., and H. L. Barney, 1952. Control methods used in a study of the vowels. *Journal of the Acoustical Society of America* 24:175~184.

Peterson, M. R., M. D. Deecher, S. R. Zolith, D. B. Moody, and W. C. Stebbens. 1978. Species-specific perceptual processing of vocal sounds by monkeys. *Science* 202:324~326.

Pfungst, O. 1907. *Das Pfred des Herrn von Osten (Der kluge Hans)*. Leipzig: J. Ambrosius.

Piaget, J. 1952. *The origins of intelligence in children*, trans. M. Cook. New York: W. W. Norton.

______ 1962. *Play, dreams, and imitation in childhood*, trans. G. Gattegno and F. M. Hodgson. New York:W. W. Norton.

Pierce, J. D. 1985. A review of attempts to condition operantly Alloprimate vocalizations. *Primates* 26:202~213.

Pillon, P., B. Dubois, F. Lhermitte, and Y. Agid. 1986. Heterogeneity of cognitive impairment in progressive supranuclear palsy, Parkinson's disease, and Alzheimer's disease. *Neurology* 36:1179~85.

Pinker, S. 1984. *Language learnability and language development*. Cambridge, Mass.: Havard University Press.

Pirozzolo, F. J., E. C. Hanisch, J. A. Mortimer, D. D. Webster, and M. A. Kuskowski. 1982. Dementia in Parkinson's disease: A neuropsychological analysis. *Brain and Cognition* 1:71~83.

Poizner, H., E. S. Klima, and U. Bellugi. 1987. *What the hands reveal about the brain. Cambridge*, Mass.: MIT Press.

Polit, A., and E. Bizzi. 1978. Processes controlling arm movements in monkeys. *Science* 201:1235~37.

Posner, M. I., and C. Snyder. 1975. Attention and cognitive control. In *Information processing and cognition*, ed. R. Solso. Hillsdale, N.J.: Lawrence Erlbaum Associates. Posner, M. I., S. E. Petersen, P. T. Fox, and M. E. Raichle. 1988. Localization of cognitive functions in the human brain. *Science* 240:1627~31.

Powers, S., and R. L. Lopez. 1985. Perceptual, motor, and verbal skills of monolingual and bilingual Hispanic children: A discriminant analysis. Perceptual and Motor Skills of monolingual and bilingual Hispanic children: A discriminant analysis. *Perceptual and Motor Skills* 60:999~1002.

Premack, D. 1988. Lecture at Brown University.

Premack, D., and G. Woodruff. 1978. Does the chimpanzee have a theory of mind? *Brain and Behavior Sciences* 1:515~526.

Pruzansky, S. 1973. Clinical investigations of the experiments of nature. In *Orofacial anomalies: Clinical and research implications*, 62~94. Washington, D. C.: American Speech and Hearing Association.

Putnam, H. 1981. *Reason, truth, and history*. Cambridge: Cambridge University Press.

Richman, B. 1976. Some vocal distinctive features used by gelada monkeys. *Journal of the Acoustical Society of America* 60:718~724.

Rumelhart, D. E., J. L. McClelland, and the PDP Research Group. 1986. *Parallel distributed processing: Explorations in the microstructures of cognition.*

Cambridge, Mass.: MIT Press.

Rushton, J. P., D. W. Fulker, M. C. Neale, D. K. B. Nias, and H. J. Eysenck. 1985. Altruism and aggression; Individual differences are substantially inheritable. *Journal of Personality and Social Psychology* 41:459~466.

Russell, G. O. 1928. The vowel. Columbus: Ohio State University Press.

Sapir, E. 1949. *Selected writings of Edward Sapir in language, culture, and personality*, ed. D. G. Mandelbaum. Berkeley: University of California Press.

Saravia, A. E. 1977. *Popul Wuh: Ancient Stories of the Quiche Indians of Guatemala*. Guatemala City: Publicaciones Turisticas.

Sarich, V. M. 1974. Just how old is the hominid line? In *Yearbook of physical anthropology*, 1973. Washington, D.C.: American Association of Physical Anthropologists.

Savage-Rumbaugh, S., K. McDonald, R. A. Sevcik, W. D. Hopkins, and E. Rubert. 1986. Spontaneous symbol acquisition and communicative use by pygmy chimpanzees(Pan paniscus). *Journal of Experimental Psychology: General* 115:211~235.

Savage-Rumbaugh, S., D. Rumbaugh, and K. McDonald. 1985. Language learning in two species of apes. *Neuroscience and Behavioral Reviews* 9:653~665.

Schieffelin, B. B. 1982. *How Kaluli children learn what to say, what to do, and how to feel: An ethnographic study of the development of communicative competence*. New York: Cambridge University Press.

Schrier, S. 1977. *Abduction algorithms for grammar discovery*. Providence: Division of Applied Mathematics, Brown University.

Schusterman, R. J., and R. Gisiner. 1988. Animal language research: Marine mammals re-enter the controversy. In *Intelligence and evolutionary biology*, ed. H. J. Jerison and I. Jerison, 319~350. Berlin: Springer-Verlag.

Schusterman, R. J., and. Krieger. 1984. California sea lions are capable of semantic comprehension. *Psychological Record* 34:3~23.

Sejnowski, T. J., C. Koch, and P. S. Churchland. 1988. Computational neuroscience. *Nature* 241:1299~1306.

Sereno, J., S. R. Baum, G. C. Marean, and P. Lieberman. 1987. Acoustic analyses and perceptual data on anticipatory labial coarticulation in adults and children. *Journal of the Acoustical Society of America* 81:512~519.

Sereno, J., and P. Lieberman. 1987. Developmental aspects of lingual coarticulation. *Journal of Phonetics* 15:247~257.

Shallice, T. 1978. The dominant action system: An information processing approach to consciousness. In *The steam of consciousness*, ed. K. S. Pope and J. L. Singer, 117~157. New York: Plenum Press.

Singleton, J. L, and E. L. Newport. 1989. When learners surpass their models: The acquisition of American Sign Language from impoverished input. In *Proceedings of the 14th Annual Boston University Conference on Language Development*. Vol. 15. Boston: Program in Applied Linguistics, Boston University.

Skinner, B. F. 1957. *Verbal behavior*. New York: Appleton-Century-Crofts.

Slotnick, B. M. 1967. Disturbances of maternal behavior in the rat following lesions of the cingulate cortex. *Behavior* 24:204~246.

Snow, C. E. 1977. Mothers' speech research: From input to interaction. In *talking to children: Language input and acquisition*, ed. C. E. Snow and C. A. Ferguson, 31~49. Cambridge: Cambridge University Press.

Solecki, R. S. 1971. Shanidar, *the first flower people*. New York: Knopf.

Spearman, C. 1904. "General intelligence," objectively determined and measured. Ameracan Journal of Psychology 15:201~293.

Spurzheim, J. K. 1815. *The physiognomical system of Gall and Spurzheim*. London.

Stamm, J. S. 1955. The funtion of the medial cerebral cortex in maternal behavior of rats. *Journal of Comparative Physiology and Psychology* 48:347~356.

Stern, J. T., and R. L. Susman. 1983. The locomotor activity of *Australopithecus afarensis. American Journal of Physical Anthropology* 60:279~317.

Sternberg, Robert J. 1985. Beyond IQ: *A triarchic theory of human intelligence*. New York: Cambridge University Press.

Stevens, K. N. 1972. Quantal nature of speech. In *Human communication: A unified view*, ed. E. E. David, Jr., and P. B. Denes, 51~66. New York:McGraw-Hill.

Stringer, C. B., and P. Andrews. 1988. Genetic and fossil evidence for the origin of medern humans. *Science* 239:1263~68.

Stuss, D. T., and D. F. Benson. 1986. *The frontal lobes*. New York: Raven.

Sutton, D., and U. Jurgens. 1988. Neural control of vocalization. In *Comparative primate biology*, vol. 4: Neurosciences, ed, H. D. Steklis and J. Erwin, 625~647. New York: Alan D. Liss.

Taylor, A. E., J. A. Saint-Cyr, and A. E. Lang. 1986. Frontal lobe dysfunction in Parkinson's disease. *Brain* 109:845~883.

Terrace, H. S., L. A. Petitto, R. J. Sanders, and T. G. Bever. 1979. Can an ape create a sentenve? *Science* 206:821~901.

Teuber, H. L. 1964. The riddle of frontal lobe function in man. In *The frontal granular cortex and behavior*, ed. J. M. Warren and K. Akert, 410~444. New York: McGraw-Hill.

Thorndike, E. L. 1913. *Educational psychology: The psychology of learning*. New York: Teachers College.

Tomassello, M., M. Davis-Dasilva, L. Camak, and K. Bard. 1987. Observational learning of tool use by young chimpanzees. *Human Evolution* 2:175~183.

Tomasello, M., and M. J. Farrar. 1986. Joint attention and early language. *Child Development* 57:1454~63.

Tomasello, M., S. Mannle, and A. C. Kruger. 1986. Linguistic environment of 1-to-2-year-old twins. *Developmental Psychology* 22:169~176.

Trinkaus, E., and W. W. Howells. 1979. The Neanderthals. *Scientific American* 241:118~133.

Tweedy, J. P., K. G. Langer, and F. A. McDowell. 1982. The effect of semantic relations on the memory deficit associated with Parkinson's disease. *Journal of Clinical Neuropsychology* 4:235~247.

Tyler, L. 1985. Real-time comprehension processes in agrammatism: A case study. *Brain and Language* 26:259~275.

______ 1986. Spoken language in a fluent aphasic. Manuscript Department of Psychology, Cambridge University.

Udwin, O., W. Yule, and N. Martin, 1986. Cognitive abilities and behavioral characteristics of children with idiopathic infantile hypercacaemia. *Child Psychology and Psychiatry* 28:297~309.

Valladas, H., J. L. Joron, G. Valladas, B. Arensburg, O. Bar-Yosef, A. Belfer-Cohen, P. Goldberg, H. Laville, L. Meignen, Y. Rak, E. Tchrnov, A. M. Tiller, and B. Vandermeersch. 1987. Thermoluminescence dates for the Neanderthal burial site at Kebara in Israel. *Nature* 330:159~160.

Van Cantfort, T. E., and J. B. Rimpau. 1982. Sign language studies with children and chimpanzees. *Sign Language Studies* 34:15~72.

Vandermeersch, B. 1981. *Les hommes fossiles de Qafzeh*, Isral. Paris: CNRS.

Walters, T., T. J. Carew, and E. R. Kandel. 1981. Associative learning in Aplysia: Evidence for conditioned fear in an invertebrate. *Science* 211:404~506.

Warden, C. J., and L. H. Warner. 1928. The sensory capacities and intelligence of dogs, with a report on the ability of the noted dog "fellow" to respond to verbal stimuli. *Quarterly Review of Biology* 3:1~28.

Washburn, S. L. 1961. *Social life of early man*. Chicago: Aldine.

______ 1969. The evolution of human behavior. In *The uniqueness of man*, ed. J. D. Roslansky. Groningen: North Holland.

Watkins, K., and D. Fromm. 1984. Labial coordination in children: Preliminary considerations. *Journal of the Acoustical Society of America* 75:629~632.

Waxman, S. R. 1985. Hierarchies in classification and language: Evidence from preschool children. Ph.D. diss. University of Pennsylvania.

Wechsler, D. 1944. *Measurement of adult intelligence*. Baltimore: Williams and Wilkins.

Wernicke, C. 1965(1874). The aphasic symptom complex: A psychological study on a neurological basis. Reprinted in *Boston studies in the philosophy of science*, ed. R. S. Cohen and M. W. Wartofsky. Vol. 4. Boston: Reidel.

Westoll, T. S. 1945. The nammalian middle ear. *Nature* 155:114~115.

White, R. 1987. Body ornamentation in the Upper Paleolithic: The orgin of the modern human mind. *Science* 236:670.

Whorf, B. L. 1956. *Language, though, and reality: Selected writtings of Benjamin Lee Whorf*, ed. J. B. Carroll. Cambridge, Mass.: MIT Press.

Wills, R. H. 1973. *The institutionalized severely retarded*. Springfield, Ill.:Charles C. Thomas.

Wilson, E. O. 1975. Sociobiology: *The new synthesis*. Cambridge, Mass.: Harvard University Press.

Wulfeck, B. B. 1988. Grammaticality judgments and sentence comprehension in agrammatic aphasia. *Journal of Speech and Hearing Research* 31:72~81.

Zahn-Wexler, C., E. M. Cummings, D. H. McKnew, and M. Radke-Yarrow. 1984.

Altruism, aggressin, and social interactions in young children with a manic-depressive parent. *Child Development* 55:112~122.

Zahn-Waxler, C., B. Hollenbeck, and M. Radke-Yarrow. 1984. The origins of empathy and altruism. In *Advances in animal welfare science, 1984/85*, ed. M. W. Fox and L. D. Mickley, 21~39. Washington, D.C.: Humane Society of the United States.

Zentall, T. R., and B. G Galef. 1988. Social learning: *A comparative approach*. Hillsdale, N.J.: Lawrence Erlbaum Associates.

Zurif, E. B., and S. E. Blumstein. 1978. Language and the brain. In *Linguistic theory and psychological reality*, ed. M. Kalle, J. Bresnan, and G. A. Miller. Cambridge, Mass.: MIT Press.

Zurif, E. B., and A. Caramazza. 1976. Psycholingustic structures in aphasia: Studies in syntas and semantics. In *Studies in neurolinguistics*, ed. H. Whittarker and H. A. Whittaker. Vol. 1. New York: Academic Press.

Zurif, E. B., A. Caramazza, and R. Meyerson. 1972. Grammatical judgments of agrammatic aphasics. *Neuropsychologia* 10:405~418.

# INDEX

## ㅈ



## ㅊ



## ㅋ



## ㅌ



## ㅍ

## ㅎ

# 언어의 탄생: 왜 인간만이 언어를 사용하는가?



1판 1쇄 인쇄: 2013년 1월 20일
1판 1쇄 발행: 2013년 1월 30일

지은이: 필립 리버만(Philip Lieberman)
옮긴이: 김형엽
펴낸이: 홍정표
펴낸곳: 글로벌콘텐츠
등 록_제25100-2008-24호

공급처: (주)글로벌콘텐츠출판그룹
이 사_양정섭
디자인_김미미, 이상민
편 집_배정일
기획·마케팅_노경민 배소정
경영지원_안선영
주 소_서울특별시 강동구 길동 349-6 정일빌딩 401호
전 화_02-488-3280
팩 스_02-488-3281
홈페이지_http://www.gcbook.co.kr
이메일_edit@gcbook.co.kr

값 13,800원
ISBN 978-89-93908-55-8 93700